太空安全领域高端智库丛书
国家社会科学基金重点项目资助

世界主要国家太空军情透视

丰松江／刘 珺／王田田／左清华 等 编著

时事出版社
北京

图书在版编目（CIP）数据

世界主要国家太空军情透视/丰松江等编著. —北京：时事出版社，2024.2
ISBN 978-7-5195-0559-2

Ⅰ.①世⋯ Ⅱ.①丰⋯ Ⅲ.①航天战—研究—世界 Ⅳ.①E864

中国国家版本馆 CIP 数据核字（2023）第 210959 号

出 版 发 行：时事出版社
地　　　址：北京市海淀区彰化路 138 号西荣阁 B 座 G2 层
邮　　　编：100097
发 行 热 线：(010) 88869831　88869832
传　　　真：(010) 88869875
电 子 邮 箱：shishichubanshe@sina.com
印　　　刷：北京良义印刷科技有限公司

开本：787×1092　1/16　印张：24.75　字数：310 千字
2024 年 2 月第 1 版　2024 年 2 月第 1 次印刷
定价：145.00 元

（如有印装质量问题，请与本社发行部联系调换）

主　编　丰松江　刘　珺　王田田　左清华

编写组　刘甜甜　王　谦　郑维伟　张文静　姜　荣
　　　　朱　敏　温维刚　谢家豪　任　蕾　李　丽
　　　　常　壮　鱼水周　张　杰　朱贵伟　宋　博
　　　　蔡开元　康金鑫　邵明雪　彭若桐　吴　鹏
　　　　胡一浩　何润泽　霍元彤欣　何泽航　李　俊
　　　　侯　涌

目 录

引 言 ……………………………………………………………（1）

第一章　太空战略政策理论 ……………………………（5）
　一、美国 …………………………………………………（5）
　　（一）发布太空战略政策 ……………………………（6）
　　（二）丰富太空政策条令 ……………………………（17）
　　（三）构建太空联盟 …………………………………（25）
　二、俄罗斯 ………………………………………………（31）
　　（一）制定国家战略政策 ……………………………（31）
　　（二）出台太空专项政策 ……………………………（35）
　三、欧洲 …………………………………………………（36）
　　（一）欧盟 ……………………………………………（37）
　　（二）法国 ……………………………………………（40）
　　（三）英国 ……………………………………………（41）
　　（四）德国 ……………………………………………（44）
　　（五）意大利 …………………………………………（44）
　　（六）西班牙 …………………………………………（46）
　四、其他 …………………………………………………（47）
　　（一）日本 ……………………………………………（47）
　　（二）印度 ……………………………………………（49）

（三）澳大利亚 …………………………………………（51）
　　（四）韩国 ………………………………………………（52）

第二章　太空军事组织机构 …………………………（55）
　一、美国 ……………………………………………………（55）
　　（一）太空军 ……………………………………………（56）
　　（二）陆军 ………………………………………………（64）
　　（三）海军和海军陆战队 ………………………………（67）
　　（四）战区 ………………………………………………（68）
　　（五）情报界 ……………………………………………（70）
　　（六）太空司令部 ………………………………………（71）
　二、俄罗斯 …………………………………………………（72）
　　（一）军事航天机构 ……………………………………（72）
　　（二）其他相关机构 ……………………………………（73）
　三、欧洲 ……………………………………………………（74）
　　（一）欧洲航天局 ………………………………………（75）
　　（二）法国 ………………………………………………（76）
　　（三）英国 ………………………………………………（77）
　　（四）德国 ………………………………………………（78）
　　（五）意大利 ……………………………………………（79）
　　（六）西班牙 ……………………………………………（80）
　四、其他 ……………………………………………………（81）
　　（一）印度 ………………………………………………（81）
　　（二）日本 ………………………………………………（84）
　　（三）韩国 ………………………………………………（85）
　　（四）澳大利亚 …………………………………………（86）
　　（五）加拿大 ……………………………………………（86）

第三章　太空装备技术……………………………………（87）

一、叩问苍穹：新型火箭闪亮登场……………………………（87）
（一）美国 ………………………………………………（88）
（二）俄罗斯 ……………………………………………（98）
（三）欧洲 ………………………………………………（103）
（四）其他 ………………………………………………（105）

二、通天盖地：通信卫星竞相发展……………………………（108）
（一）美国 ………………………………………………（108）
（二）俄罗斯 ……………………………………………（129）
（三）欧洲 ………………………………………………（133）

三、战略威慑：导弹预警不断完善……………………………（139）
（一）"国防支援计划"卫星系统 ……………………………（141）
（二）"天基红外系统"（SBIRS）……………………………（142）
（三）"下一代过顶持续红外"系统 …………………………（145）
（四）下一代"国防太空体系"之"跟踪层" …………………（146）

四、通天之眼：侦察监视创新突破……………………………（148）
（一）美国 ………………………………………………（148）
（二）俄罗斯 ……………………………………………（165）
（三）欧洲 ………………………………………………（170）
（四）其他 ………………………………………………（177）

五、时空基准：导航定位更新迭代……………………………（180）
（一）美国 ………………………………………………（180）
（二）俄罗斯 ……………………………………………（183）
（三）欧洲 ………………………………………………（184）
（四）印度 ………………………………………………（186）
（五）日本 ………………………………………………（187）

（六）英国 …………………………………………… (187)
六、砺剑铸盾：太空控制或列新装 …………………………… (189)
　　（一）美国 …………………………………………… (189)
　　（二）俄罗斯 ………………………………………… (199)
　　（三）其他 …………………………………………… (202)
七、以快制慢：高超声速技术快速发展 ……………………… (203)
　　（一）先进动力 ……………………………………… (203)
　　（二）前沿防御 ……………………………………… (209)
八、人工智能："黑杰克"项目加快推进 …………………… (211)
　　（一）研制背景 ……………………………………… (211)
　　（二）研制进展 ……………………………………… (212)
九、天基快联：星间光通信终端技术验证 …………………… (215)
　　（一）研制背景 ……………………………………… (215)
　　（二）研制进展 ……………………………………… (216)
十、数智太空：数字太空军建设加快推进 …………………… (217)
　　（一）太空元宇宙 …………………………………… (218)
　　（二）太空可视化 …………………………………… (222)
　　（三）太空军软件专家 ……………………………… (223)

第四章　太空演习演训活动 ……………………………… (224)
一、美军 ……………………………………………………… (224)
　　（一）"施里弗"演习 ……………………………… (224)
　　（二）"太空旗"演习 ……………………………… (226)
　　（三）"全球哨兵"演习 …………………………… (228)
　　（四）"黑一颗卫星"挑战赛 ……………………… (230)
　　（五）"黑色天空"电磁战演习 …………………… (231)
　　（六）"红色天空"轨道战演习 …………………… (231)

（七）"视差上升"桌面演习 ·················· (232)
　　（八）"今夜就战"竞赛 ···················· (233)
　　（九）参与的联合及其他军种演习 ·············· (233)
　二、其他 ····························· (235)
　　（一）法国"AsterX"演习 ·················· (235)
　　（二）印度"天窗"演习 ··················· (236)
　　（三）美泰"金色眼镜蛇 2023"联合演习 ·········· (237)

第五章　太空作战能力生成运用 ················ (238)
　一、太空实战化潘多拉魔盒缓缓开启 ·············· (238)
　　（一）推进太空作战力量迭代升级 ·············· (239)
　　（二）加快构建弹性太空作战体系 ·············· (241)
　　（三）全面提升全域态势感知能力 ·············· (244)
　　（四）高度关注高超声速导弹防御 ·············· (247)
　　（五）高度关注太空网络安全防御 ·············· (248)
　二、美国加快太空作战人才培养 ················ (249)
　　（一）高度重视太空作战人才培养 ·············· (250)
　　（二）多渠道培养太空作战人才 ··············· (252)
　三、典型战例一：空袭叙利亚 ················· (258)
　　（一）基本情况 ······················· (258)
　　（二）太空系统支持作战情况 ················ (261)
　四、典型战例二：俄乌冲突 ·················· (263)
　　（一）商业卫星为作战行动提供信息支持 ·········· (264)
　　（二）太空力量参与作战 ·················· (268)
　　（三）俄乌冲突对未来太空作战的影响 ··········· (270)

第六章　商业航天建设发展 (274)

一、产业生态加速完善 (274)
（一）商业卫星产业链健全优化 (274)
（二）商业航天由近地走向深空领域 (280)
（三）商业航天业务不断丰富发展 (283)

二、政府支持力度持续加大 (290)
（一）美国政府层面继续支持商业航天发展 (291)
（二）美国军种层面加强与商业航天企业合作 (296)
（三）其他国家对商业航天大力支持 (304)

三、军事应用逐步深入 (306)
（一）商业巨型星座军事应用大有可为 (307)
（二）"火箭货运"有望成为新型军事投送方式 (327)
（三）集"链"成"盾"引发世界关注 (330)

第七章　太空国际规则博弈 (333)

一、美国：全面争夺太空规则主导权 (333)
（一）舆论认知宣传造势 (333)
（二）国内规范向国际社会推广 (334)
（三）推动"禁止直升式反卫星导弹试验"形成国际规则 (335)
（四）推动《阿尔忒弥斯协议》形成国际规则 (338)
（五）美国与盟国积极制定太空行为规范 (340)
（六）推动太空交通管理规则制定 (340)

二、其他国家：广泛参与太空规则博弈 (343)
（一）欧盟提出太空交通管理方法 (343)
（二）英国积极推动太空规则制定 (344)
（三）欧洲多国积极参与太空规则制定 (345)

（四）俄罗斯解释制定规则维护自身利益 …………………（345）
　　（五）日本与美国合作影响太空规则制定 …………………（347）
　　（六）加拿大刑法有效范围扩大到月球 ……………………（347）
 三、商业航天：行为规范成为博弈新焦点 …………………（348）
 四、联合国外空委：积极推进太空治理 ………………………（349）

第八章 2022—2023年度太空安全形势分析 ……………（351）
 一、2022年太空安全态势 ……………………………………（351）
　　（一）太空战略政策不断深化 ………………………………（351）
　　（二）太空军事博弈风险加大 ………………………………（352）
　　（三）太空装备技术研建并举 ………………………………（354）
　　（四）太空战略博弈竞合共存 ………………………………（357）
 二、2023年太空安全趋势 ……………………………………（358）
　　（一）太空战略政策加快实施 ………………………………（358）
　　（二）太空对抗风险持续增大 ………………………………（359）
　　（三）太空前沿技术创新加速 ………………………………（359）
　　（四）混合太空架构加快形成 ………………………………（360）
　　（五）太空规则博弈斗争趋热 ………………………………（361）
　　（六）商业航天愈受军事青睐 ………………………………（361）
　　（七）太空国际合作继续拓展 ………………………………（362）
 三、太空发展与安全倡议 ………………………………………（362）
　　（一）统筹太空发展与安全 …………………………………（362）
　　（二）加强太空危机管控与综合治理 ………………………（363）
　　（三）推进在太空领域构建人类命运共同体 ………………（363）

展望 ……………………………………………………………（364）

后　记 …………………………………………………………（366）

参考文献 …………………………………………………………（368）

引 言

"这个世界上唯有两样东西能让我们的心灵感到深深的震撼：一是我们头上灿烂的星空，二是我们内心崇高的道德法则。"德国哲学家康德的名言既道出了人类对自我道德价值的永恒追求，又表达了人们对探索浩瀚宇宙亘古不变的理想信念。

太空与人类社会进步发展紧密相关。现代社会，政治、经济、科技、军事、文化等领域发展都离不开太空的支持。太空中各种航天器为人类社会提供测绘、通信、导航、定位、授时、气象等各种信息与服务，是维持社会体系正常运转的关键。伴随人类对太空依赖性的不断增强，太空不仅是一个国家综合实力的重要支撑，更是维护国家安全与发展利益的重要支柱。

新时代，伴随人类航天技术的井喷式发展和有关国家太空力量的迅猛推进，太空已成为大国战略竞争和高端战争的制高点。有关国家均将太空视为夺取未来战略发展优势和维护国家安全的关键领域，竞相进军太空、经略太空。比如，美国追求太空领域的绝对优势，俄罗斯寻求恢复航天强国地位，英国、德国、法国、澳大利亚、印度、日本、韩国等积极谋求发展太空军事力量。

面向未来，历史是最好的教科书。回顾历史，不管是冷战时期，还是进入21世纪以来，尤其是最近5年，太空领域的博弈演化持续加剧，人类进出太空、利用太空、探索太空过程中的竞争、斗争、威慑、摩擦甚至对抗日趋激烈，已越来越成为国际体系加速变革的重要引擎和关键变量。

第一，太空环境复杂，自然危害频发。例如，当太阳活动爆发时，会影响航天系统、天地或星间链路等正常工作。2022年2月初，美国太空探索技术公司（SpaceX公司）发射的约40颗"星链"卫星，受地磁暴影响，最终偏离轨道陨落坠毁。

第二，太空更加拥挤，碰撞风险增大。目前，在太空中的航天器越来越多、发射的节奏越来越快、部署的规模越来越大、门槛与成本越来越低。比如，SpaceX公司，从2019年5月首批60颗"星链"卫星发射，截至2023年10月31日，短短4年多时间共发射了5376颗"星链"卫星；该公司还计划2027年前达到12000颗，2035年前达到42000颗。此外，太空中还有数千颗报废卫星以及数以亿计的碎片。这都使得卫星碰撞和太空垃圾问题突出，太空交通管理迫在眉睫。例如，2021年7月和10月，两颗"星链"卫星接近中国"天宫"空间站，中国空间站被迫采取紧急避撞措施。

第三，太空"跑马圈地"兴起，各类资源争夺已成焦点。地球轨道空间产业发展、军事应用步伐加速，刺激太空轨位、频率等资源争夺激烈。技术发展也使原本遥不可及的月球、火星探测等成为现实，深空资源炙手可热，甚至关乎人类未来。有关大国都在太空"淘金热"中积极谋划，太空治理规则博弈与资源争夺愈演愈烈。

第四，太空军备竞赛，影响国际战略稳定。太空军事化应用，必然刺激太空军备竞赛。又因为太空与反导、核威慑紧密相联，太空军备竞赛或将进一步刺激反导竞赛，进一步打破全球战略平衡与稳定，同时加剧陆、海、空、网等领域军备竞赛，给国际战略稳定与安全形势带来新的更复杂的不确定性。

综上所述，在世界秩序重构的潮流中，伴随太空安全风险激增，人类迫切需要凝聚共识，积极为维护世界太空安全贡献力量。中国国家主席习近平提出，"探索浩瀚宇宙，发展航天事业，建设航天强国，是我们不懈追求的航天梦"。中国始终坚持以和平为目的探索和利用太空，积极推动在太空领域构建人类命运共同体。中国航天人始终以一往无前的忘我奋斗精神，本着为全人类谋福祉的无上崇高的价值追求，完成了一个又一个伟大壮举，在九天之上自豪地留下了中国人探索太空、造福人类的深刻印记。

为促进人类和平利用太空，应对太空安全风险挑战，保护太空资产与活动安全，服务人类社会发展与文明进步，帮助各界更好地"知天、用天"，我们在前期出版《太空，未来战场！？——美国太空军事化新态势新走向》《美国太空军情透视》等书籍以及《每日要情》专刊的基础上，继续组织研究编写了《世界主要国家太空军情透视》，重点梳理分析一年多来世界主要国家在太空安全与军事领域的发展动态，旨在帮助相关研究者以及爱好者了解世界太空领域的最新发展情况。本书以太空领域开源情报为数据基础，围绕有关国家太空战略政策理论、太空力量建设、太空装备技术发展、太空演习演训活动、太空作战运用、商业航天发展和太空国际规则博弈等内容进行跟踪研究，在内容上力求全面、翔实，为读者总体把握最新世界航天发展动态提供参考。

太空是全人类的共同财产，维护太空安全是我们的神圣使命与时代责任。我们持续研究和出版系列太空军情类书籍，谨作为身处这个时代所做的一点微薄工作，愿与更多心系太空安全、太空未来的专家学者们交流。由于编者水平有限，编写过程中难免存在不足之处，恳请各位读者批评指正。

编写组
2023年7月

第一章　太空战略政策理论

太空战略政策理论作为"软实力",是与经济、军事等"有形资源"要素所构建的"硬实力"相对应的"无形资源"。这种"无形资源"与经济、军事等实力相互配合支持,成为国际关系中国家力量的重要内容。太空战略政策理论为太空力量建设、发展、运用等提供指导。同时,太空战略政策理论在太空力量建设与发展、太空力量运用之间协同演进,进一步促进太空战略政策等理论的持续发展,而后又助力于太空力量建设、发展与运用潜力的发挥,进而实现国家战略目标。近一年多来,美国、俄罗斯、欧洲、日本等不断调整完善太空战略政策等理论,为其太空力量建设与发展提供了重要引领。

一、美国

美国战略一般分为国家安全战略、国防战略、军事战略和战区战略、军种战略五个层次。太空作为美国国家安全与军事发展的关键领域,其政策与战略制定也对应形成了基本体系。近年来,美国围绕与主要战略竞争对手争夺太空领域优势与主导地位,发布系列战略政策以及作战条令等文件,明确太空领域顶层指导,规划太空力量建设发展,凸显夺取太空绝对优势、进而夺取国家综合优势的战略意图。2022 年,美国发布《国家安全战略》《国防战略》《国防部太空政策指令》等文件，将太空视为"美国国家军事力量的优先领域"，提出将通过提升太空系统网络安全、增强太空系统弹性、加强与盟国和商业航天力量合作、发展在轨建造和维修技术等措施，从而达到维持在太空领域战略竞争优势的战略目的。

（一）发布太空战略政策

太空作为美国国家安全与军事发展的关键性领域，其政策与战略制定也对应其国防与军事战略形成了基本体系，分别由不同机构负责制定。2022年是拜登政府执政第二年，国家层面主要发布了《国家安全战略》《太空服务、组装与制造国家战略》《国家轨道碎片实施计划》《国家地月科学与技术战略》等；国防部层面主要发布了《国防战略》《国防部指令3100.10——太空政策》《太空态势感知协议备忘录》等。从这些战略政策文件可以分析出美国太空力量当前以及未来一段时间发展的重点与方向。

1.《国家安全战略》

2022年10月，拜登政府公布了美国《国家安全战略》[1]，取代其任期之初发布的《国家安全战略临时指南》。该战略文件强调了美国的领导力是克服"全球威胁"的关键，概述了拜登政府在"决定未来十年"中为应对大国竞争等全球性挑战所制定的优先事项。在太空领域，该战略指出，探索太空和利用太空在创造经济机遇、开发新技术等方面极为重要，声明美国将保持全球太空领导者地位，与国际社会合作以确保太空域的可持续性、稳定性和安全性；美国必须带头加强太空管理，建立太空交通管理系统，并引领未来太空

---

[1] 史宏林，陈琳.《透视美国2022：国家安全战略》报告.军事高科技在线，2023.

规则和军备控制发展;将与盟友合作,制定相关政策和法规,推动美国商业航天提升国际竞争力;将持续增强美国太空系统韧性;这些努力旨在保护美国太空利益,负责任地管理太空环境①。

2.《美国太空优先事项框架》

2021年12月1日,拜登政府召开任期内首次国家航天委员会会议,发布《美国太空优先事项框架》文件,概述了美国太空政策两类共9项优先事项②。该文件是拜登政府首次正式发布太空政策,其指出,为了美国在未来继续掌控太空利益,美国需要在民用、商业和国家安全领域都建立并保持一个充满活力的太空体系。该文件提出的优先事项包括:保持美国在太空探索和太空科学方面的领先地位;利用巨型卫星网络提高对地观测能力,更好地应对气候变化;完善美国的太空政策和监管环境,提升美国商业太空机构整体竞争力;保护与太空有关的关键基础设施并加强太空工业基础安全;保护美国国家安全利益免受来自太空和太空对抗的威胁;投资下一代太空人才;继续加强全球太空活动治理,推动国际社会参与维护和加强基于规则的国际太空秩序;加强太空态势感知共享和太空交通协调;优先考虑太空可持续性和行星保护③。

3.《太空服务、组装与制造国家战略》

2022年4月4日,美国白宫科技政策办公室发布《太空服务、组装与制造国家战略》,将太空服务、组装与制造提升到国家战略高度,作为美国提升科技创新能力、强化全球竞争力和领导力的重要

---

① 袁征,宫小飞.拜登政府《国家安全战略》探析.中国评论,2022年12月.
② 孙琴.白宫发布美国太空优先事项框架.国际科技要闻,2021年12月3日.
③ 刘震鑫,魏锦文等.美国太空优先事项框架.军事航天前沿译丛,2022年1月.

战略支点，提出了跨部门工作指导意见。① 该战略提出六项目标：推进太空服务、组装与制造的研究和开发；优先拓展可扩展的基础设施；加快新兴太空服务、组装与制造商业产业的发展，促进国际协作与合作，以实现太空服务、组装与制造目标；为实现太空服务、组装与制造目标，推动国际协同和合作；随着太空服务、组装与制造商业产业的发展，优先考虑环境的可持续性；作为太空服务、组装与制造创新潜在成果，激励未来多样化的人才。该战略明确了达成上述目标的三项重点举措：改善美国政府内部以及美国政府、学术界、工业界和国际合作伙伴之间的协调与合作；向私营企业发出明确且一致的需求信号，以刺激投资、降低风险并建立投资者信心；制定和采用太空服务、组装与制造标准，以帮助其促进增长。

4.《国家轨道碎片实施计划》

2022年7月28日，美国白宫科技政策办公室发布了《国家轨道碎片实施计划》②，在2021年发布的《国家轨道碎片研发计划》基础上，进一步明确了实施途径。该计划指出，轨道碎片会对有限的地球轨道资源造成威胁，对人类的可持续发展和利用外层空间构成挑战。该计划明确了美国应对轨道碎片问题的三项实施途径：一是碎片缓解。对运载火箭、卫星和用于航天器机动的机载推进等附加装置，采取防止或限制新碎片产生的设计。二是碎片追踪和表征。采取涉及检测、跟踪或表征轨道碎片及碎片群的技术、方法或建模。该技术或方法除了用于表征轨道碎片之外，也可用于探测、跟踪并表征活动卫星。三是碎片修复。采取维持或减少当前碎片数量的技术和方法。包括主动清除碎片技术、钝化或复用策略和实时避碰方

---

① 贾琳，贾平. 美国首次发布《太空服务、组装与制造国家战略》. 知领，2022年11月17日.

② James. W. 白宫发布《国家轨道碎片实施计划》. Aerospace Defense，2022年8月2日.

法，以及在轨服务、交会抵近和抓捕操作涉及的抓捕机制、抓捕装置、目标操控装置技术等。

5.《国家地月科学与技术战略》

美国的太空战略政策不仅立足当前，而且面向未来，加快对深空、地月空间的布势。2022年1月19日，时任美国太空军作战部长的约翰·雷蒙德认为，美国在应对中国的挑战时，应确保军事航天所有领域的竞争优势，而不仅仅是在近地轨道、中地轨道或地球同步轨道；为了保护美国的月球利益，美军需要在5年内实现对地月空间的监视，在未来的5—10年内太空军必须提高包括地月空间在内的态势感知能力。2022年4月6日，美国太空军成立第19太空防御中队，监视包括地月空间和月球周围区域在内的空间中的一切行为，负责为政府、民间和国际用户提供持续的空间态势感知，集中精力应对地月空间可能产生的军事风险。此外，第19太空防御中队远期还将建造一个地月高速往返系统，利用小卫星实施地月空间态势感知和军事后勤。4月19日，美国云计算创企孤星数据控制公司与休斯顿直观机器公司签订合同，计划2023年在月球上部署一个小型概念验证数据中心。该数据中心体积较小，通过"猎鹰"9号火箭发射至月球，并搭载直观机器公司的月球着陆器，用于在月球表面进行数据存储和边缘处理。孤星数据控制公司称，在月球上运营数据中心功能，可以为在地球上部署能源密集型服务器提供一种更安全、更环保的替代方案。与上述举措相呼应，2022年11月17日，美国白宫科技政策办公室发布《国家地月科学与技术战略》[①]指出，促进地月空间科学发现、经济发展和国际合作，对于实现美国在地月空间科技领域的引领地位至关重要。美国旨在通过该战略实现以

---

① 忆竹. 美国发布《国家地月科学与技术战略》. 战略前沿技术，2022年11月21日.

下四项关键目标：支持研发以促进未来科技进步和经济增长；扩大地月空间国际科技合作；将美国太空态势感知能力扩展到地月空间；通过可扩展、可互操作的方法构建地月空间通信、定位、导航与授时功能。

6.《国防战略》

2022年10月27日，美国国防部公开发布了非密版《国防战略》[①]。《国防战略》明确了四大国防优先事项：保卫美国，应对来自中国日益增长的多领域威胁；阻止对美国、盟国及伙伴的战略攻击；慑止侵略，并准备必要时在冲突中取胜；建立有弹性的全军种防御应急系统。该战略提出，通过综合威慑、战役活动和构建持久优势这三种主要方式，以实现其战略优先事项。该战略将中国称为"美国国家安全面临的最全面和最严重的挑战"，并以中国为战略焦点，防止中国在关键地区占据主导地位，在保护美国利益的同时，强化当前稳定而开放的国际体系。该战略称，在太空领域，由于网络和太空对军队具有赋能作用，将优先考虑建立网络与太空弹性能力。该战略明确，国防部计划建立由导弹防御和导弹跟踪卫星组成的多层网络，并利用商业航天系统补充军事航天网络。国防部将通过部署多样化、弹性和冗余的卫星星座来应对敌方早期攻击，通过提高防御和重组能力来提高受损后的作战能力。该战略呼吁，国防部应加强与企业在优先领域的合作，尤其是应与商业航天企业合作，利用其先进技术和创新精神来开发新能力。

7.《国防部指令3100.10—太空政策》

2022年8月30日，美国国防部发布《国防部指令3100.10—太

---

① 申淼. 美国防部发布2022年《国防战略》《核态势评估》《导弹防御评估》. 国防科技要闻，2022年10月28日.

空政策》[1]，旨在遵照《国家太空政策》《美国太空优先事项框架》《国防战略》《国防太空战略》等文件指导和美国法典第 10、50 和 51 卷等法律规定，制订国防部太空相关活动政策并明确职责分工。该政策主要内容包括：把太空作为国家军事力量优先发展的作战域，支撑多域联合与联盟军事行动，增进国家安全；增强太空域安全、稳定、可持续发展和进出能力；维护太空域进出和行动自由；保护和防卫美国国家安全、经济发展以及盟友和伙伴对太空的使用；在太空、自太空、对太空遂行作战，运用先进太空能力慑止冲突，一旦威慑失败，反击并战胜侵犯；促进太空环境长期可持续发展；与志同道合的国际伙伴合作，建立、示范和维护安全和负责任的太空行为准则；与美国政府其他部门和机构合作，做好太空域"管家"；加强国防部与情报界合作，提升双方太空作战和太空相关活动的协调统一和效能；强化太空相关同盟，构建新的合作关系，为美国及盟友和伙伴提供持久战略优势；利用和促进国内民用和商业航天产业繁荣与发展，扩大和提高对创新和新兴商业航天能力的重视程度；转型国防部太空组织体系，适应快速变化的战略环境；加强国防部太空服务的任务保证，以支持持续作战，慑止和防卫潜在对手对美国、盟友或伙伴利益的攻击；发展与日益增长的太空和反太空威胁相称的军事太空专业队伍、学说条令和作战概念；塑造战略环境，增强太空域威慑和稳定等。

8.《太空态势感知协议备忘录》

2022 年 9 月 7 日，美国国防部与商务部签署了《太空态势感知

---

[1] 赵霄. 美国防部更新太空政策正式采用"负责任行为原则". 国防科技要闻，2022 年 9 月 8 日.

协议备忘录》①，目前尚未完全公开。被披露的部分主要包括以下内容：承诺将向民用、商业和非美国用户提供太空态势感知数据；将美国太空交通管理服务的权力从国防部移交给商务部；国防部和太空司令部将保留监视太空的任务，以发现潜在危险活动和来自潜在对手的威胁，并且控制大部分军方自己的机密网络。

9.《行星科学十年调查（2023—2032）》

2022年4月，美国国家科学院发布《行星科学十年调查（2023—2032）》报告②，提出未来十年美国行星科学和行星防御发展的前沿与愿景，将继续支持行星防御计划。该领域的技术创新将有力推动美国太空力量建设。

10.《国土安全部太空政策》

2022年6月16日，美国国土安全部发布了新的太空政策，强调了太空网络安全和弹性的重要性，并将通过利用部门职权和能力来支持美国的太空目标，以保护国土安全和维护太空领域创新者地位③。该政策阐述了国土安全部在太空领域发挥作用的三项重点工作：一是倡导将网络安全原则纳入整个太空行业的系统设计、开发、采购、部署和运营的所有阶段，与不同政府部门和行业伙伴保持密切的关系，以确保天基系统免受威胁，特别是网络攻击威胁。二是增强关键太空资产的使用弹性，以最大限度地减少任何自然或人为干扰对国土安全和国土安全部任务执行的影响。三是制定应对遭受自然或人为干扰太空环境的应急计划，对太空紧张局势或敌对活动

---

① 张梓阳. 美媒报道美《空间态势感知协议备忘录》具体内容. 航天防务，2022年9月29日.
② 美国家科学院发布《行星科学十年调查（2023—2032）》. 全球防务之眼，2022年5月17日.
③ 赵霄. 美国土安全部发布太空政策. 国防科技要闻，2022年7月13日.

可能对国内太空资产造成的影响做好准备。

11.《太空弹性的三位一体》

美国《航天新闻》杂志2022年5月刊发题为《太空弹性的三位一体》的专栏文章，称美国国防部和太空军领导日益重视太空弹性，认识到太空弹性是获取太空优势的关键所在。报道总结了美国军方观点，认为构建太空弹性有三种方法：扩散、重构和反击。文章认为，美国国防部一直侧重通过扩散的方式恢复太空弹性，建议国防部应投资重构与反击等其他方法，获得太空弹性能力，以应对太空威胁①。

一是应对太空威胁。

2021年11月，美国太空军作战部副部长大卫·汤普森称，美国卫星每天都面临来自中俄等国的网络攻击、干扰和激光致炫。美军认为反太空挑战的多样性和复杂性日益增加，军事太空竞争的强度也越来越大，给美国及其盟国和合作伙伴带来了重大风险。美国及盟国使用的太空架构是很多年前设计建造的，已很难应对现在的安全威胁，敌人已发展出应对当前架构的能力。如果美国不调整路线，将会削弱侦察、收集、通信和跟踪威胁的能力。

二是构建太空弹性的方法。

（1）扩散。为保持美国优势、保护美国的军事商业太空利益，美国国防部的太空架构必须提高弹性，将弹性作为关键设计参数之一。时任美国太空军作战部长的约翰·雷蒙德称，国防部太空架构应从精致、少量和易受攻击转为多样化、扩散和弹性。美国国防部正追求向扩散和分布式星座的转变，同时使用更多的商业太空资产来补充国家安全太空资产。提高太空弹性的措施一般都从增加国防部太空架构的数量、多样性和冗余度开始。美国太空发展局已开始

---

① 微小航. 构建太空弹性三种方法. 微视航天，2022年5月11日.

在低地球轨道上建造一个由数百颗小型卫星组成的扩散架构，旨在跟踪先进的机动导弹发射并在架构中以光速传输数据。增加冗余度，可降低一次攻击就破坏全系统的可能性。第 0 批初始跟踪卫星部分已于 2023 年 4 月发射[①]，第 1 批将在 2025 年发射。太空军 2023 财年预算请求将 10 亿美元用于继续发展 7 层国防太空架构。提高美国和盟国的太空弹性，可以采取以下几种方法：大幅增加低地球轨道卫星数量；将卫星变轨至其他轨道；强化卫星抵御网络和电子战攻击的能力；提高太空资产的机动性，避免共轨卫星或太空碎片的物理威胁；使用商业太空资源；加强与盟国和合作伙伴的合作。扩大卫星星座会出现负面效果：使太空态势感知任务复杂化。美国太空军太空作战司令部司令斯蒂芬·怀廷 2021 年 8 月曾表示，太空司令部跟踪的近地轨道物体有 3.5 万个，比两年前增加了 22%，主要原因是"星链"等巨型商业星座的增长。低地球轨道物体增长也影响了射电和光学天文观测的质量。军方使用商业卫星可能会导致敌方攻击商业卫星，危及为社会提供重要服务的星座。太空交通管理和多轨道太空态势感知能力是太空弹性的组成部分，也是国防部和美国政府重视的优先事项；对卫星机动性和太空碎片治理能力的投资也将确保美国天基架构在可持续性的基础上具有更强的扩散性和弹性。太空弹性也包括地面部分，应提高地面站抵御网络和电子攻击的能力。因此，太空军也将开发和推广天基通信的地面替代方案。

（2）重构。美国需要开发包括快速重构在内的提高太空弹性的新方法。美国国防部和太空军领导人虽已意识到快速补星的重要性，也意识到需加快速度获得快速补星能力，但在国防预算中还没有完全反映出来。国防部应尽快与商业工业和其他机构合作，发展低成

[①] 张梓阳. 美太空发展局发射首批"分布式作战"人员太空架构. 航天防务，2023 年 4 月 3 日.

本快速重构卫星能力，以对冲现有卫星退化、损毁或失效的可能性。当前美国国家安全太空产业基础和供应链尚达不到快速重构的要求，主要生产线仍然是劳动密集型且产量较低。现成的备件库存严重不足，而且需要很长时间才能生产出符合太空要求的微电子产品。使用先进的制造和自动化技术可以使产量实现数量级的飞跃，国防部必须采取更多措施来激励相关工作。SpaceX公司的可复用火箭已被证明是高效低成本的发射卫星方法，该公司利用拼单方式向太空发射了更多、更高频次的卫星。因此，国防部可摆脱对范登堡、卡纳维拉尔角和沃洛普斯岛等发射场的依赖，投资其他发射设施、发展从其他平台发射卫星的能力，如使用海军水面舰艇垂直发射系统、使用潜艇导弹发射管等。此外，在轨加注、太空服务、在轨制造等都可通过重构来建立太空弹性。国防部的现代化项目存在相互竞争关系，美国的航天工业也面临着商业和风险投资机会，国防部可创建流程和激励措施，加快采购、提高灵活性，以与国防工业和商业太空部门实现高效合作。例如，美国国防部可推进规模化生产和部署太空资产的快速制造方法；可投资自动化生产、数字化和减少人工劳动力，以降低太空资产成本、加快运营速度，为大规模生产和在战争中的重构做准备。太空军和空军部虽已经走在了整合数字工程和敏捷软件开发的前列，但还需要继续集中精力开展工作，充分利用数字设计和仿真环境的优势来实现大规模生产。

（3）反击。反击是三种方法中运用最少的，但美国可能会越来越多地采取此种方法。即使不使用动能反击，也有其他方法和技术可供选择，采用关键技术和方法就可实现非动能能力。考虑到敌方太空架构也会面临同样的漏洞，反击技术可使敌方太空系统遭到破坏、降级与失能。非动能方法可以在轨道上、地面上以及其他方式对敌方的太空能力进行打击，包括限制获得关键的使能技术。非动能的反击方法可提高对敌人的威慑力，同时不会像动能反卫星技术一样制造太空碎片和轨道碰撞，让太空环境遭受破坏与混乱。

三是"三位一体"构建太空弹性。

美军需要对扩散、重构和反击三种方法进行平衡，才能构建"三位一体"的太空弹性。同时，需要领导机构和文化都进行相应变革，并且在预算的优先事项上做出转变。美国空军部长弗兰克·肯德尔认为，全面且相互关联的"三位一体"太空弹性能让竞争对手不敢轻易攻击美国的太空能力，也能确保美国在遭受攻击后重新持有太空优势。他强调指出，在面对不断扩大和更复杂的威胁时，能够在关键且竞争日益激烈的太空领域持续保持太空能力将成为决定性优势。

12.《轨道可持续性法案》

2022年12月21日，美国参议院通过了《轨道可持续性法案》，旨在创建"首个演示验证项目"，重点研究、开发并演示验证能够安全、成功执行"主动清理碎片任务"的技术，以减少在轨太空垃圾数量[①]。主要内容包括：（1）清理轨道碎片清单。指示国家航空航天局（NASA）与商务部、国防部和国家航天委员会协调，公布一份对轨道航天器和在轨活动构成重大风险的碎片物体清单。（2）主动清理轨道碎片演示项目。指示国家航空航天局启动该项目，与工业界合作开发技术，通过改变碎片用途或从轨道上移除碎片物体来清理碎片；要求有2个或多个技术开发团队进行碎片清理演示验证，以提升竞争力；要求国家航空航天局与其他国家合作，解决其轨道碎片。（3）主动清理碎片（ADR）服务。鼓励美国政府在示范项目取得成功并投入商业使用后，从行业合作伙伴处购买ADR服务；要求对ADR服务的长期需求进行经济评估。（4）统一轨道碎片标准。指示国家航天委员会修订《轨道碎片缓解标准做法》；鼓励联邦航空

---

① 孙琴. 美参议院通过《轨道可持续性法案》. 国防科技要闻，2022年12月29日.

管理局和联邦通信委员会将修订的标准与做法作为适用于所有太空活动的联邦法规的基础；鼓励其他国家设立与美国法规相一致的法规，以在全球范围内实施有效的非歧视性法规。（5）太空交通协调标准做法。指示商务部与国家航天委员会和联邦通信委员会协调，制定标准并推广标准做法，以避免航天器在轨道上发生未遂事故和碰撞。

（二）丰富太空政策条令

近一年来，美军发布了《商业卫星整合战略》《太空试验体系化愿景》《太空作战司令部司令官战略规划》以及《太空军作战试验与训练基础设施愿景》《太空军作战条令》《太空军人事条令》《太空军给养维持条令》等太空作战政策条令。上述太空作战政策条令与2020年发布的《太空作战司令部规划指南》《太空军卫星通信发展愿景》，以及2021年发布的《太空军数字军种愿景》《太空军卫士典范》《太空军战役支援计划》《太空作战部司令官战略愿景》等指导文件共同构成了美国太空军未来建设发展的行动纲领，阐明了太空作战力量建设与运用的思路和重点。

1.《商业卫星整合战略》

2022年4月6日，美国太空司令部发布了《商业卫星整合战略》要点，概述了战略背景、目标目的、实施途径和预期军事效益。该战略目标在于，聚焦最终用户的紧迫需求，以提升作战能力为出发点和落脚点，孕育形成一整套集成商业和民用能力的方法途径组合，以利用商业力量填补太空司令部资源和能力缺口[1]。该战略旨在

---

[1] 国际网络观察员. 美国太空司令部发布《商业卫星整合战略》. 国防科技要闻，2022年4月8日.

为美国太空司令部与商业企业合作、集成和形成长期伙伴关系建立战略框架，为各项商业集成工作确定优先级并整体同步推进，从而填补太空司令部能力缺口，提升太空体系弹性，获得并保持对敌技术和作战优势，增强军事太空力量，支撑太空司令部夺取并保持太空优势。该战略实施主要通过以下三种途径：一是购买商业现货，加快装备采办速度，缩短技术更新周期，满足特定系统需求，包括指挥和作战管理系统、具备人工智能和大数据管理功能的信息系统、建模仿真系统、太空控制系统、通信卫星和终端设备等；二是购买集成服务，满足特定保障需求，包括服务于作战情报和太空域感知、卫星通信带宽、遥感、防御性太空控制、建模仿真、人工智能和机器学习以及量子计算和加密等；三是购买专业知识，提升军方专业水平。太空司令部希望与商业实体之间不拘于简单买卖关系，还应寻求更紧密合作，从而提升支持保障的速度和质量，重点是利用联合部队太空司令部建立的商业集成小组数据共享平台和机制框架孕育新的能力。

2.《太空试验体系化愿景》

2022年5月10日，美国太空军发布《太空试验体系化愿景》，旨在驱动太空军基于数据快速决策，最大限度地提高太空军为联合部队和国家提供天基能力的灵活性和效率[①]。该愿景指出，太空军将加强试验体系中组织、人员、设施、采办和试验等各组成要素的统筹管理，在能力生成整个生命周期内最大限度地整合开发试验和作战试验鉴定活动。该愿景认为，威胁环境转变、新能力新技术快速发展和天军规模结构三个因素，驱动形成美国太空军试验体系愿景

---

① 赵竹明，刘璐，王浩. 美国天军重构太空测试体系的战略规划——美国天军《太空测试体系化愿景》要点. 国际太空，2022 (5).

和军种独特的试验理念,即综合试验理念。综合试验是一种协作、可裁减、快速响应的试验方法,为系统性能及有效性、适用性、可维护性和生存能力独立评估提供共享数据。美国太空军为实现太空试验体系愿景,安排了三条工作主线:一是建立综合试验组织体系,以集成试验部队作为天军基础试验结构,负责在太空军和任务合作伙伴系统的全生命周期内实施试验活动,发展作战级的太空能力试验;二是发展专业太空试验队伍,开发专业化的太空试验课程,为试验人员创建广泛的基础试验培训,发展独特的太空试验文化,并将专业化太空试验人才整合到人才管理框架中;三是建设太空试验基础设施,将重点从需求验证转移到模型验证,生成可信赖的数字试验框架,从而超越传统试验的范式,提供可快速配置且经过验证的试验基础设施[1]。

3.《太空作战司令部司令官战略规划》

2021年1月,美国太空作战司令部发布了《太空作战司令部司令官战略愿景》,明确了太空作战司令部的使命、愿景和优先事项[2]。太空司令部将"在太空、从太空以及到太空保护美国及其盟友",并在"战备、合作、投送"三大优先事项指导下实现这些目的。其中,战备,即建设做好战斗准备的、ISR主导的、网络安全的太空和战斗支援部队,准备强有力的、多样化的、健康的作战文化;合作,即在美国政府、盟国和商业伙伴之间合作,合作建立其他美国太空军组织机构;投送,即在太空、从太空和到太空投送战斗力量,投送创新、数字化的部队。

在此基础上,2022年3月11日,美国太空作战司令部公布了

---

[1] 美国太空军一季度态势综述:新举措、新预算、新联队. 微视航天,2022年4月14日.
[2] 张明月. 美太空司令部发布《司令官战略愿景》. 国防科技要闻,2021年2月18日.

《太空作战司令部司令官战略规划》，明确提出了六大工作主线：一是推进战备工作。面向对抗作战推进战备工作，慑止/削弱敌方的太空对抗能力，发展成熟的高级训练，同太空训练与战备司令部合作发展面向威胁的训练，创建敏捷作战文化。二是增强情报合作及网络作战。充分利用太空三角队的情报、监视、侦察行动展示并实施新的情报访问与授权，以提供对抗环境下的全谱感知；继续开发、集成与壮大防御性网络作战能力。三是发展武器系统战备和能力规程。加强太空系统保障和弹性战备，定制武器系统作战能力评估过程。四是扩大盟友合作关系。不断完善并发展与盟国、合作伙伴的合作、协作及一体化，增强同直属司令部与空军部的合作关系，巩固与作战司令部的合作关系，进一步开发机构间合作伙伴关系。五是培育健康和多样化组织机构。增强韧性工作；培养多元化、包容性文化；更新计划，以反映太空军及太空作战司令部在表彰、奖励、勋章、绩效评估与晋升（军、文职）方面的价值观；向太空军总部/负责人员与负责后勤的副太空作战部长体系人才管理办公室和太空训练与战备司令部（针对太空军卫士）或者向空军（针对分配给太空作战司令部的空军人员，包括空军预备部门）提供人才管理作战需求。六是推进数字军种建设。继续推动整个太空作战司令部内的数字转型；设计并部署数据驱动决策工具与流程；使太空作战司令部创新计划趋于成熟，以实现作战能力。

4.《太空军数字军种愿景》

2021年5月6日，美国太空军发布了《太空军数字军种愿景》，提出建设世界上第一个全数字军种[1]。该文件实际上是对《太空作战司令部规划指南》（2020年秋季发布）中提出的"创建数字军种，

---

[1] 美太空军发布《太空军数字军种愿景》. 国防科技要闻, 2021年5月14日.

加速创新"这一优先事项的具体落实，体现了太空军数字愿景的意图和主要实施途径，描绘了未来数字作战的场景和样式。该文件阐述了太空军实施数字转型、创建数字军种的背景和动因，指出了太空军数字转型应遵循的"互联、创新、数字主导"三大原则，明确了实现愿景需重点关注的4个领域：一是数字工程。基于共享数字基础设施，开发并保持一个可互操作、弹性和安全的数字工程生态体系，用于使太空军人员推进创新概念快速成熟为综合解决方案，并提供关键作战能力。二是数字人员。吸引技术人才并将人才放在完全集成的数字人员队伍中进行管理，通过定制化培训、优化晋升、授权等途径来培养太空军人员的数字化才能和态度，实现并保持"数字流畅"战略，以完成大胆、创新的解决方案。三是数字总部。指在美国太空军每一层级进行有效和高效决策的能力。将重点放在实现和激励每一层级的数据驱动决策上，采用先进自动化工具和分析方法，减轻传统的官僚主义影响，同时确保领导具有恰当的工具、权力和激励措施，以迅速作出明智决策。四是数字作战。这是其他三个重点领域的集中体现。推动在太空、从太空以及到太空的联合全域解决方案，利用数字化工程生态体系和数字人员，无缝集成太空能力，并以前所未有的速度、胆略和杀伤力实施行动，从而将数字主导转化为战斗空间优势。

5.《太空军作战试验与训练基础设施愿景》

2022年6月，美国太空军发布了《太空军作战试验与训练基础设施愿景》，旨在建立一个实际的系统集成结构，包括实况—虚拟—构造仿真环境，使部队能够开展战术级、战役级的作战试验与训练，以实现并维持全方位备战[①]。该系统将包含以下三大活动：集成开发

---

① 美国太空部队为测试和训练设想了数字化的未来. 中国航空新闻网，2022年6月20日。

和作战的试验鉴定、作战训练、战术开发。为此，该系统包括以下要素：一是实施范围，跨越空间段、地面段和链路段；二是设备及训练员，全职训练员和经过证实、验证及认可的数字孪生、模型和仿真；三是假想敌，由本地专业化的力量复制/扮演的假想敌；四是综合试验与训练环境，将设备、训练员、假想敌等整合复制到太空域，其中包含敌方太空/反太空力量、其他太空物体等综合太空环境；五是安全设施和受保护的通信网络。

6. 《国家太空试验与训练综合设施愿景》

2022 年 10 月，美国太空训练与战备司令部发布了《国家太空试验与训练综合设施愿景》，明确指出国家太空试验与训练综合设施本质上是一个靶场网络，并确立了国家太空试验与训练综合设施的四个重点建设领域，即军种能力、联合适用性、一体化试验和威胁表示，以帮助太空军做好卫士战备、能力开发、作战解决方案交付，从而在整个太空域的竞争与冲突中获胜。具体建设领域：一是军种能力。国家太空试验与训练综合设施将在与太空军任务领域相对应的四个下属靶场综合设施上提供可扩展的能力，即电磁靶场、轨道靶场、网络靶场、数字靶场。二是联合适用性。国家太空试验与训练综合设施将支持新的联合多域战概念的开发，并集成联合任务伙伴。具体表现为三方面特性：多域、威胁表示和互联。三是一体化试验。国家太空试验与训练综合设施是一个专门集成的多场地综合设施，以相互支援的方式，利用在轨、数字、硬件在回路、实验室和暗室测试。主要包括：蓝军建模与仿真，项目验证，战术、技术与规程验证。四是威胁表示。国家太空试验与训练综合设施将为太空军提供真实的、威胁指引的试验与训练环境，以增强他们在联合作战环境下分析和响应当前与未来威胁的能力。其主要包括：红方建模与仿真，战术、技术和规程开发，训练、演练和演习，假想敌互操作性。

7.《太空军作战条令》

2022年1月，美国太空军发布了《太空条令注释（SDN）：作战》，用于分析问题和提供潜在解决方案，为太空作战条令编制和修订提供支持，填补正式作战条令形成之前的空白[①]。"太空条令注释"是对"太空顶石出版物"的补充，主要探讨为军事部队提供优势太空作战问题，为整个竞争连续体中有关作战的太空活动提供指导。该条令指出，太空作战包括轨道段、地面段和链路段三方面行动。轨道段由太空域中运行的航天器组成，绝大部分太空作战发生在地球同步轨道、大椭圆轨道、中地球轨道、低地球轨道及各种轨道间的转移轨道。地面段包括所有发射和操控航天器以及处理太空数据的地面设施和设备，还包括地基监视雷达。链路段包括连接轨道段、地面段以及地面段各单元之间的电磁频谱信号和节点。太空作战面临的威胁包括有意威胁、无意威胁以及自然威胁。有意威胁指对天基资产、地基系统、作战中心、地基雷达、发射设施、指控节点、通信节点或保障设施进行蓄意攻击和破坏，包括定向能、网络威胁、核爆炸、电磁脉冲和物理攻击。太空力量顶层职责包括：维护太空域行动自由，支撑联合战斗力和效能，为国家领导提供独立选项。太空力量核心能力包括：太空安全、太空力量投送、太空机动和后勤、信息机动以及太空域感知。美国太空军的合作对象包括政府和非政府实体，如商业实体和学术机构。各合作伙伴在整个竞争连续体中相互协同、协作并集成，对于实现统一行动至关重要。但对于部分纯粹的军事功能，不应有商业和学术界参与。合作对象可以分为关键合作伙伴和特殊合作伙伴。关键合作伙伴为美国国内政府机构，包括国家侦察局、情报界、国家航空航天局、商务部和

[①] 美军新版《太空作战条令》解读. 燕武智胜，2022年2月23日．

联邦航空管理局；特殊合作伙伴由美国与盟友、伙伴国组建，包括"五眼"情报联盟、多国联合太空作战计划、北大西洋公约组织军事同盟、日美军事同盟和韩美军事同盟等。

8.《太空军人事条令》

2022年9月，美国太空军太空训练与战备司令部发布了《太空军人事条令》，为太空军的人事架构、作用与职责、组成部分、个人职业发展及与人员相关的战备和弹性提供权威指导[①]。《太空军人事条令》侧重于太空军人事理论，阐述了太空军人员在其职业生涯中的发展路径，通过提升人事方面的战备和弹性能力，助力执行太空任务的军队开展迅速和持续的太空行动，履行太空军的基本职责。

9.《太空军给养维持条令》

2022年12月，美国太空军太空训练与战备司令部发布《太空军给养维持条令》，阐述了太空军兵力给养维持采办的最佳做法和经验教训。《太空军给养维持条令》介绍了当前美国太空军有关太空兵力的给养维持能力；贯穿太空竞争连续体全程，为军事行动的给养维持最佳方式提供了指导；明确了政府和非政府机构、多国兵力及其他机构伙伴之间的交互方案。

10."动态太空行动"概念

2022年12月，美国太空司令部副司令约翰·肖首次提出"动态太空行动"概念。约翰·肖在2023年2月的首届太空机动会议上将"动态太空行动"定义为"为了更好完成任务，需要卫星和航天器相对快速、有效地在轨道平面内和轨道平面之间实施机动"。2023

---

① 《太空军人事条令》. 全球防务之眼，2023年4月15日.

年 4 月 19 日，在科罗拉多州举行的 38 届太空基金会年度研讨会上，约翰·肖表示，太空司令部正着眼于 2026 年进行"动态太空行动"概念的初步在轨演示，将三颗太空燃料补给系统的原型机发射入轨，通过卫星在轨燃料补给来延长卫星的可用寿命，同时使燃料箱设计得更小，减少在轨运行时对推进器使用的限制，并希望在 2030 年实现所有卫星都具备在轨燃料补给、升级能力，以持续保持其机动性。

"动态太空行动"是指通过提升不同轨道上操控卫星和移动有效载荷的能力，执行"不留遗憾的机动"，减少轨道战任务规划的行动约束，提升机动投送、火力打击和指挥控制的灵活性，目标是有效应对日益拥挤、竞争、对抗的局面，其制胜核心是在轨机动能力的可持续性，主要手段包括：在轨加注、在轨组装和在轨制造，实施难度逐级增加。"动态太空行动"是美国《在轨服务、组装和制造国家战略》的最佳案例，是美国太空军"弹性太空体系架构"概念的延伸。

（三）构建太空联盟

太空外交是指通过国家间在太空领域开展政治、经济、军事和科技等方面的交流协作，寻求建立国际合作伙伴关系，扩大太空开发利用，从而增强太空领域全面竞争力。美国政府高度重视太空联盟在维持太空优势中的重要作用。美国拜登政府发布的《国家安全战略》明确要求发展强大的国家间联盟，与盟友和伙伴共同制定政策与条例等。近年来，美国陆续推出《阿尔忒弥斯协议：为安全、和平、繁荣未来之原则》（以下简称《阿尔忒弥斯协议》）、"禁止破坏性反卫星导弹试验"等太空计划，拉拢构建太空发展联盟，不断强化其太空域竞争及称霸能力；与此同时，以美国为首的北约也积极推动太空领域合作发展①。时任美国太空军作战部长的约翰·雷蒙德表示，基于对太空安全和可持续性的担忧，美国将举办第 3 次国际军事太空首脑会议。来自澳大利亚、加拿大、丹麦、法国、德国、意大利、日本、荷兰、新西兰、挪威、波兰、韩国、瑞典、英国和美国等 15 个国家的军事太空领导人将出席本次会议。雷蒙德说，美国将加强和完善合作伙伴关系，共同明确负责任行为规范，并展示安全和负责任的行为，以更好地了解太空域，促进太空安全。雷蒙德指出，太空军的首要任务是将其大型昂贵的传统星座过渡到更多样化的架构，以抵御对手的破坏和攻击。未来的太空架构应该是混合架构，并可能包括盟国卫星。

1.《阿尔忒弥斯协议》

2020 年 5 月 15 日，美国国家航空航天局公开介绍了《阿尔忒弥斯协议》的要点，试图为美国主导下的探月活动明确国际法律基本原则和规则框架，进而影响和推动国际社会就太空资源活动的合法性达成共识。这表明美国延续了 2015 年太空资源立法以及 2020 年总统令的思路，继续推进太空资源活动法律政策确定性的建设，以便吸引更多国家参与由其主导的阿尔忒弥斯月球开发计划，乃至未来的火星、小行星开发利用等太空资源活动。该协议由美国国务院和美国国家航空航天局共同主导，以 1967 年《外层空间条约》为基础，旨在通过加强国家间太空领域合作，开展开放性、互操作性的太空活动，以促进太空探索开发②。

截至 2023 年 6 月，已有美国、澳大利亚、加拿大、意大利、日

---

① 王浩. 美太空军《太空行动条令》. 道达智库，2022 年 8 月 2 日.
② 美国太空外交战略. 道达智库，2023 年 7 月.

本、卢森堡、阿联酋、英国等 27 个国家签署该协议①。

2.《禁止直升式反卫星导弹试验》

2022 年 4 月，美国副总统哈里斯宣布，美国禁止进行直接上升式反卫星导弹测试，并于 2022 年 12 月在第 77 届联大会议上提出通过了禁止外空破坏性动能反卫星试验的决议。美国以俄罗斯等国试射反卫星导弹，造成大量空间碎片为由，借口保护近地轨道卫星及空间环境，试图通过推动建立反卫星武器试验条约，遏制其他国家太空能力开发，确保其在太空领域始终处于优势地位。目前，澳大利亚、加拿大、新西兰、德国、日本、韩国、英国、瑞士等国已加入了该倡议。

3.《太空态势感知（SSA）数据共享协议》

2021 年 7 月 1 日，美军太空司令部与自由太空基金会签署商业《太空态势感知（SSA）数据共享协议》，启动太空态势感知服务和信息的双向交流，以增强美国在太空领域的态势感知能力，提高全球航天行动的安全性。自由太空基金会包括 26 个成员国家、2 个政府组织和 3 个学术机构，向已经参与太空态势感知数据共享计划的卫星运营商提供服务。该协议提供了多国太空合作机会，简化了合作伙伴获取美军太空司令部联合太空作战中心收集的特定信息的流程。获得的信息对于发射支持、卫星机动规划、在轨异常支持、电磁干扰报告和调查以及卫星退役活动等至关重要。《太空态势感知数据共享协议》由美军太空司令部主导运营，是支持美国及其盟友太空飞行规划、交换获取太空数据以及增强太空运行安全性、稳定性

---

① 王国语. 美国《阿尔忒弥斯协议》内容及影响分析. 北京理工大学空天政策与法律研究院，2022 年 12 月 5 日.

和可持续性的重要保障。美国利用 SSA 数据共享协议为其与协议伙伴接收和共享 SSA 信息提供了途径机制，以增强美国政府空间态势目录资料的更新维护，促进太空域透明度和开放性，提升全球空间运行安全。截至 2023 年 4 月，美军太空司令部已与 170 个来自政府机构、商业机构和学术界的伙伴签署了该协议。

4.《联合太空作战愿景 2031》

2022 年 2 月，美国与澳大利亚、加拿大、法国、德国、新西兰和英国共同签署了《联合太空作战愿景 2031》（以下简称《愿景》）倡议文件，这标志着美国已正式构建了"太空作战联盟"核心圈。其愿景旨在寻求并准备依据适用的国际法防御敌对太空活动；使命旨在创造和改善合作、协调和互操作性机会，以维持太空行动自由、优化资源、增强任务保障和弹性及防止冲突；指导原则旨在自由、负责任和可持续地利用太空，在承认国家主权的同时开展国际合作并积极维护国际法；目标旨在预防冲突、共同努力、太空任务保障、国防与保护。该《愿景》提出五条工作路线：通过合作弥补参与国之间的能力差距，开发弹性的、互操作的架构，确保太空任务的安全性与一致性；加强参与国之间的指挥控制和通信能力以及其他业务联系，以支持在整个军事行动范围内进行联合和同步作战的能力；培养负责任的太空军事行为，以促进维护太空进入、利用和可持续性的条件，并阻止不负责任的行为，避免冲突升级；在战略沟通方面进行合作，以在信息环境中设定所需的条件，分享情报和信息，建立共识，以支持团结一致的努力；培养专业化的太空人才队伍，以激励共享对太空领域的共同理解，分享最佳实践，增加集体专业知识[①]。

---

① 聂永喜. 美英法德等七国发布《联合太空作战愿景 2031》. 国防科技要闻，2022 年 2 月 23 日.

5.《太空外交战略框架》

2023年5月30日，美国国务院发布有史以来首份《太空外交战略框架》，旨在通过主导系列太空领域的国际合作，努力吸引新兴太空参与者远离"战略竞争对手"，利用外交手段维持美国在太空领域的领导地位，并将太空合作作为其全球软实力推动的关键部分。美国认为随着航天技术的不断发展和航天活动的日渐频繁，越来越多的国家对太空技术进行投资和发展，商业太空获得前所未有的高速增长，太空域的竞争日益激烈，已成为重要的发展域和竞争域。美国为了维护自身在太空领域的优势地位，保护其在太空活动中的核心利益，需要明确美国的太空政策和目标，提供指导原则和行动计划。该战略框架的关键内容有三个方面：一是通过外交推广美国太空政策。通过双边和多边合作，在国际上推进美国的太空政策和计划，以促进美国在太空领域的领导地位，同时加强美国及其盟友的能力，努力减少冲突的可能性。二是利用太空行动实现美国外交目标。加强卫星应用、遥感卫星图像和天基数据方面的国际合作，以帮助解决气候变化与环境可持续性、危机管理与冲突预防、军备控制与国际安全、经济竞争力、人类健康等领域的紧迫挑战，从而实现美国的外交政策目标，宣传美国的标准、最佳实践和民主价值观。三是提升太空外交领域人员的能力，包括为其提供所需的现代化技能工具等[①]。

6.《北约总体太空政策》

2022年1月17日，北约发布了首部太空政策文件——《北约总体太空政策》。该政策文件列出了北约在太空中的四个关键角色：将

---

① 赵霄. 美国国务院发布首份《太空外交战略框架》. 国防科技要闻, 2023年6月5日.

"整合太空"作为北约的核心任务;"作为政治—军事磋商和信息共享的论坛",讨论太空威胁和国防太空安全等问题;确保为联盟的行动、任务和其他活动提供有效的太空任务支持;促进与盟国太空服务、资产和能力之间的兼容性与互操作性。该政策文件阐述了太空领域对北约安全与繁荣的重要性,概述了与太空有关的威胁环境,从太空威慑与防卫、太空冲突的波及效应、太空国际合作、太空主权、太空物体的管辖权和控制权、盟国太空能力共享与补充等方面提出太空原则宗旨;从太空政策主要作用、需要太空支持的军事领域、制定合理机制、已获得的进展、太空态势感知、能力开发和互操作性、训练和演习、战略沟通和负责任的太空行为等方面提出太空政策方针[①]。

7.《北约战略概念 2022》

2022 年 6 月 29 日,北约成员国领导人在西班牙马德里峰会上批准了《北约战略概念 2022》。这份新的战略概念对北约所处安全环境进行评估并设定任务,以指导北约未来十年的发展,同时指出了北约在未来十年的三大核心任务,即威慑与防御、危机预防和管理、合作安全[②]。在威慑与防御这一核心任务方面,该战略认为,在战略竞争环境中,北约需加强全球意识和影响力,在所有作战域进行威慑、防御、竞争和拒止。北约的威慑与防御态势基于核、常规和导弹防御能力的适当组合,并辅以太空和网络能力。北约将以合适的方式使用军事和非军事手段,适时应对面临的所有威胁。安全使用和不受限制地进入太空和网络空间是有效威慑和防御的关键。加强北约在太空和网络空间有效运作能力和弹性,利用所有可用的手段,预防、探测、反击和应对各种威胁。承认国际法的适用性,并促进

[①] 张明月. 北约发布太空政策侧重太空支持与太空域感知. 国防科技要闻, 2022 年 1 月 25 日.
[②] 赵霄, 孙琴. 北约战略概念 2022. 中国指挥与控制学会, 2022 年 7 月 1 日.

网络空间和太空的负责任行为。

二、俄罗斯

俄罗斯将国家安全置于国家战略的优先地位，把太空优势作为确保国家安全的重要支撑。近年来，俄罗斯不断调整国家战略，其太空战略已不再追求全面目标，而是针对优先目标，力求在国家经济困难的形势下保存航天科技工业的实力，在若干方向上保持航天的优势地位。针对国际安全形势的变化，俄罗斯也重新调整了军事战略，在新的战略中提出了应能以现有力量抗击敌空中和太空袭击的要求。俄罗斯国家战略和军事战略的调整反映出俄罗斯在积极谋求重新成为航天强国的同时，正日趋重视太空安全，并已将太空安全提升到了战略层次。俄罗斯航天政策体系主要包括中长期航天发展战略、国家航天活动规划计划、领域专项规划、空间法律法规等。其中，航天发展战略及国家航天活动规划计划为国家航天领域中长期发展指明方向。特别是近年来面对美国与北约更加严峻的空天威胁，俄罗斯以《俄罗斯联邦国家安全战略》《俄罗斯联邦军事学说》《空天防御构想》等为指导，加强了侦察、预警、通信、导航等重点军事航天领域活动投入，加快推动新一代军事航天装备研发，加快提升太空安全保障体系建设。

（一）制定国家战略政策

1.《俄罗斯联邦国家安全战略》

2021年7月2日，俄罗斯发布了新版《俄罗斯联邦国家安全战略》，对2015年底出台的版本进行了更新和修订。新版《俄罗斯联邦国家安全战略》主要分析了当前全球和俄罗斯的发展态势及安全环境，提出了俄罗斯现阶段9个国家战略性优先事项，明确了各优先事项框架下的形势、目标与任务[①]。9个国家战略性优先事项分别为：保护俄罗斯人民和发展人类潜能；国防；国家和公共安全；信息安全；经济安全；科技发展；环境安全和自然资源的合理利用；保护俄罗斯传统精神道德价值观及文化和历史记忆；维护战略稳定和互利的国际合作。

2.《俄罗斯联邦空间活动法》

1993年8月20日，俄罗斯联邦前总统叶利钦签署了俄罗斯历史上第一部协调空间活动的法律——《俄罗斯联邦空间活动法》。2020年12月8日，俄罗斯第13次修订出台《俄罗斯联邦空间活动法》，成为俄罗斯国内航天活动法律制度的基础，用于指导航天支撑经济与科技发展、巩固国防和国家安全、推动俄罗斯联邦的国际合作。该文件强调："俄罗斯联邦外层空间（包括月球和其他天体在内）的探索和利用，是最高优先级的国家利益。"[②]

3.《俄罗斯航天国家集团公司法》等法律法规修订案

2019年4月，俄罗斯总统普京签署《俄罗斯航天国家集团公司法》《俄联邦航天活动法》《个别类型活动许可法》《俄联邦行政违法法典》等多部涉及航天活动的法律法规修订案[③]。其中，《俄罗斯航天国家集团公司法》明确了俄罗斯航天国家集团公司指导委员会

[①] 代勋勋，李抒音. 解读俄新版《国家安全战略》. 解放军报，2021年7月15日.
[②] 于远航. 稳住基本盘，俄罗斯航天开始在这些方面下功夫. 中国航天报，2020年8月31日.
[③] 《俄罗斯航天国家集团公司法》等多部法律法规修订. 俄联邦法研究中心，2019年8月10日.

和理事会的权力，同时确定将俄罗斯联邦拥有的股份转移至俄罗斯航天国家集团公司。《个别类型活动许可法》明确了许可程序与俄罗斯联邦航天局废除前相同，但是许可将由俄罗斯航天国家集团公司发放。《俄联邦行政违法法典》明确了俄罗斯航天国家集团公司有权就被许可人违反许可空间活动领域的要求而制定相应的行政违法行为规定。同时，规定不履行或不及时履行法律规定的公司官员负有行政责任。

4.《2016—2025 年俄罗斯联邦航天规划》

2016 年 3 月 23 日，俄罗斯政府正式出台第 230 号决议《2016—2025 年俄罗斯联邦航天规划》（以下简称《规划》），详细制定和部署了 2016—2025 年俄罗斯航天活动发展的阶段性任务，并就通信、对地观测、空间探索及运载火箭等领域制定了明确的发展目标[①]。《规划》明确提出，未来俄罗斯航天将发展 3 个优先方向：发展通信和对地观测卫星系统及相应的运载火箭，到 2025 年保证在轨运行的民商及科学卫星从 49 颗增至 73 颗，保证新型"联盟"和"安加拉"火箭逐步投入使用，并开展超重型运载火箭的研制；建造满足科研需求的航天设施，继续开展"火星生物学"联合火星探测项目以及机器人月球探测活动；实施载人航天任务，支持国际空间站运行至 2024 年，继续研制新型载人飞船，继续建设东方航天发射场。此外，结合当前俄罗斯实际情况将可重复使用火箭研制推迟至 2025 年以后。

5.《2030 年前使用航天成果服务俄联邦经济现代化及区域发展的国家政策总则》

2014 年 1 月，俄罗斯总统普京签署了《2030 年前使用航天成果

[①] 周生东，王永生. 俄罗斯联邦 2016—2025 年航天计划基本内容. 国际太空，2017 (5).

服务俄联邦经济现代化及区域发展的国家政策总则》（以下简称《总则》）。《总则》旨在推动俄罗斯航天成果应用，推进俄联邦经济现代化及区域的发展。《总则》明确了2030年前为实现俄联邦经济现代化及区域发展，"航天成果应用"应实现的国家利益、应遵循的国家原则以及航天成果应用的主要目标、优先事项、主要任务和实施阶段。为实现航天成果应用国家政策的目标，俄联邦政府批准了落实该《总则》的实施计划。2025年前（完善阶段），完成航天成果应用国家基础设施建设，形成遥感数据的终端用户数据保证系统和航天服务中心分布网；保证俄罗斯航天应用成果打入国际市场，同国外合作伙伴形成稳定的业务关系；各级国家管理机构和国民经济部门能够独立自主地使用航天成果；建立全球综合信息网，开发优质的航天成果和服务。2030年前（发展阶段），发展航天成果应用的国家基础设施；完全掌握"综合性信息导航保障和监测"新技术，发展有前景的项目，改进提供航天服务的方式；面向终端用户的需求，不断发展航天成果国家基础设施，持续开展科学技术研发工作。

6.《2030年前及未来俄罗斯航天活动领域国家政策的基本规章》

2013年4月19日，俄罗斯总统普京批准了《2030年前及未来俄罗斯航天活动领域国家政策原则的基本规章》，主要规定了俄罗斯在研究、开发和利用宇宙空间及国际合作领域的国家利益，国家政策的原则、主要目标、优先方向和任务[1]。明确俄罗斯航天活动6项主要利益：确保俄罗斯从本国领土进入空间，保证完成为发展社会经济和科技创新而利用航天技术设备的任务；建立保证全部国土不

---

[1] 赵爽，崔晓梅. 俄罗斯制定2030年前及未来航天发展战略. 北京空间科技信息研究所，2013年4月6日.

间断的通信、广播电视、导航定位，高效获取对地观测和大气层观测的数据，并使俄罗斯公民平等获得信息资源；为发展基础科学，获取宇宙、地球和其他天体的资料数据，在最有意义的方向，包括月球、火星、太阳系其他天体的研究方面达到和保持领先的地位，寻找地外生命，利用地外资源，了解其组成机制，研究地球和气候演变的发展，发现并揭示来自宇宙对地球文明社会的危险与威胁，制定反击措施；保证参加国际社会在研究、开发和利用宇宙空间，包括月球、火星和其他太阳系天体的能力；增强和利用俄罗斯在航天活动领域的竞争力和优势，位居世界航天产品（包括工作和服务）市场的领先行列，发展航天产品的国内市场；形成和发展本国航天活动的商贸圈。

（二）出台太空专项政策

1.《2016—2025 年俄罗斯发射场发展联邦规划》

2016 年，俄罗斯出台《2016—2025 年俄罗斯发射场发展联邦规划》，旨在发展东方航天发射场、拜科努尔发射场和普列谢茨克航天发射场[①]。其中，东方航天发射场是俄罗斯当代首座民用航天发射场。俄罗斯总统普京于 2019 年曾指示，必须按时完成东方航天发射场建设，并于 2028 年如期在该发射场发射超重型运载火箭。

2.《地球遥感数据条例》

2013 年 7 月初，俄罗斯发布了用于管理、规范地球遥感数据获

---

① 马婧. 俄联邦航天局请求为《2016—2025 年俄罗斯发射场发展联邦规划》拨款. 中国载人航天网，2015 年 7 月 27 日.

取、使用、分发的《地球遥感数据条例》草案。该条例是关于联邦权力机构、俄罗斯联邦主体权力机构及其他用户接收、使用和分发地球遥感数据的程序规范[①]。该条例规定了以下内容：明确了接收、使用和分发由俄罗斯联邦预算拨款制造的航天器遥感数据的程序规范；俄罗斯联邦航天局负责规划和执行对地观测活动、接收地球遥感数据；俄罗斯联邦航天局负责组织和协调航天器的制造、发射、飞行任务管理；根据俄罗斯联邦法律，从卫星上获取的遥感数据版权受到保护；民用地球遥感空间设施（用于专门任务）是在俄罗斯联邦航天规划框架下由地球遥感空间设施运营商运营，俄罗斯联邦航天局依据联邦法律对运营商进行管理和约束；联邦航天局同地球遥感空间设施运营商一同来监管和控制遥感数据；通过签署合同，联邦航天局与地球遥感空间设施运营商形成和建立合作关系；拥有联邦航天局授予相应航天活动许可证的俄罗斯和国外用户可以接收、处理、分发、提供地球遥感数据；为实现俄罗斯联邦国防利益和国家安全利益，地球遥感卫星应用应严格遵守俄罗斯联邦法律。

三、欧洲

欧洲在军事航天方面的战略政策可以分为泛欧和各国两个层面。在泛欧层面，受组织变迁等历史原因影响，在20世纪欧洲共同体框架下，欧洲并未发展独立、统一的航天政策，也无军事航天政策，航天发展一直属于各成员国独自管辖的事项。自20世纪90年代起，随着欧盟的成立和航天活动在安全领域重要性的加强，欧盟逐步开始介入航天活动，并尝试推行欧盟框架下的航天政策。截至目前，

---

① 王霄. 俄罗斯《地球遥感数据条例》草案发布. 卫星应用，2014年3月.

欧盟发布了统筹军、民、商各航天领域发展的总体战略——《欧洲航天战略》，以发挥各成员国优势，推进一体化进程[①]。2021年，欧盟理事会和欧洲议会审议通过了2021—2027年《欧盟太空计划》，并建立了欧盟太空计划局。2022年2月15日，欧盟正式推出了《2023—2027年欧盟安全连接计划》[②]。同月，欧盟还发布了"联合通报"，概括阐述了欧盟空间交通管理思路，呼吁提升欧盟跟踪目标以及帮助制定负责任与安全的运行国际规则。2022年3月21日，欧盟理事会正式批准《安全与防务战略指南》，强调欧洲应在太空中迅速采取行动以应对威胁，以及欧盟太空计划对欧盟安全的重要性。在欧洲主要航天国家层面，近年来，法国、德国、英国等结合本国特点和国情，积极制定了国家航天发展战略或法案，指导和约束本国各维度航天力量的发展。

（一）欧盟

1.《欧洲航天战略》

《欧洲航天战略》是欧盟委员会针对整个欧盟发布的顶层航天发展战略，涉及整个欧盟的军事航天发展。目前，欧盟共发布了4版。其中，2016年10月26日发布的《欧洲航天战略》是最新一版。新版《欧洲航天战略》在国际航天格局迅速改变的环境下出台，旨在加强欧洲在航天领域的一体化行动。该版战略强调了太空安全对欧洲的重要性，提出要加强欧洲安全进入及利用太空的独立性，保证对欧洲关键太空基础设施的保护和弹性，加强民用航天活动和安全

[①] 孙红俊. 欧盟发布欧洲航天战略. 中国航天，2017（1）.
[②] 丰松江. 欧洲推出"新太空计划". 解放军报，2022年3月3日.

之间的协同增效作用等，并规划了四个战略目标，分别是：最大程度发挥航天对欧盟社会和经济的带动作用；促进加强全球竞争力及形成创新型欧洲航天领域；加强欧洲在安全的环境下进入太空及利用太空的独立性；加强欧洲在全球层面的作用并促进国际合作。

2.《欧盟太空计划》

2021年6月22日，欧洲航天局宣布启动《欧盟太空计划》。根据官方介绍，该计划将延续至2027年，深化在卫星导航、对地观测、太空态势感知和安全通信方面的投资。该计划获得欧洲航天局自成立以来的最大一笔预算拨款，高达148.8亿美元，欧洲航天局还在此基础上成立了一个新的机构，名为"欧盟太空计划机构"。根据《欧盟太空计划》，2021—2027年将实现以下目标：高质量、最新和安全的太空数据相关服务；通过太空数据相关服务带来更高的社会经济利益，如就业率的增加；增强欧盟的安全性和自主权；欧盟作为航天领域的主要参与者发挥更大的作用。欧盟将通过以下方式实现这一目标：精简现有的欧盟太空政策与法律体系；为欧盟提供足够的太空预算，以继续和改进现有的太空计划，通过提高太空态势感知能力更好地监测太空威胁，为国家机构提供安全卫星通信服务；制定欧盟太空计划的管理细则；为欧盟太空安全计划制定标准。

3.《马托西纽什宣言》

2021年11月，欧洲航天局的22个成员国在葡萄牙的马托西纽什达成了《马托西纽什宣言》，以加速太空利用为主旨，提出加快欧洲太空领域发展的三个"加速器"：太空绿色未来加速器，利用空间技术到2050年之前实现温室气体零排放，为全球可持续发展提供解决方案；弹性快速危机响应加速器，旨在为欧洲提供必要的天基能力以辅助决策和行动，在不干涉成员国主权的情况下更好地推行欧盟的共同外交与安全政策；保护太空资产加速器，利用天基能力保护欧洲的太空资产免受空间碎片和空间天气的干扰，保证欧洲成员国在紧急情况下可使用天基能力维护社会经济的正常运转①。

4.《2023—2027 年欧盟安全连接计划》

2022 年 2 月，欧盟正式推出了《2023—2027 年欧盟安全连接计划》，并获得了欧盟 27 国部长级代表的支持②。它是欧盟迄今为止公布的关于近地轨道卫星网络的最详细计划，打算投资 60 亿欧元，以构建欧洲独立的太空互联网星座。该计划将有助于提高欧盟国家网络通信的安全性和自给性。星座将利用欧洲小卫星和小运载领域的新兴能力，在 400—500 千米高度的大倾角轨道上部署约 100 颗卫星，并同中地球轨道和静地轨道上的现有卫星配合使用。

5.《"太空交通管理计划"提案》

2022 年 2 月 15 日，欧盟委员会发布一份"联合通报"文件，概括阐述了欧盟的太空交通管理思路③。该提案呼吁提升欧盟跟踪目标以及帮助制定太空负责任与安全运行国际规则的能力。该提案涉及提升欧盟"太空监视与跟踪"系统能力，并打算向欧洲卫星运营机构提供交会通报，但主要依赖美国的空间物体编目系统。欧盟提出要建立起自己的太空态势感知系统，包括在欧洲大陆以外建立跟踪设备，以实现更好的覆盖。该提案还呼吁发展自动化碰撞规避技术和"量子计划"，以期降低碰撞风险。另外，该提案提出，2023 年年中就欧盟"太空监视与跟踪"系统升级工作开展详细架构分析，

---

① 辛雨. 欧洲要发射自己的宇航员. 中国科学报，2021 年 11 月 22 日.
② 欧盟通过《2023—2027 年欧盟安全连接计划》，将建设具有韧性、互联性和安全性的卫星基础设施系统. 全球技术地图，2022 年 11 月 17 日.
③ 欧盟计划提出一种"欧洲方式"来管理太空交通. 邮电设计技术，2022 年 2 月 22 日.

以及 2025 年启动新跟踪设备部署工作。

6.《欧盟太空安全与防务战略指南》

2022 年 3 月 21 日，欧洲理事会正式批准了《欧盟太空安全与防务战略指南》（以下简称《指南》），概述了到 2030 年加强欧盟安全和防务政策的行动计划，并在行动、安全、投资和伙伴关系四个领域提出了具体优先事项[①]。该《指南》承认太空是作战域，强调欧洲应在太空中迅速采取行动以应对威胁，强调欧盟太空计划对欧盟安全的重要性。此外，该《指南》还指出，欧盟将加强国际太空合作，包括与北约和联合国的合作。

（二）法国

1.《法国航天政策》

早在 2012 年法国即发布了《法国航天政策》，作为法国航天发展的顶层战略，对法国航天未来发展的整体战略和基本准则进行了阐述。该政策提出法国发展航天的四项基本准则：推动欧洲航天发展；保持技术独立和进入太空的机会；加快发展航天高增值应用；实施雄心勃勃的产业政策[②]。

2.《太空防御战略》

法国《太空防御战略》于 2019 年 7 月发布，目的是防范太空军事化背景下其他主要航天国家可能的入侵行动。其核心内容是，采

[①] 闫哲. 欧盟发布《安全与防务战略指南》. 蓝海星智库，2022 年 3 月 25 日.
[②] 李文，周冰星. ESG 政策法规研究——法国篇. 社会价值投资联盟，2020 年 12 月 24 日.

取"积极的防御措施"来保护本国卫星,捍卫太空利益,包括使用纳卫星和反卫星激光武器来打击对手。2021年1月,法国国防部长向军方提交了2021年《太空防御战略》更新。新版《太空防御战略》主要聚焦以下三个方面:一是组织层面,组建太空司令部,联合并协调所有用于国防太空部门的资源;二是法律层面,赋予武装部队太空管理运行职能,发展战略自主权;三是能力建设层面,加强太空防御理论研究,加强军民航天协调,优先发展太空态势感知能力,强化太空攻防能力,维持天基信息支援能力,提升弹道导弹防御能力[1]。目前,法国依据《太空防御战略》,已启动名为"掌握太空"的新武器计划,其核心内容是太空监视和主动防御。

(三) 英国

1.《国家太空战略》

2021年9月,英国发布《国家太空战略》,提出英国国家太空战略愿景是,建立世界上最具创新性和吸引力的太空经济体,成长为一个太空国家,保护和捍卫英国的太空利益,塑造太空环境,利用太空帮助解决国内外挑战,通过前沿研究激励下一代并保持英国在空间科学和技术方面的竞争优势[2]。该战略规划了如下五个战略目标:一是发展提高太空经济。建立全国太空生态系统,促进就业,吸引人才和投资,将太空数据和技术应用于日常生活。二是提升全球价值。参与国际太空秩序的制定,促进负责任行为;展示全球领导能力,推动关于太空安全和可持续性的讨论。三是引领宇宙探索,激励国家创新。

---

[1] 何奇松. 法国太空军事战略评析. 欧洲研究, 2021年1月26日.
[2] 聂永喜. 英国发布首份《国家太空战略》报告. 国防科技要闻, 2021年9月28日.

以造福人类为目标进行宇宙探索；支持太空部门每年提供资金，激励年轻一代进行宇宙探索。四是通过太空捍卫国家利益。加强国内安全，提高海外应变能力；增强太空态势感知能力，确保本国能够使用太空能力的同时阻止敌方自由使用；利用太空能力支持英国联合防御作战；确保弹性太空技术能广泛服务于国家关键基础设施，包括定位、导航和授时服务；发展雄心勃勃的太空能力，保护英国及盟友的太空利益，最大限度拓展英国的太空行动范围。五是利用太空为英国公民和全球提供服务。利用太空进行濒危物种、气候变化的研究；促进交通系统现代化，便捷公众日常生活；支持行业发展新的技术和基础设施，改进政府采购方式，更好地利用商业航天能力。为实现上述目标，该战略提出了四大基本点：一是释放太空成长潜力。建立贸易伙伴关系，充分利用商业航天的优势；建立专门的太空创新机构，培养专业人才，构建全国太空生态系统；领衔太空监管体系的制定。二是促进国际合作。建立全球伙伴关系，加强与"五眼联盟"国家和欧洲国家的合作；通过外交建立开放稳定的国际秩序。三是将英国发展成为科技超级大国。增加并持续进行太空科学与技术研发方面的投资；制定长期的太空科学探索目标。四是发展弹性太空能力与服务。促进天基能力融入日常生活，整合各个领域的太空能力，发展相关服务，包括作战规划、能力发展、培训教育和法律政策等。

2. 新版《国防太空战略》

2022年2月1日，英国国防部发布了新版《国防太空战略》。新版《国防太空战略》直接支持英国政府于2021年9月发布的《国家太空战略》，主要由2021年刚成立的英国太空司令部负责实施。新版《国防太空战略》强调英国国防部通过自身的太空能力、相关行动和全球联盟来保卫英国及其盟友的太空资产和服务。新版《国防太空战略》提出了以下工作重点：增强太空安全意识，以了解太空中、来自太空或通过太空的威胁；向军队提供高质量的实时太空情报信息；交付首个用于跟踪太空碎片威胁的太空态势感知卫星星座；加大技术创新，以保护和捍卫英国在太空中的利益；确保数据的访问权和自主权，持续增进信息优势[①]。新版《国防太空战略》还指出，未来10年英国将在国防太空领域投资14亿英镑，绝大部分经费将用来建设"伊斯塔力"全球低轨星座，为军事行动提供监视和情报支持；还将出资发展先进激光通信技术，用于天－地高速数据传输。除此之外，英国国防部还在推进两个重要项目：一是"密涅瓦"项目，旨在建设一个能够自主收集、处理和传输英国与盟国太空资产数据的卫星网络，未来4年内将投入1.27亿英镑；二是小卫星试验"普罗米修斯2号"项目，旨在验证新的设计和概念。"伊斯塔力"和"密涅瓦"将是英国未来军事航天架构的基础。

3.《联合条令出版物0-40：英国太空力量》

2022年9月1日，英国国防部发布了《联合条令出版物0-40：英国太空力量》，这是英国的太空域基础条令，概述了英国军方在保护太空免受外国威胁方面的作用，并为理解太空域在军事环境中的效用提供了基础。该条令分为太空力量简介，太空力量作用，太空指挥、控制、协调与规划，太空力量运用四个章节[②]。该条令将军事航天力量的角色定位从传统信息支援向直接对抗作战转变，把运用太空力量"以天制胜"作为核心使命，推动太空作战深度融入联合作战，集中体现了英国政府备战太空的新动向，即加快太空力量建设，积极构建以军事实力为核心的国家太空整体力量运用体系，增强战略威慑能力。同时，该条令再次强调了英美军事太空联盟的作用。

[①] 陈冠宇. 英国加大国防领域太空发展投入. 中国国防报，2022年2月9日.
[②] 傅波. 英军发布首部太空作战条令. 中国国防报，2022年9月14日.

(四) 德国

1.《安全政策和联邦国防军未来》白皮书

德国《安全政策和联邦国防军未来》白皮书于 2016 年 7 月发布，定义了德国安全政策和框架基础，梳理了德国安全政策适用的各个领域，并为德国联邦国防军制定了未来发展方向[①]。在该版白皮书中，德国联邦国防部提到，太空安全已经成为一个国际性关键问题；太空应用特别是卫星系统的应用，已经成为德国关键基础设施的组成部分，德国和国际通信导航都严重依赖这些系统；在此基础上，德国必须保证天基系统和网络信息系统的安全性，同时要敦促在此领域建立国际准则。

2.《太空战略指南》

2017 年 3 月，德国联邦国防部发布了《太空战略指南》[②]。该指南明确了德国联邦国防部在太空安全领域的定位与目标，强调太空态势感知和开展太空行动以保护关键太空资产意义重大，太空在外交和安全政策方面具有重要作用。

(五) 意大利

1.《国家太空安全战略》

2019 年 7 月，意大利政府发布了《国家太空安全战略》，旨在

[①] 倪晓姗. 从"积极有为"到"更加务实"的德国国防政策. 澎湃网，2020 年 12 月 5 日.
[②] 丰松江. 德国太空军事领域再迈大步. 解放军报，2021 年 10 月 14 日.

维护意大利太空环境稳定和国家利益，为意大利航天机构未来的规划和发展提供参考。该战略设定了五大战略目标：保障空间基础设施安全；保障包括太空安全在内的国家安全；增强工业和科研实力；提高空间管理能力，开展安全可持续的国际空间活动；确保私营航天产业的发展与国家利益相一致。同时，该战略强调国际合作的重要性，并指出要加强意大利与其他航天组织的战略合作，尤其是双边合作（特别是与七国集团合作）和多边合作（与欧洲航天局、北约和欧盟合作），以获得外交支持，减少太空威胁，防止、威慑和抵御敌对行为[1]。

2. 《2020—2029 年太空战略愿景》

2020 年，意大利航天局出版了《2020—2029 年太空战略愿景》，提出了 2029 年国家航天部门的三大战略目标：支撑意大利的科学创新研究；促进、发展空间服务和应用；提升意大利在空间科学领域的领先地位。上述三大战略目标进一步支撑了意大利未来 10 年的 8 项优先发展领域：一是在通信、对地观测、导航领域，改善上游通信、对地观测、导航系统的服务性能，通过伽利略和哥白尼计划促进和发展太空经济的下游服务和应用，提高创新能力和科学研究能力；二是在宇宙学研究方面，重点关注包括宇宙学、基础物理学、高能天体物理学和行星学，与欧洲航天局、美国国家航空航天局合作开展空间探测任务，提高意大利在空间科学领域的影响力；三是在太空运载方面，通过欧洲"织女星"火箭和"太空骑士"可重复使用太空舱研制计划，发展航天器自主进入太空和再入大气层技术；四是在亚轨道飞行和平流层高空平台方面，参与欧洲航天局的"白昼"平流层气球研制计划并发挥重要作用；五是提高在轨服务能力，

---

[1] 林源. 意大利"借东风"加速太空建设. 中国国防报，2022 年 3 月 23 日.

确保意大利在国际在轨服务领域的领先地位；六是在太空探测方面，参与欧洲航天局火星探测任务"ExoMars"，并提供资金支持；七是在载人航天领域，重点关注"太空健康"领域国际合作；八是在太空态势感知领域，重点研究关注太空监视和跟踪、近地小行星等方面，开发太空战略资产，确保国家运营能力，发挥国际协同作用，保障航天基础设施安全。

（六）西班牙

1.《太空战略议程》

2016年，西班牙政府启动了《太空战略议程》编制工作，提出将加强西班牙航天机构在国际中的作用，并使太空政策朝着用户驱动的方向发展；通过与欧洲合作的方式，提高行业竞争力、能力和责任；进一步参与太空基础设施国际项目。在军事方面，其设定的目标是实现作战独立、发展国内工业、满足社会和战略需要。国防部将积极通过国内卫星运营商采购卫星通信服务，并在国家地球观测计划范围内采购卫星。

2.《国防技术和创新战略》

2021年2月，西班牙国防部发布了一项新的《国防技术和创新战略》，其中明确提出将采取措施应对太空领域日益激烈的竞争[1]。该战略强调太空技术在西班牙未来国家发展中的重要性，并对政府未来的研发工作做出了规划，尤其强调了小卫星在国防应用中的潜力。

---

[1] 瑷敏. 西班牙正式组建空天军. 中国国防报，2022年7月11日.

四、其他

(一) 日本

2022年7月8日，日本国会通过新版《防卫白皮书》，表达了日本对地区局势的看法及对增加国防开支的要求，在太空领域提出了发展太空作战能力、在太空作战领域加强国际合作等措施。

新版《防卫白皮书》认为，日本目前在太空领域受到了相关国家卫星试验和卫星"杀手"的干扰、攻击和捕获威胁，为此将通过日本宇宙航空研究开发机构和美国等国共同加强太空态势感知监测，构建军民一体、日美一体的机制[①]。除了具体的信息共享事项外，日本还参与美军主办的太空态势感知多边桌面演习，并通过向美国派遣专业人员进行交流，提升其太空态势感知领域核心人才的能力。同时，日本自卫队设立整合太空领域专业部队，在2020年5月设立了首个宇宙作战队与太空作战指挥所；2021年设立了宇宙作战群；2022年将第一宇宙作战队、第二宇宙作战队和太空系统管理队划归宇宙作战群管理。其中，驻扎于府中基地的第一宇宙作战队负责太空态势感知系统，兼顾现属航空自卫队的防府北基地的太空态势感知雷达的运行；驻扎于防府北基地的第二宇宙作战队负责电磁干扰设备运用，对太空态势感知系统提供相关支持。

日本防卫省目前通过卫星进行太空情报收集，并强化通信、导航定位以及C^4ISR能力。在情报收集方面：一是通过10颗卫星进行警戒监视任务，可获得多层次多频段的卫星图像；二是集成卫星

[①] 最新《防卫白皮书》提出构建"美日一体"联合全域作战新体制. 全球技术地图，2022年9月19日.

ALOS-2图像信息和船舶自动识别装置信息；三是通过在先进的光学卫星ALOS-3搭载传感器，进行双波段红外传感器研究。在通信方面，目前通过3颗"煌"系列X波段军用通信卫星扩大通信和指挥控制能力。在导航定位方面：一是在多数装备上搭载GPS接收终端，实现高精度量测和导弹制导能力，以支持部队高效作战；二是使用准天顶卫星系统提供的高精度定位服务，确保军民定位信息的准确性以及PNT体系的弹性。

日本在太空领域多方向总体推进提升作战能力。总体推进措施主要有四个方面：一是引进先进的卫星电磁干扰态势分析设备；二是与电磁领域合作，构建干扰对手指挥控制和信息通信的能力；三是关注小型卫星的技术动向，纳入早期预警探测体系；四是通过通信和导航定位卫星提供相关支持。此外，日本致力于研究双波段红外传感器，推进高灵敏度宽带红外检测元件的应用。

新版《防卫白皮书》认为，日本目前应与美国在太空领域加强合作，尤其在应对太空碎片与制定太空规则方面。日美双方于2015年4月设立了"日美太空合作工作组"，之后举行了多次会议，主要在太空事务、信息共享机制、培养专业人员、实施桌面演习等方面进行了合作。日本防卫省参与了自2019年以来美军主办的"太空部长会议"和太空基金会主办的"太空研讨会"，阐述了日本太空政策，并多次参与"施里弗"等太空演习。2022年1月6日，美国国务卿布林肯和国防部长奥斯汀在通过线上视频会见日本外相林芳正和防卫大臣岸信夫时宣布，美国和日本将签署一份旨在加强双方在新兴技术研发活动方面合作的新协议，重点为先进太空系统和反高超声速导弹研究。布林肯表示，该协议将使双方合作发展聚焦高超声速导弹的防御系统和新的天基能力，并计划投入更多资源以深化军事准备和互操作性。奥斯汀强调了美日联盟在太平洋地区应对朝鲜和中国挑战的重要性。另外，日本与澳大利亚、法国、德国、加拿大、印度等国及欧盟在不同场合进行了相关政策研讨与合作。

（二）印度

印度一直采用"先卫星、后火箭，先空间探测、再载人航天"的航天发展道路，充分吸收外国资金和技术，经过50多年的快速发展，在运载火箭、通信卫星、遥感卫星、月球探测、火星探测等领域都取得了较大成就。近年来，印度在大国战略目标驱动下，将发展航天视为迈向世界大国、体现综合国力的重要战略举措，不断拓展太空安全战略领域。特别是随着太空作为新的作战域被世界各国日益重视，印度高度重视太空力量的规划、建设、发展和军事应用，通过政策牵引和国际合作，采取引进、改造和自研相结合的方式，在加强太空技术开发应用的同时，大力发展遥感、通信、导航等应用卫星和自主研制运载火箭，持续强化太空军事力量建设，形成了一定的航天运载、成像侦察、区域导航、导弹攻防甚至太空攻防等能力。目前，印度主要通过综合国防参谋部制定的《2020年前国防太空远景规划》、空军司令部制定的《航空航天作战概念》等文件体现其基本太空政策，强调建立较为完备的太空军事体系，着力打造军事航天大国。

印度还拟出台首部《空间法》，贯彻莫迪政府的"印度制造"政策，鼓励私有企业参与空间技术领域相关软硬件研发生产，谋求"以民促军"实现跨越式发展。2023年5月，印度内阁正式发布《印度太空政策2023》，允许商业化私营企业全面参与太空领域活动。印度还创建了太空部、印度太空研究组织、印度国家太空促进和授权中心、印度新航天有限公司等四个实体，以促进商业更多地参与太空领域的活动①。其中，太空部负责提供总体政策指导，是实施航天技术的节点部门；与外交部协商协调全球空间治理和项目领域的国际合作与协调；它还将建立一个适当的机制来解决由太空活动引起的争端。印度太空研究组织作为国家航天力量，将主要关注新空间技术和应用的研发，以及扩大人类对外层空间的认识。印度国家太空促进和授权中心将成为"单一窗口机构"，负责促进、授权和监督私营企业的各种航天活动，其中包括运载火箭和卫星的建造以及提供天基服务。印度新航天有限公司负责将通过公共支出创建的空间技术和平台商业化，以及从私营或公共部门制造、租赁或采购空间组件、技术、平台和其他资产。同时，该政策允许印度私营企业建立和运营太空资产、地面设施和通信、遥感、导航等相关服务，在太空领域开展端到端活动。包括：通过自有或采购或租赁的通信卫星提供国内和国际天基通信服务；建立和操作用于空间物体运行的地面设施，例如，地球站和卫星控制中心；使用印度频率轨道资源和/或非印度频率轨道资源建立空间物体，用于印度和印度以外的通信服务。通过印度通信和信息技术部提交卫星网络资料，也可以通过非印度主管部门自由地提交卫星网络资料；通过自有或采购、租赁卫星在印度境内外建立和运行遥感卫星系统；在印度和/或国外开展基于卫星的遥感数据服务，以及基于此类数据的应用；开发和商业化技术与应用，以加强和增强政府开发和提供的卫星导航、通信和遥感系统；制造和运营运载火箭、航天飞机等航天运输系统，设计和开发可重复使用、可回收和可重构的航天运输技术和系统；建立和运营发射基础设施；发展空间态势感知能力，以加强观察、建模和分析；为空间活动的长期可持续性开展研究、创新和技术开

---

① 印度发布《印度太空政策2023》，允许商业化私营企业全面参与太空领域活动. 全球技术地图，2023年5月25日.

发；为空间安全运行和维护提供端到端服务；从事小行星资源或空间资源的商业回收；进行其他商业太空活动。

（三）澳大利亚

澳大利亚积极推进航天能力建设，强化太空联盟实力。2022年2月25日，澳大利亚政府宣布，将额外拨款6500万澳元，以快速推进航天事业，并使澳大利亚成为重要的发射场，旨在让澳大利亚快速进入太空，并通过与国际伙伴合作，使澳大利亚宇航员重返太空。2022年3月22日，澳大利亚宣布拟成立太空司令部并发布了《国防太空战略》[1]。该战略旨在整合太空领域快速发展的民用、商业和军事资源，确定未来20年或更长期的航天目标，使澳大利亚变成航天强国。计划在未来五年内达到整合军民商航天产业的目标，包括5条行动路线：增强国防太空能力，以确保联合部队在对抗性太空环境中进出；整合政府与盟国和合作伙伴之间的军事影响力，以支持澳大利亚国家安全；提高国民对太空重要性的认识；提高澳大利亚自主太空能力，以支持可持续的国家太空事业发展；推动国防太空事业发展，以确保对太空的有序高效利用。

2022年3月23日，时任美国太空军作战部长的约翰·雷蒙德在澳大利亚首都堪培拉举办的2022年航空航天力量大会上表示，有效和不受限制的太空行动是一个国家安全、经济活力和全球稳定的基石。雷蒙德强调，太空已演变成一个公认的作战领域和潜在的冲突地区，如今的安全和稳定在很大程度上取决于太空，取决于访问在轨资产收集的数据的能力。雷蒙德表示，美澳的合作密切并且互惠互利，两国都是《联合太空行动谅解备忘录》的签署国，并在先

---

[1] 孙琴，赵霄. 澳大利亚发布《国防太空战略》. 国防科技要闻，2022年4月8日.

进的极高频卫星通信系统方面进行着合作。美国基于国家安全，正在与包括澳大利亚在内的多个国家进行合作，特别是太空态势感知领域，联盟的共同努力有助于更快实现一个更有弹性的网络以取代由脆弱、昂贵卫星组成的现有太空架构，从而实现抵御攻击、消除潜在对手的先发优势。澳大利亚国防部长彼得·达顿当天称，澳大利亚与美国还就太空问题和"广泛的卫星活动"进行合作达成了正式协议。

2022年3月28日，在澳中部的"松树谷"，美国印太司令部司令约翰·阿奎利诺、美国太空司令部司令詹姆斯·迪金森和美国网络司令部副司令查尔斯·摩尔，与澳大利亚军方和情报部门人员举行会晤。阿奎利诺表示，美澳正在深化太空和网络战领域的安全合作，将美国及其在印太地区盟友的军事能力，融入美国国防部推动的综合威慑概念，进而强化对华遏制及威慑。阿奎利诺称，美国与其"高端合作伙伴"澳大利亚在较短时间内，就完成了双方太空和网络作战能力集成融合的大量工作，并透露美国正在开发一个名为"任务伙伴环境"的项目，以创建安全的信息技术网络，使盟国和合作伙伴更好地共享信息、培训和协调行动。迪金森指出，刚成立太空司令部的澳大利亚，是美国强化太空领域态势感知、监视中国航天活动的关键合作伙伴，因为澳大利亚的地理位置能弥补美国在印太地区太空监视能力的不足。阿奎利诺同意迪金森的看法并表示，美澳合作加强太空态势感知能力，将显著提升美国应对中国超高声速武器的能力，大幅提高美国在印太地区的优势。

（四）韩国

韩国太空力量建设始于20世纪90年代。1996年，韩国政府出台首个航天发展规划。2013年，韩国出台《2014—2040年航天发展中长期规划》，制定2014—2040年的航天开发规划。近年来，韩国在太空力量建设方面接连抛出大动作。2018年2月5日，韩国国家宇宙委员会审议并通过了韩国《第三次航天开发振兴基本计划》，明确了未来5年韩国发展的目标、重点任务和实施途径等。《第三次航天开发振兴基本计划》既是文在寅政府出台的航天5年基本计划，同时也是对上届政府出台的《2014—2040年航天发展中长期规划》的修订，涵盖了运载火箭、卫星、卫星导航、空间探测等诸多领域。2020年6月，韩国国家太空委员会通过《卫星通信技术发展战略》《微型卫星开发方案》《第三次太空开发基本计划修订案》等战略文件，明确了2022年至2027年太空发展重点和实现途径。2021年11月，韩国启动太空防御项目发展专门小组，负责拟定太空防御有关法律和规划。根据计划，2025年前，建成太空气象预报和警报体系、太空通用作战态势图，将具备有限的太空监视能力；2030年前，通过雷达太空监测体系和超小型卫星体系等，具备全方位太空监视能力，并能实施有限防御反击；2050年前，建成预警卫星和韩国卫星导航系统（KPS），具备全天候监视和强大太空作战能力。韩国空军还计划2030年前创设大队级太空作战部队，2040年组建太空司令部。2022年1月，韩国联合参谋本部表示，将新设负责航天发展工作的专门机构"军事宇宙课"。这意味着，韩国太空部队也将"独立成军"。2022年3月10日，韩国新任总统尹锡悦阐述了韩国要在2035年成为世界主要航天强国的太空战略目标，指出韩国将开发大型运载火箭、2035年前建成自主的卫星导航系统等具体目标[①]。

据"航天新闻网"2022年4月21日报道，韩国2022年的太空预算将比2021年的增加19%，总额达到6.19亿美元，比政府最初

---

① 刘澄. 韩国加速太空力量建设. 中国国防报，2022年6月27日.

提议的金额高出15%。具体细则如下：2.764亿美元用于卫星发射项目；1.758亿美元用于运载火箭的开发；0.7亿美元用于韩定位系统开发；0.25亿美元用于太空探索。"航天新闻网"5月9日报道，韩国新任总统尹锡悦表示将推行一系列太空计划，使韩国到2035年跻身世界七大航天强国之列。计划包括：（1）在拥有100多家航空航天公司的庆尚南道泗川市设立一个独立的航空航天机构，为民用和军用太空计划提供综合管理；（2）开发用于独立发射卫星和探测月球、火星的大功率火箭；（3）在2035年之前全面建成自主的全球导航卫星系统。此外，在军事航天方面，韩国将深化与美国的太空合作，以确保对朝鲜的军事活动进行更彻底的监视。尹锡悦希望前不久国防部与SpaceX公司签署的发射合同能让其间谍卫星加快入轨进程，以加强对朝鲜的遏制能力。

在民用航天方面，韩国将寻求扩大在美国国家航空航天局"阿尔忒弥斯"探月计划中的作用，并扩大与其他航天大国的合作。2022年8月，SpaceX公司使用"猎鹰-9"号火箭，在卡纳维拉尔角成功将韩国首颗绕月探测器送入地月转移轨道，计划在2023年12月进入距离月球表面上空100千米高的轨道运行，执行为期1年的探测任务。探测器搭载有高分辨率摄像头、广角偏光摄像头、伽马能谱仪、阴影摄像头等科学仪器，另外还搭载了一个新型抗干扰太空数据传输网络。若发射、入轨以及年底进入绕月轨道等过程全部成功，韩国有望成为世界上第七个拥有月球探测器的国家。

第二章 太空军事组织机构

美国战略专家布热津斯基在《运筹帷幄——指导美苏争夺的地缘战略构想》一书中写道，"争夺太空的主要目的不是为了直接掠夺资源，而是为了获取有决定意义的战略筹码"。将太空军事力量的行动自由优势转化为空中、海洋和陆地的优势，获得制信息权、制空权、制海权和制天权，进而获得战略竞争和未来战争主动权，正逐渐成为一个国家战略筹划与前瞻布局的重点。目标的实现需要力量的承载，太空军事组织机构正是实现一个国家太空战略目标的主要力量承载。当前，美国、俄罗斯、欧洲等加快完善太空军事组织机构，大力推进太空军事力量建设。

一、美国

美国太空军事力量经过长期发展，形成了以军事航天、情报界航天、美国国家航空航天局民用航天为主体，以商业航天为重要支撑、盟国航天为补充的"军民商盟情"高度融合的太空军事力量体系。其中，军事航天部分原来主要分布在空军、陆军、海军三个军种，并且绝大部分力量集中在空军。2019年12月20日，太空军正式成立以来，原先分散在各军种的太空军事力量逐渐转移至太空军。2020年7月24日，太空军明确构建直属司令部、太空三角队和中队三级结构。目前，太空军已正式组建太空作战司令部、太空系统司令部、太空训练和战备司令部三大直属司令部。2022年，美国太空军继续改革组织体制，深化太空力量结构重塑进程，具体表现为积极筹建新的太空机构、重组太空部队组织机构、精简充实太空部队分支机构等。2022年5月，美国太空军将原彼得森—施里弗驻防区和巴克利驻防区分别重新命名为第1太空基地三角队和第2太空基地三角队。此外，美国太空军还对部分中队进行了调整。2022年6月24日，美国太空军正式组建了国家太空情报中心作为专门的太空情报机构，该机构由第18太空三角队负责其运行，受太空作战司令部指挥，旨在加强太空军与美国情报界的合作，集成各领域力量。2022年8月，美国太空军系统司令部再次调整组织架构，围绕9个项目局，形成司令部—项目局—三角队或项目处—中队的四级结构，进一步明确系统司令部的采办职责。

（一）太空军

美国《2020财年国防授权法案》赋予太空军3项顶层职责：保护美国在太空中的利益，慑止在太空、自太空和对太空的侵犯，遂行太空作战。美国国防部根据现行联合出版物《JP3-14太空作战》所界定的"太空作战"任务，结合其他国家层面和军队层面的军事航天政策战略文件，确定太空军负责组织、训练和装备部队完成以下任务：太空优势；太空域感知（包括军、民、商）；进攻性和防御性太空控制；太空部队和卫星运行的指挥和控制；太空对作战的支援（如卫星通信）；航天服务保障（如提供航天发射和发射场操作支持）；为核指挥、控制、通信和核爆炸探测提供太空支援；为导弹防御作战提供导弹预警和太空支援。太空军的军事事务由太空作战部长负责，建立起由太空军太空作战总部到"直属司令部—太空三角队—中队"的3级管理结构。

1. 太空作战司令部

2020年10月21日，美国太空军正式组建太空作战司令部，总部设在美国太空司令部所在的彼得森太空军基地，下辖2支太空基地三角队、9支太空三角队。太空作战司令部的使命任务是"生成情报、网络、太空作战及作战支持力量并保持战备状态，代表太空军向美国太空司令部提供军种组成兵力"。太空作战司令部三大优先事项是：战备、合作、保护。

（1）太空基地三角队

2022年5月，太空军将原驻防区重新命名为太空基地三角队，负责基地及站场保障。原彼得森—施里弗驻防区被重新命名为第1太空基地三角队，原巴克利驻防区被重新命名为第2太空基地三角队。目前，两支太空基地三角队中许多部门及人员仍隶属于空军。第1太空基地三角队总部设在彼得森太空军基地，合并了第21太空联队和第50太空联队的机关，负责彼得森、施里弗太空军基地以及格陵兰图勒空军基地、夏延山、新波士顿、夏威夷瓦胡岛卡伊纳岬等太空军站的运行保障，目前许多部门和人员还隶属于空军。第2太空基地三角队总部设在巴克利太空军基地，主要由原第460太空联队机关转变而来，负责巴克利太空军基地以及卡弗利尔、科德角、克里尔等太空军站的运行保障，目前许多部门和人员还隶属于空军。

（2）太空三角队

9支太空三角队为太空军的专业部队，为太空司令部及其他联合作战司令部提供太空专业兵力，其建队指导思想是"情报牵引、网络弹性、创新驱动，为对抗、降级和行动受限条件下作战做好准备"。

第2太空三角队的任务是为太空司令部和其他联合作战司令部提供太空域感知兵力和能力，具体负责空间目标监视网的指挥控制，操控地基光学和雷达空间目标监视系统，并且与负责导弹预警的第 4 太空三角队、负责太空情报监侦的第 7 太空三角队和负责轨道作战的第 9 太空三角队密切协作，提供综合太空域态势感知信息和太空通用作战图。第 2 太空三角队队部机关位于彼得森太空军基地，人员和功能分布在范登堡太空军基地、佛罗里达州埃格林空军基地、新墨西哥州柯特兰空军基地、夏威夷毛伊岛、阿拉巴马州亨茨维尔、弗吉尼亚州达尔格伦海军支持设施，另外为澳大利亚、迪亚戈加西亚和马绍尔群岛等多个站点提供支持。"国防科技要闻" 2022 年 5 月 11 日消息，第 2 太空三角队将在近期组建两个新中队，以提高太空态势感知能力。5 月底或 6 月初成立第 15 太空监视中队，既能利用陆基光电深空监视系统开展传统的太空行动，也能研发尖端技术。第 20 太空控制中队改组为第 20 太空监视中队，使用埃格林空军基地的雷达以及夸贾林环礁的 "太空篱笆" 雷达执行监视任务，能够跟踪较小型目标。

第 3 太空三角队的保密程度非常高，官方的使命任务是 "通过持续行动执行太空电子战主要任务以主宰太空域"，愿景是 "与多机构协同遂行太空电子战，支持全域作战"。第 3 太空三角队是太空电磁战的核心力量，为太空司令部和其他联合作战司令部提供太空电磁战兵力和能力，可机动部署至战区，执行太空电磁支援和太空电磁攻击任务。其他太空部队承担各自的太空电磁防御任务。

第 4 太空三角队的任务是为太空司令部和其他联合作战司令部提供导弹预警兵力和能力，具体负责操控预警卫星星座和地基导弹预警雷达，为美国及盟国提供导弹预警、导弹防御、战场态势感知和技术情报信息。地基导弹预警雷达也为太空域感知提供信息。第 4 太空三角队队部机关位于巴克利太空军基地，是太空军目前最大的太空三角队。

第 5 太空三角队的任务是为太空司令部及其下的联合太空作战

中心提供兵力，由太空军太空作战司令部西部分部直接领导，具体负责联合太空作战中心的运行，执行太空部队信息支援作战行动的指挥控制，包括全球太空作战环境感知、己方太空部队态势汇总、作战指挥官决策支持、太空作战部队任务分派等。

第6太空三角队的任务是运行和维护空军卫星控制网，并负责网络的安全防护。具体包括军方和政府卫星的测控联络和卫星异常挽救支持；测控频率干扰和飞行安全分析；远程跟踪站和卫星地面控制系统运行维护；空军卫星控制网的配置控制、技术数据管理、软件管理、系统工程和维修保障管理；太空军通信网的运行维护；太空网络安全防御关联中心的运行以及执行防御性网络空间作战；保护太空作战的任务系统和体系。

第7太空三角队是"太空军的作战情报监视侦察部队"，使命任务是"为夺取和保持太空域信息优势执行全球情报监视侦察行动"。职责是"运用全球部署的多种固定和机动传感器，为太空域作战提供时间敏感、具备决策质量的关键情报，支持对敌太空能力的探测、目标特性获取和目标选择与指示，支撑美国太空军夺取和保持太空优势"。愿景是"提供及时、准确、具备决策质量的情报，驱动和保障作战行动，实现国防战略优先目标"。

第8太空三角队负责GPS卫星和防护军事通信卫星测控和任务运控，以及宽带军事通信卫星测控，在抵御敌方威胁的基础上为全球军民用户提供定位导航与授时服务，为战略与战术部队和国家领导层提供军事卫星通信服务保障。2022年6月6日，美国海军卫星运控中心转隶至太空军第8太空三角队，并改为第10太空行动中队。美国太空军太空作战司令部司令斯蒂芬·怀廷称，这标志着国防部开始整合所有窄带、宽带和受保护的卫星通信，包括相关的所有培训、指挥控制和维护保障活动。海军卫星运控中心运营的13颗卫星（提供全球窄带通信服务）也随队转隶，包括超高频后继卫星系统、移动用户目标系统和舰队卫星通信系统。除卫星外，拉古纳峰的基础设施（负责太空—地面链接系统和卫星的遥测、跟踪和指挥作战）也移交至太空军。

第9太空三角队的职责是"执行天基战场环境信息获取和轨道对抗作战，保护和防御美国天基卫星系统，按令挫败轨道威胁"，即天基空间态势感知、目标特性获取、目标指示和天对天攻防作战。第9太空三角队还为第2太空三角队的太空域感知以及太空军太空系统司令部的在轨技术试验提供支持。

第18太空三角队于2022年6月24日成立，作为美国国家太空情报中心，负责以出众的技术专长产出，分析美国在太空领域面临的国外威胁，提供具备先进性、预测性和开拓性的情报，辅助国家领导人、联合作战人员和采办人员进行决策，保护美国及其盟友，使美国在太空领域"智胜"对手。国家太空情报中心将提供基础的太空相关情报，执行国家和军事太空基础任务，并将评估太空和反太空系统服务的能力、性能、局限性和弱点，通过战略层的情报为战术层提供基础的情报支持。国家太空情报中心将与太空军其他情报监视侦察机构合作，提供一个发展框架，以满足基础、战术、作战和战略层面对太空情报不断增长的需求。目前，位于彼得森基地的第7三角队负责支持军事行动的情报、监视和侦察（ISR）工作。第18三角队将支持包括国防情报局、国家安全局、国家地理空间情报局和国家侦察局在内的太空情报机构。

此外，美国面向太空实战对抗不断研究开发新型作战概念，提出"太空网络战""轨道战"等概念，围绕新型作战概念完善兵力设计。比如在太空网络战方面，2022年，太空军增设4支网络战中队，为6支太空三角队（第2、4、5、8、9太空三角队和第30太空发射三角队）分配专司网络作战的中队，协助各部队保护其任务区域内的太空任务系统。2022年5月26日，第6太空三角队指挥官罗伊·罗克韦尔表示，太空军希望有更多的网络战人员，因为敌人在未来的太空战中将首先从网络攻击开始。第 6 太空三角队的职责是负责保护美国军用卫星免受网络攻击，现有 3 个网络防御中队，计划 2022 年夏季增编 4 个网络防御中队。之后，7 个网络防御中队分别配属给负责培训的第 1 太空三角队、负责太空域感知的第 2 太空三角队、负责电子战的第 3 太空三角队、负责导弹预警的第 4 太空三角队、负责指挥控制的第 5 太空三角队、负责定位导航授时及通信的第 8 太空三角队、负责轨道战的第 9 太空三角队，用以协助各太空三角队保护各自任务区的任务系统。另据空军杂志网 2022 年 5 月 16 日报道，美国太空作战司令部司令斯蒂芬·怀廷在米切尔研究所组织的活动上表示，太空作战司令部计划在未来两年新增 3 个情报中队，旨在导弹预警和防御、电子战和研发方面开展相关工作。3 个中队分别是威胁分析中队、目标中队以及处理、利用和分发中队。

2022 年 12 月 19 日，太空作战司令部宣布，在科罗拉多州彼得森太空军基地全面启动太空采办与集成办公室，负责改进采办以及将新技术和能力集成到太空行动中，为太空军提供新的军事行动能力。该办公室主管表示，该办公室不仅负责采办与集成工作，还可提供综合项目、合同和质量管理服务，为太空作战司令部、太空系统司令部和太空训练与战备司令部提供支持。

2. 太空系统司令部

太空系统司令部相当于太空军的装备部，旨在统筹和整合太空军原有及陆续转隶来的技术研发、装备采办和航天发射部门，为太空军开发、采办、部署和维持弹性太空装备体系，以作战要求的速度提供新能力。太空军原计划 2020 年底完成太空系统司令部组建，但由于牵涉利益复杂，迟迟未能完成。2021 年 8 月 13 日，太空军正式成立太空系统司令部。太空系统司令部以航天与导弹系统中心为骨干组建，经过多次调整后，目前下设太空系统集成办、确保进入太空局、作战管理/指挥控制与通信局、军事通信和定位导航授时局、天基感知局、太空域感知和战斗力局、国际事务办公室、商业服务办公室、作战集成办公室等9个项目局（办公室）以及1个太空基地三角队。

为应对新型导弹威胁，太空系统司令部于2022年9月15日宣布重新调整太空采办部门，成立了由太空系统司令部、太空发展局和导弹防御局代表组成的新三方机构联合项目办公室，负责协调可探测弹道导弹和高超声速导弹的卫星采购，以应对导弹威胁。新办公室的成立，标志着美军导弹预警、导弹跟踪和导弹防御的采办组织建立了正式的合作关系，将能更好地提供综合且具有弹性的"传感器到射手"能力[①]。

3. 太空训练和战备司令部

2021年8月23日，太空训练和战备司令部正式成立，负责太空军教育训练、作战演习、条令开发、试验鉴定、战备评估等工作[②]。其使命是"通过创新教育、训练、条令和试验，令美国太空军随时做好准备在竞争和冲突中战胜对手"。太空训练和战备司令部总部地点待定，暂时设在彼得森太空军基地。下辖5支太空三角队，其中第10太空三角队有4个中队尚在组建中。第1太空三角队负责作战训练，8月23日随太空训练和战备司令部一起成立，位于范登堡太空军基地，其前身是第381训练大队。第10太空三角队负责作战条令和兵棋推演，队部暂时设在科罗拉多州空军军官学院，预计下辖5

[①] 明宇，刘璐，王浩. 美国太空军太空系统司令部能力分析. 北京道达天际科技有限公司智库服务中心，2022年7月20日.

[②] 美太空军太空训练与战备司令部正式成立，美太空军三大战地司令全部组建完毕. 阿黛拉服务集团，2021年8月25日.

个中队，目前仅有第 10 太空三角队作战中队已完成组建，其余 4 个中队尚在组建中。第 11 太空三角队负责太空靶场和假想敌，队部暂时设在施里弗太空军基地。第 12 太空三角队负责太空试验鉴定，于 2021 年 8 月 27 日正式成立，队部暂时设在施里弗太空军基地。第 13 太空三角队负责太空教育，队部暂时设在阿拉巴马州麦克斯维尔空军基地。

4. 太空军直接报告单位

2022 年，太空军将原系统司令部下属的太空作战分析中心、太空快速能力办公室，原国防部下属的太空发展局，以及原空军下属的空军研究实验室太空实验室转为太空军报告单位，直属于太空军总部，直接向太空军作战部长报告[①]。

太空作战分析中心负责进行未来兵力设计、分析推演和实验，总部位于彼得森太空军基地，于 2021 年 4 月 5 日正式成立，其前身为太空安全防御项目。

太空快速能力办公室是依据国会《2018 财年国防授权法》成立的快速采办实体机构，2019 年 1 月正式组建，2019 年 12 月移交给新成立的太空军，其使命任务是"以作战部队要求的速度快速开发和交付优势太空能力"。太空快速能力办公室设立目的是在常规装备采办渠道之外设立"绿色通道"和"管理特区"，因此目前作为直接报告单位直接向太空作战部长报告。太空系统司令部成立后，只为太空快速能力办公室提供行政支持，具体支持内容正在论证之中。太空快速能力办公室由理事会领导，理事会主席为空军部长，成员包括太空作战部长、空军参谋长、太空司令部司令、主管采办和维持的副国防部长、主管研究和工程的副国防部长、主管采办的助理

---

① 赵霄. 美太空发展局（SDA）正式并入美太空军. 国防科技要闻，2022 年 10 月 11 日.

空军部长。太空快速能力办公室主任被赋予采办执行官职权，可全权管理项目实施，既能够自己执行原型和装备采办项目，也可以开展背景项目论证和预研，由太空与导弹系统中心的常规渠道进行原型开发。

太空发展局于 2019 年 3 月 12 日成立，于 2022 年 10 月 1 日移交给太空军，致力于快速开发、采办和部署新一代军事太空能力。太空发展局当前主要任务是统筹下一代"国防太空体系"的发展和部署，加速新型军事航天能力的开发和部署，确保美国国防部在航天领域的技术优势和军事优势。

太空军成立后，空军装备司令部的空军研究实验室将与太空研究有关部门转隶给太空军，包括原空军研究实验室空间飞行器部整体、定向能部的太空光电研究室、推进部的火箭推进研究室、传感器部的太空系统技术室等单位，命名为空军研究实验室太空实验室，总部暂设于科特兰空军基地。目前由空军研究实验室中太空技术研发相关单位组成，为太空军有限行政控制单位，暂由空军研究实验室代管。

（二）陆军

陆军的太空作战力量主要由陆军太空和导弹防御司令部管辖。太空和导弹防御司令部是陆军向联合作战司令部提供兵力的一个陆军组成司令部，承担 3 项作战职责：为陆军部队作战提供太空支持；作为太空司令部的陆军组成司令部，为太空司令部联合太空作战提供陆军兵力；作为战略司令部的陆军组成司令部，通过导弹综合防御联合动能组成司令部为战略司令部提供导弹防御兵力。太空和导弹防御司令部下辖第 100 导弹旅、第 1 太空旅、技术中心、太空和导弹防御卓越中心①。原陆军卫星运行旅已全部移交太空军，其中卫星通信部已于 2021 年 9 月完成移交，第 53 信号营于 2022 年 6 月 29 日转为第 53 太空作战中队，下辖于第 8 太空三角队。

1. 第 1 太空旅

第 1 太空旅作为陆军唯一的太空旅，负责管理太空战士和能力，使联合部队能够在多领域、高强度冲突中部署、作战并果断地战胜任何对手。第 1 太空旅总部位于科罗拉多州科罗拉多斯普林斯，在 10 个国家和 6 个时区的共 16 个地点设有全球足迹，拥有许多独特的任务区域，确保战士以无与伦比的速度和精度在使用太空能力进行射击、移动和通信方面的行动自由。该旅以其多元化部队而自豪，该部队由来自各个分支和背景的士兵和文职人员组成。他们利用获得的工具、培训和经验在竞争、危机和冲突期间整合太空行动。第 1 太空旅下辖第 1 太空营、第 2 太空营和第 117 太空营。

2. 技术中心

美国陆军太空与导弹防御司令部技术中心通过提供科学、技术、试验和鉴定专业知识来支持联合作战人员，使作战人员在当前和未来占据主导地位。作为陆军科技企业的一部分，技术中心为当前的战斗做出贡献，并使下一代能够在未来的冲突中获胜。技术中心下辖试验部、研究部、太空部、系统工程部、定向能部以及里根导弹防御试验场。其中，太空部提供以客户为中心的方法来开发、集成、演示和过渡空间和高空战术系统，以满足用户的需求，提供当前和未来的相关作战人员能力。太空部的下辖机构包括：空间技术司负

---

① 美陆军太空与导弹防御司令部整合太空作战力量. 中国国防科技信息中心, 2019 年 12 月 30 日.

责评估和完善适用于相关空间和高空平台的不断发展的技术、传感器和战术作战人员应用技术；空间应用司负责演示、整合、原型设计和过渡符合战术作战人员能力要求的相关空间和高空技术，以提高联合多域行动中的地面部队能力；指挥控制通信一体化司负责研发支持太空和高空数据开发及整合的地基设备、新概念和网络能力；战略能力司负责为客户提供可靠、独特的天基和地基技术，以确保作战人员的优势，并满足联合多域作战中的战术作战人员能力需求。

3. 太空和导弹防御卓越中心

太空与导弹防御卓越中心成立于2019年8月，其前身为未来战争中心。太空与导弹防御卓越中心负责管理陆军在条令、组织、训练、物资、领导和教育、人员、设施和太空政策要求、战略导弹防御和高空能力方面的变化。太空与导弹防御卓越中心下辖能力发展集成部、太空和导弹防御学院、一体化防空反导部、太空人员发展办公室、卓越实验中心。

4. 美国宇航局分队

美国宇航局分队负责向美国宇航局提供支持，目前有三名现役陆军宇航员。

5. 首席技术办公室

首席技术办公室负责识别可能改变游戏规则的创新、概念和技术，以支持太空和导弹防御司令部的任务并实现多域作战，同时担任太空和导弹防御司令部的情报机构，负责掌握对手的科技进展。

(三) 海军和海军陆战队

海军部领导海军和海军陆战队 2 个军种，海军部太空力量主要集中在海军太空司令部以及海军陆战队太空司令部，另外海军和海军陆战队作战部队建制内编有太空专业人员。另外，2021 年 10 月，UFO 卫星和 MUOS 卫星运控职责开始向太空军移交。

1. 海军太空作战力量

从概念上看，美国海军的太空力量包括太空作战、卫星运控和卫星应用力量。美国海军和海军陆战队作战部队建制内编有太空作战力量，参与部队作战筹划，与太空军和国家侦察局协调提供太空能力。美国海军在海上作战中心内设有太空支持作业参谋组，在每个航母战斗群中设有一名太空作战官，并且可以向海军太空司令部寻求后方支援。美国海军陆战队在海军陆战队远征军参谋部作战处和海军陆战队信息大队中设有太空作战官，可以向海军陆战队太空司令部和其他军种太空支持机构寻求后方支援。

美国海军卫星应用力量主要为信息优势部队（相当于兵种），具体为海军太空司令部。美国太空军和太空司令部成立后不久，海军将舰队网络司令部/第 10 舰队任命为海军太空司令部[①]。本质上，海军太空司令部和舰队网络司令部/第 10 舰队属于一个机构，多块牌子，是海军的二级司令部。海军太空司令部（舰队网络司令部/第 10 舰队）目前包含 55 个指挥部（26 个在役指挥部和 29 个预备役指挥部）和 40 个网络任务部队单元且在全球分布共计 19000 多名现役和预备役人员，负责海军的信息网络运行、进攻性和防御性网络空

---

① 李晓文. 美国太空指挥控制架构分析. 防务快讯，2022 年 7 月 2 日.

间战、太空与信息战以及信号情报。海军太空司令部（舰队网络司令部/第 10 舰队）辖有海军网络战司令部，负责海军遍布全球的计算机和远程通信站、骨干通信网和通信卫星的运行控制。其下设有第 1010.8 联合特遣大队—海军卫星运行中心。

海军卫星运行中心总部位于加利福尼亚州穆古岬，主站位于加利福尼亚州拉古纳峰，在缅因州展望港、关岛、明尼苏达州罗斯蒙特、夏威夷瓦希阿瓦等建有海军卫星测控站。海军卫星运行中心下辖 4 支分遣队，分别为驻缅因州展望港的 A 分队，驻关岛海军计算机和远程通信站的 B 分队，驻太空军总部彼得森太空军基地的 C 分队、驻施里弗太空军基地太空军第 8 太空三角队的 D 分队。C 和 D 分队的主要任务是协调空军卫星控制网资源，在海军卫星控制网出现故障或遭受攻击后转入空军卫星控制网运控窄带卫星通信系统。

2. 海军陆战队太空力量

海军陆战队太空司令部于 2020 年 10 月 1 日成立，其总部位于内布拉斯加州的奥法特空军基地，由海军陆战队战略司令部现有的太空专业人员组成，专注于为海军陆战队提供太空作战支持，建立融合能力以提高作战人员的杀伤力，同时指挥海军陆战队网络司令部。

（四）战区

2022 年 11 月以来，美国太空军先后在印太战区司令部（包括其下属的驻韩美军司令部）、中央战区司令部、欧洲战区司令部组建太空军分部，分别称为印太战区太空军司令部、中央战区太空军司令部、欧洲战区太空军司令部，属于太空军在相应战区下设立的太空军军种组成司令部。

1. 印太战区太空军司令部

美国印太战区司令部于 2022 年 11 月 22 日正式成立印太战区太空军司令部，这是美军继太空司令部之后成立的第二个，也是首个责任区在地球上的联合作战司令部的战区太空军[1]。印太战区太空军司令部负责整个印太战区司令部责任区内的太空行动，并为盟友和伙伴国家提供太空支持与保障；提升探测和拦截从印太地区国家发射的弹道导弹和巡航导弹及军事卫星的能力。该司令部在领导层级上跳过战区空军，减少战区太空力量领导管理层级，更加平衡对各军种的支援，从体制上将太空筹划、太空指挥控制以及力量运用的专业人才和能力融入战区，更加聚焦战区联合作战的需求与优先级，包括紧密围绕印太战区需求和军种职能，将太空更有效集成到印太战区的作战概念、作战计划和应急计划之中；推进"太空军战役支持计划"在印太战区落实，强化印太地区太空军事同盟关系，推动太空领域合作从战略级向战术级延伸，促进多国联合筹划、训练和演习；加强对战区部署太空军部队的领导，重点是加强在夏威夷、关岛、冲绳部署的太空电磁战部队和战区卫星通信部队建设，未来将在印太战区内进一步增加天基陆海时敏目标和临近空间高超武器跟踪目指力量。

2022 年 12 月 2 日，印太战区司令部下属驻韩美军司令部成立太空军分部，旨在整合驻韩美军太空能力，搜集太空情报，完善和发展朝鲜半岛地区联合太空作战体系及相关作战概念，以强化美韩应对朝鲜导弹威胁的能力，应对中国在导航、通信干扰等方面日益增强的太空作战能力，为太空司令部与印太战区司令部提供太空情报保障。

---

[1] 杨幼兰. 美首在海外设太空军印太司令部. 中时新闻网，2022 年 11 月 24 日.

2. 中央战区司令部太空军分部——美国中央太空军

美国"航天新闻网"2022年12月2日报道，负责中东和南亚军事行动的美国中央司令部宣布，启动中央战区司令部太空军分部——"美国中央太空军"。该司令部为太空军派驻到地域司令部的第二个分部，驻扎在位于佛罗里达州麦克迪尔空军基地的中央司令部总部，主要负责中央司令部责任区的太空作战，包括协调定位导航和授时（PNT）、卫星通信及导弹预警等天基服务和支持。该司令部将帮助太空军争取资源和获得所需能力，整合中央司令部的太空能力。

（五）情报界

当前美国情报界共有18个情报机构，包括中央情报局、国防部下属的国家侦察局、国家地理空间情报局、国家安全局/中央保密局、国防情报局、反情报驻外活动组、陆军情报与保密司令部、海军情报局、空军情报局、海军陆战队情报室、海岸警卫队总部情报处、国土安全部情报分析处、能源部情报和反情报办公室、国务院情报研究局、联邦调查局国家安全分部、财政部恐怖主义和金融情报办公室、毒品管制局国家情报处和美国太空军。2021年1月11日，美国国家情报总监和太空作战部长共同宣布，美国太空军正式成为美国情报界第18位成员，旨在通过共享太空信息和情报、协同开展太空情报任务，强化太空情报活动的整合与协调，提升整体全球战略预警意识[①]。这也是2006年来美国情报界加入的第一位新成员。2022年6月24日，美国太空军建立第18太空三角队，作为国家太空情报中心。

---

① 美国太空部队正式加入情报界. 空天大视野，2021年1月17日.

（六）太空司令部

美国太空司令部于2019年8月29日成立，是美国第11个联合作战司令部，负责运用各军种提供的兵力在太空域直接遂行任务。太空司令部是地理型联合作战司令部，其责任区为地表100千米以上区域，负责统一领导、筹划和指挥控制太空联合作战，负责领导太空军事斗争，包括可能发生在太空域和地球等物理域（陆、海、空）的全球太空作战，以及网络、电磁频谱环境下的作战。

太空司令部下辖太空作战盟军联合特遣部队、盟军部队太空组成司令部和太空防御联合特遣部队。其中，太空作战盟军联合特遣部队于2022年11月15日成立，作为连接联合部队太空组成司令部、太空防御联合特遣部队与太空司令部的桥梁，帮助协调作战并加速卫星服务到战场部署部队的交付。盟军部队太空组成司令部是太空司令部下属一个职能型司令部，负责"筹划、集成、执行和评估全球太空作战，为各联合作战司令部、盟友、联合部队和国家提供与其作战有关的太空能力"。该司令部主要作为支援方，为各受援联合作战司令部的作战行动提供太空支援。太空防御联合特遣部队的任务是"负责执行从竞争、灰色地带到武装冲突整个竞争连续体过程中的太空优势作战，威慑侵犯，捍卫美国和盟友利益，击败对手"。

美国空军太空司令部改组并成为太空司令部第5个军种分部。"卫星新闻网"2022年5月15日报道，美国国防部将第一航空队指定为空军太空司令部，并将其作为美国太空司令部的第5个军种分部。空军太空司令部将为太空军提供空军专业知识，支持太空司令部执行太空作战任务，同时将太空打击能力与其负责的国土防御任务进行整合。据悉，空军第一航空队2021年2月更名为太空司令部空军分部，2021年7月15日开始承担原先由太空军负责的载人航天飞行保障任务的行动指挥和控制，保障任务涉及美国国家航空航天局及其出资的航天员应急搜救。

"防务快报网"2022年8月9日报道，美国太空司令部司令詹姆斯·迪金森在阿拉巴马州亨茨维尔的太空和导弹防御研讨会上表示，太空司令部正将陆军、海军用于跟踪和瞄准弹道导弹的"非传统"传感器整合进其网络，以保证对航天器的监控，并提供更强的太空域感知能力。太空司令部还与其他10个战斗司令部成立"联合集成太空团队"，为联合兵力提供定位导航授时（PNT）、视距通信和情报监视侦察（ISR）等能力。联合兵力中的其他战斗司令部也为太空司令部的地面卫星指挥控制设施提供"后勤兵力防护和地区保障"。同时，太空司令部将密切协调网络司令部和特种作战司令部，建立新的"三位一体"关系，以在国际竞争中保持领先并形成战斗力。

二、俄罗斯

俄罗斯是最早发展独立军事航天部队的国家，经过多次军事力量调整，几经转隶，俄罗斯太空军事力量现归属俄罗斯空天军，主要承担保障国家安全、抵御空天威胁、为部队作战提供支持、太空态势感知、航天器发射与运行管理等任务。

（一）军事航天机构

1992年8月10日，俄军在原先隶属于苏联国防部航天器主任局的军事航天部队基础上成立军事航天部队。1997年11月1日，战略火箭兵与军事航天部队和空间导弹防空兵合并，成立了新的战略火箭兵。2001年6月1日，俄罗斯合并原隶属于原战略火箭兵的军事航天部队和空间导弹防御部队，在此基础上组建航天兵，与战略火箭兵和空降兵并列为直属国防部的独立兵种，当时编制大约为5万人。2011年3月，俄罗斯宣布组建空间防御兵，并于同年12月1日正式开始战备值班，取代航天兵成为独立兵种。2015年8月1日，俄罗斯正式将空军和空天防御部队合并，成立了新的军种——空天军，进一步理顺了空天力量的职责定位和指挥关系。新成立的空天军以空军和空天防御部队为基础，全面整合了航空、航天、反导和防空等各类力量，其职能涵盖了轨道卫星集群的发射与管理、导弹袭击预警、太空监视等[①]。至此，俄罗斯正式形成海、陆、空天三个军种，战略导弹部队、空降部队二个兵种的军事力量格局。空天军下辖的航天部队是俄罗斯军事航天力量的主要构成，其主要职责包括：一是监控太空目标，识别在太空、来自太空的针对俄罗斯的威胁，必要时采取对抗措施；二是发射、操作军用和军民两用卫星，使用卫星为俄罗斯联邦军队提供信息保障；三是利用发射和测控设施维持军事卫星和军民两用卫星系统，为俄军服务。

（二）其他相关机构

2015年，俄罗斯总统普京同意俄罗斯联邦航天局与俄罗斯联合火箭航天公司合并，成立俄罗斯航天国家集团公司。目前，该集团不仅对航天工业部门负责，还管理发射场运营、导航卫星系统协调、形成俄罗斯航天领域政策文件，并由国家直接拨款开展相关航天活动等。

---

① 太阳谷. 俄罗斯的空天防御新盾牌——俄罗斯空天军. 高端装备产业研究中心，2020年6月8日.

三、欧洲

欧洲在军事航天力量的组织与管理方面处于弱耦合、紧集中的状态。虽然欧洲航天局（ESA）、欧洲防务局、北约等泛欧机构长期努力建立一致、共享、安全的太空进出、利用和控制能力，但从实际情况来看，多个同盟国之间联合发展、管理和使用同一型专用军事航天器的情况较少，各国军事航天作战力量之间的协同性也不高。总体而言，可以从两个层次理解泛欧层面军事航天的组织运作机制。一是在军事航天能力发展层面。欧洲防务局主要负责促进成员国在研发层面的防务能力合作，协助确定具体军事能力需求，为成员国提供指导和合作建议；长期结构性合作组织成立于2017年，其召集25个成员国开展自愿的政府间合作，目标是让有意愿、有能力的成员国共同规划、发展和投资共享能力项目，并加强其武装部队的战备状态和贡献。二是在军事航天能力运用方面。欧盟军事参谋部在欧盟军事委员会的指导下和高级代表的领导下，协调欧盟的军事力量；欧洲卫星中心受欧盟理事会的监督，向欧盟机构、成员国和其他国际组织提供高级的情报收集与分析服务。

随着太空领域的国际竞争愈演愈烈，在美国的带动下，法国、英国、德国、意大利、西班牙等国也在积极推动自身的太空军事化进程，并相继成立各自的空天军或太空司令部。2019年9月，法国正式成立太空司令部，2020年法国空军改名为空天军；2020年6月，意大利成立太空作战司令部；2021年4月，英国成立太空司令部，并将其作为联合司令部，由来自英国陆军、皇家海军、皇家空军和文职部门的人员组成；2020年秋，德国成立空天作战中心，为响应太空作为新作战领域，并于2021年7月成立太空司令部；2022

年6月，西班牙政府宣布将空军更名为空天军。在北约层面上，2021年1月，北约接受了法国的建议，在法国图卢兹的联合空军司令部内设立北约太空卓越中心。北约太空卓越中心作为北约的第27个中心，或将与同处图卢兹的法国太空司令部一起进行条令制定、演习演训和概念演示验证。

（一）欧洲航天局

欧洲航天局作为泛欧层面主要航天机构之一，是欧洲民用航天活动的主要管理机构。2021年4月，欧盟理事会和欧洲议会通过了成立欧盟太空计划局的决议，5月，欧盟太空计划局正式投入运行，该机构前身为欧洲全球导航卫星系统局及其监督局。欧盟太空计划局隶属欧盟，位于捷克共和国的布拉格市，其核心任务是实施欧盟的太空计划，提供安全可靠的太空服务，最大限度地提高欧洲社会经济效益。2022年4月12日，在德国达姆施塔特欧洲空间运行中心，欧洲航天局太空安全中心成立。该中心主要开展太空天气、近地天体和空间碎片相关活动，可为欧洲航天局的太空任务提供有关信息和预警。目前，欧洲航天局正在实施3项太空安全任务：（1）计划于2028年发射的太阳活动探测器"守望者"；（2）计划于2024年发射的小行星探测任务"赫拉"，将与美国国家航空航天局的"双小行星重定向测试"任务联合对动能撞击后的小行星进行监测；（3）计划于2026年发射的空间碎片清除任务 Clear Space–1。

欧洲航天局希望欧洲到2035年成为"全球航天强国"。2022年6月14—15日，欧洲航天局召开理事会会议，旨在为11月召开的部长级理事会做准备，讨论未来三年欧洲航天局的优先任务并提出新的任务建议①。会议期间，欧洲航天局局长约瑟夫·阿什巴赫表示，全球航天国家都在大量投资太空，欧洲必须提高竞争力，才能保持现有地位并获得经济和科学利益；乌克兰战争削弱了数十年来的国际合作，凸显了欧洲迫切需要进一步发展自己的太空能力；欧洲需具有进入太空的能力，以监测和缓解气候变化；须提供在欧洲控制之下的安全通信能力，对欧洲及其他地区的危机做出快速和灵活反应；欧洲航天局的目标是在2035年之前使欧洲成为"全球航天强国"。

（二）法国

法国的军事卫星都由国防部管理，并由国防部下设国防装备总署进行采办。国防装备总署是法国统管三军武器装备采办的管理部门，承担着实施整个武器装备计划的责任，对整个武器装备系统生命周期的各个阶段实行管理。在太空军事力量运用方面，主要由法国三军总参谋部下的法国联合太空作战司令部、空军防空与空中作战司令部下的太空目标监视系统运行中心和军事对地观测卫星中心三大机构负责。法国联合太空作战司令部主要负责促进法军内部太空力量的合作，统筹与国际、欧盟与太空相关的军事合作等，其规模较小、太空作战指挥职能较弱。为进一步提升军事航天发展能力，法国总统马克龙批准在法国空军下设太空司令部，并于2020年将空军正式更名为"空天军"②。法国太空司令部把太空视作"关乎国家安全的问题"，重点"发展和增强法国在太空的能力"，通过主动作为，更好地保护法国卫星资产。

---

① ESA. ESA sets out bold ambitions for space. Corporate news，June. 2022.
② 陈冠宇. 法空军改名为空天军瞄准太空. 中国国防报，2020年9月23日.

（三）英国

英国国家太空委员会作为2020年成立的一个新的内阁委员会，主要负责整合不同政府机构间的太空政策，根据英国政府的目标确立太空活动的战略方向并进行监督。商业、能源和工业战略部主要负责协调民用航天政策，支持英国航天局和英国研究创新局；英国航天局则主要负责制定和交付民用航天计划，实现国家太空能力的交付，投资早期研究与开发，并代表英国参加国际民用航天合作。英国军事航天的管理职责都统筹在英国国防部治下完成。2019年9月，英国成立了国防部太空局并将其作为国防部总部的一部分，主要负责制定国防部的顶层太空政策、战略和目标，并提供相关太空能力。国家太空委员会的指示通过国防部太空局到达英国太空司令部及其他相关部门。

2021年4月，英国太空司令部正式成立并作为联合司令部，由皇家海军、英国陆军、皇家空军、行政部门和商业部门的人员组成[1]；7月英国太空司令部正式投入运行。英国太空司令部将主要聚焦军事太空活动的三个关键领域，即太空作战、天军训练和建设、太空装备研发。当具备完全作战能力时，英国太空司令部将全面负责所有国防太空能力的指挥控制，包括英国太空作战中心、菲林代尔斯皇家空军、"天网"卫星通信系统和其他太空支持力量。英国太空司令部还与英国战略司令部和国防科学技术实验室密切合作以研发新能力，同时与英国航天局密切合作以提供联合国家太空能力[2]。作战指挥上，英国太空司令部司令拥有太空控制和太空域感知领域

---

[1] 英国太空司令部正式成立，世界第五支太空部队组建. 我们的太空，2021年4月6日.
[2] 吴永亮. 英国太空司令部正式成立. 战略前沿技术，2021年4月.

的作战指挥权,并通过太空作战中心来进行作战指挥控制;战略司令部司令拥有太空支援作战的作战指挥权,并通过位于科舍姆的国防数字作战和全球作战与安全控制中心来进行指挥控制。英国太空作战中心则是战役层面上国防太空相关事务的主要联络点,它交付太空控制和太空态势感知能力,并拥有对菲林戴尔斯皇家空军的战术控制权。英国太空作战中心与美国联盟太空作战中心有着持久的工作关系,从而能够访问美国的相关太空信息,以支持作战[①]。

(四)德国

德国的军事航天力量由德国国防部管理,其中军事卫星的计划、采办等工作由德国国防部直接管理,而卫星的操作则交由德国宇航局负责。德国国防部对军事航天的管理具体分为两个层次,即领导机构和执行机构。领导机构即总装备部,主要职责是总领军事航天装备的各种武器装备的规划、研究、采办和研制,下设多个局分管各项事务。执行机构是总装备部下属的国防技术与采办总署,具体负责制定武器装备的总体规划及各阶段的实施计划,组成项目管理班子并开展型号研制工作,选定承包商,与承包商签订研制与生产合同并监督承包商工作等。德国军事政策局办公室负责太空作战,德国安全与防务局战略发展办公室负责制定航天政策的军事航天内容,德国法律事务局办公室负责航天法相关的事务。2020年秋,作为对在伦敦举行的北约会议上宣布将太空作为新作战领域的回应,德国成立了空天作战中心。空天作战中心的重点更多放在太空防御领域,其目的是保护德国的系统,并进一步对太空态势感知能力进行投资。2021年7月,德国国防部在乌德姆市的太空态势感知中心

---

① 美国太空军将与英国共享太空数据. 微视航天, 2020年8月.

宣布成立独立的太空司令部,[①] 旨在保护本国现有在轨卫星,监测包括但不仅限于小行星和太空垃圾的潜在太空威胁。

(五) 意大利

意大利的民用航天力量主要由意大利航天局管理,而军事航天力量则由意大利国防部管理。2018 年,意大利成立空间与航天政策内阁委员会。该委员会旨在制定、监督和协调国家太空政策和活动,是部长理事会主席(总理办公室)领导下的高级国家委员会。意大利国防部是军事卫星的主要用户和操作单位,国防部负责军事卫星的规划、研究、采办、研制、操作的顶层指挥工作,其中国防总参谋部负责制定总体军事政策。其下设立航天总办公室,负责指挥意大利空间监视和跟踪运行中心、卫星联合远程遥测中心和通信卫星联合管理和控制中心。国防部秘书处/国家军备总局负责指导、控制和协调该部各总局的活动。指导制定武器装备的总体规划及各阶段的实施计划、选定承包商、与承包商签订研制与生产合同并监督承包商工作等。其下设立航天系统应用和合作规划署和意大利国防部高级通信信息技术总局。国防部高级通信信息技术总局负责通信、导航、对地观测卫星和太空态势感知等相关空间基础设施的建设和维护。空军主要负责载人航天活动,包括太空健康、太空气象和亚轨道活动等,参与空间监视和跟踪有关的国家项目和国际合作项目。2020 年 6 月,意大利正式成立太空作战司令部并将其作为联合太空司令部,负责意大利军事卫星的运营,如"锡克拉 – 1",并正同意大利海军合作,把即将退役的"加里波第号"航空母舰改造成火箭发射平台。

[①] 丁勇.德国"不甘落后"成立太空司令部.中国国防报,2021 年 7 月.

意大利国防参谋长敦促采取更多措施保护卫星。欧联网2022年3月5日报道，意大利国防参谋长、海军上将卡沃·德贡表示，随着太空成为公认的军事行动领域，未来太空中的威胁和安全风险将会增加，意大利必须采取更多措施来保护自己的卫星。德贡指出，意大利军方长期以来一直将太空视为作战领域，因此必须保护其精心构建的生态系统、卫星服务和基础设施。德贡认为，具有发现威胁的能力是必不可少的，否则很难分辨出太空中不负责任和咄咄逼人的行为和在轨道上挑起事端的行为者。同日，意大利国防部长洛伦佐·古里尼表示，太空已经变得更加拥挤、更具战略性和竞争性。

（六）西班牙

西班牙的军事航天由西班牙国防部管理，它负责军事航天政策的确定，统筹军事航天项目。国家航天技术研究所作为国防部的技术中心，专门从事军事航天研发，并管理部分军事航天预算。事实上，除了国防部的资金外，国家航天技术研究所管理着自己的预算。过去几年中主要得益于政府对研发的支持，国家航天技术研究所的研究活动远远超出了军事应用领域。2022年6月27日，西班牙政府发言人伊莎贝尔·罗德里格斯宣布，将拥有83年历史的空军更名为"空天军"，旨在使所有设备和国家防务适应新的现实环境和挑战。罗德里格斯表示，空天军将在其战略行动职责下负责航空和航天领域的行动，国家也将对航空航天业进行战略投入。西班牙国防大臣玛加丽塔·罗夫莱斯此前曾表示，21世纪不能忽视太空，西班牙未来将把空军和太空结合起来。[①] 这个新现实充满新挑战，尤其是在网络安全方面。未来4年，西班牙空天军将驶入发展"快车道"，西班

[①] Por GASTÓN DUBaS The Spanish Air Force is now a Space Force too. aviacionline，June，2022.

牙空天军将成立太空监视中心。

四、其他

(一) 印度

印度太空力量体系架构比较完善，为其航天快速发展奠定了基础。印度国家太空力量"军用"色彩浓厚。尽管印度太空军事力量尚未独立成军，但其发展走的是一条"寓军于民、军民一体、民为军用"的道路，其太空军事能力值得警惕。近几年，为实现对太空力量集中统一、高效的管理，印度加快对太空力量的整合，在国家和军事层面相继成立职能完备、结构合理的组织机构，进一步完善太空力量组织架构与太空作战指挥体系。

在国家层面，印度航天事业由政府总理领导，主管部门有航天委员会和航天部两大机构。航天委员会是印度航天系统的协调组织，也是航天活动的最高决策机构，主要职责是制定航天发展政策和航天活动经费预算，推进航天科学和技术的发展与应用，协调与有关航天部门之间的关系。航天部是航天计划的组织实施机构，主要职责是负责航天系统和卫星的研制，统一管理全国的卫星应用系统，下设印度空间研究组织、卫星计划办公室、国家自然资源管理系统、国家遥感局、国家大气层雷达监测系统和物理研究所。其中，印度空间研究组织专门负责印度航天相关事务，是印度航天工业的核心，总部设在班加罗尔，从事航天部下达的航天科学、技术及其应用方面的研究。值得关注的是，航天委员会、航天部和印度空间研究组织三个机构的领导人由一人同时兼任，这既保证了国家航天发展计划自上而下的集中、贯彻与落实，又可保证政府机构运转的统一与高效。2019年初，印度空间研究组织成立了空间态势感知与管理局，负责空间态势感知的组织管理。2019年8月，印度空间研究组织成立了空间态势感知控制中心，负责空间态势感知与管理预测活动等，保护印度空间资产免受失效卫星、空间碎片、近地小行星和不利空间天气条件的影响。为了可持续利用空间，该控制中心还将承担空间碎片主动清除、建模与减缓等相关研究工作。

在军事层面，根据印度《太空作战共同原则》，印太空作战指挥体系目前由三军参谋长委员会、综合国防参谋部和各军种司令部构成，并与印度空间研究组织、国防研究与发展组织密切协同。太空作战行动由三军参谋长委员会主席指挥，综合国防参谋部综合空间室负责组织协调，各军种司令部空间室负责本军种太空作战事务及与综合国防参谋部的协调。综合国防参谋部下设国防卫星控制中心、国防图像处理和分析中心，负责整合太空资源、协调太空监视行动和搜集处理卫星数据等。

2008年6月，印度国防部成立了综合空间部，隶属于印度国防部的战略防御司令部，是协调军方、航天部、印度空间研究组织和其他民用航天部门的机构。该机构的成立标志着印度国内航天资源的整合，促进了军事航天力量的快速发展。随着印度空间资产的不断增加，发展专用军事航天系统、保障太空安全成为其重要的发展方向。2018年底，印度内阁安全委员会确定在综合国防参谋部下组建空间局，主要负责应对空间威胁，计划配备200余人，将与印度空间研究组织和国防研究与发展组织密切合作，更好地利用和整合空间资源。待其运转平稳后，印度将以此为基础成立空间司令部。该司令部将统一管理和整合印军太空资源，开展情报搜集、侦察预警、指挥控制与通信，组织实施太空攻防作战和太空作战打击评估等任务。

2019年4月，印度政府安全委员会批准成立国防太空局，负责管理、指挥和控制印度的军用航天装备，包括反卫星武器，同时还肩负制定太空安全政策与战略、保护太空利益、应对太空威胁及为太空军作战申请经费等职能。国防太空局总部设在班加罗尔，由来自陆、海、空三军的约200人组成，负责人为空军少将（两星将军）级别官员。国防太空局将逐步接管三军太空资产，以及位于新德里的国防图像处理与分析中心和位于波帕尔的国防卫星控制中心等，以实现印度军用航天装备的集中和统一管理。2019年6月，印度政府安全委员会批准在国防研究与发展局下成立国防太空研究组织，负责发展太空作战武器系统和相关技术，以及航天技术在国防领域的应用。该组织设在班加罗尔，由国防领域资深科学家担任，带领科研团队专门研究军事航天相关技术问题，包括太空态势感知、太空情报、侦察和监视，以及尖端的攻防武器系统和技术，如定向能、动能和电子战武器等。国防太空研究组织的成立标志着印度军用和民用航天项目的研发实现了分立，军用航天装备和技术项目步入专管专研之路。2021年12月14日，印度航天研究组织成立了太空态势感知与管理部，并在其下设立了太空态势感知控制中心，致力于通过印度航天研究组织／印度航天部下属中心、其他航天机构和国际组织之间的有效协调，建设必要的支持基础设施，利用控制中心集中管理印度的太空态势感知活动，保护印度太空资产。控制中心将负责远程调度观测设施，处理观测设施提供的数据，确定太空物体的轨道，判断物体间相互关系并生成编目；提供航天器逼近活动分析，发布避碰预警，预测再入事件；建立专业实验室以减缓太空碎片，对联合国的太空碎片减缓准则进行合规性验证，并开展各种研发活动。

（二）日本

2008年6月2日，日本颁布了新的《宇宙基本法》，决定成立日本航天开发的最高决策机构——宇宙开发战略本部，并要求宇宙开发战略本部从"国家综合发展战略"的高度统筹日本的航天产业，将航天开发由"以研究开发为主导"转变为"开发应用为主导"；同时决定由宇宙开发战略本部领导制定《宇宙基本计划》。自此，包括防卫省在内的各省、厅的航天开发与应用都由宇宙开发战略本部统筹领导。2012年7月12日，日本内阁决定在内阁府设立宇宙战略室，进一步强化了内阁对航天领域的统一领导。2016年4月1日，宇宙战略室改组为宇宙开发战略本部事务局。2016年9月1日，在宇宙开发战略本部事务局下设置"准天顶卫星"战略室，负责"准天顶卫星系统"的运行试验以及系统建成后的正式运管。在军事航天的组织管理方面，日本主要机构包括防卫省、航空自卫队等。2020年，日本在航空自卫队下成立了"宇宙作战队"；2022年，日本将宇宙作战队整合升级，成立了"宇宙作战群"。宇宙作战群的任务是通过太空态势感知系统监测太空碎片及监视外国卫星等，确保日本在太空和其他领域的优势。宇宙作战群由约70名自卫队员组成，为宇宙作战队上级组织，掌管太空领域的各种行动。同时成立的还有"宇宙作战指挥所运用队"（约30名队员），负责部队的指挥管制和装备的研究运用。防卫省计划在2022年将"宇宙作战群"规模扩大至120人，并成立负责调查卫星信号电磁干扰情况的"第二宇宙作战队"。

另据《中国国防报》2022年9月5日报道，日本防卫大臣浜田靖一表示，日本防卫省计划将太空和网络作战部队合并为宇宙网络防卫集团，意在整合新质作战力量，提升军事实力。[①] 据称，宇宙网络防卫集团将在宇宙作战群和网络防卫队基础上扩建，总人数逾千人，隶属航空自卫队，将以军级建制编入日本自卫队序列。日本宇宙网络防卫集团将下设司令部、第1和第2宇宙作战群，以及网络战部队。其中，司令部机关和直属部队以及第1宇宙作战群，驻地为航空自卫队府中基地，总编制为510人。第1宇宙作战群主要担负自卫队卫星运营维护和太空垃圾清理工作。第2宇宙作战群驻地府北基地，编制约为250人，主要负责监视卫星信号受干扰情况，并开展溯源工作。日本网络战部队将在航空自卫队网络防卫队290人的基础上扩建。其中，网络攻防、电磁频谱管理、情报侦察研究和电子信息战连队（分队）规模将大幅扩编。

日本"朝日新闻网"2022年12月7日报道称，日本政府已决定将航空自卫队改名为"航空宇宙自卫队"，这是日本航空自卫队自1954年成立以来的首次更名。[②] 日本政府表示，此举旨在明确宇宙空间也是防卫领域的一部分，强化太空防卫能力。据悉，该自卫队目前在编人员约有4.7万人，后续将投入约30%人力执行太空任务。

（三）韩国

2022年1月3日，韩国参谋长联席会议宣布韩国军方已成立军事太空分部，以加强太空安全与军事能力，筹划和执行联合太空行动。自美国2021年5月解除韩国发展射程超过800千米的弹道导弹限制后，韩国正在制定基于军种间合作的太空作战概念和战略，并计划在未来10年投入13.8亿美元发展太空技术，争取在太空领域

---

① 纪小勇，张晓波. 日本整合太空和网络战力. 中国国防报，2022年9月.
② 刘柳. 日本航空自卫队要改名. 长安街知事，2022年12月.

获得优势。目前，韩国各军种正各自研究与太空相关的作战概念、设计跨军种的太空行动以提高作战效率，应对潜在威胁。[①]

（四）澳大利亚

2022年3月22日，澳大利亚国防部长彼德·达顿在澳大利亚皇家空军空天力量研讨会上宣布，澳大利亚正式成立国防太空司令部，发布太空战略，升级老化的科廷军事基地，旨在应对中俄日益增长的太空威胁。澳大利亚太空司令部将效仿美国太空军，从澳陆军、海军和空军中选拔100余人，首任司令为空军副元帅凯丝·罗伯茨。澳大利亚国防部计划投资25亿美元，用于升级支持演习并在国家紧急情况或战争期间使用的科廷基地。升级项目涉及通信、水电服务、道路、工作场所、车间、飞机库、仓储区和安全基础设施等领域。

（五）加拿大

"航天新闻网"2022年4月20日报道，加拿大皇家空军太空事务局局长迈克尔·亚当森将军表示，加拿大将效仿盟友组建太空部队，建立"加拿大航天师"，进一步发展太空作战能力和技术，负责为陆海空和特种作战部队提供作战行动服务。报道称，该部队组建后将由加拿大皇家空军指挥，编制达到270人，包括在运营中心从事与太空相关任务的人员以及文职人员。目前，该提案经国防部各部门审议，已经由国防部部长签署。

---

① 韩国军方组建军事太空协调机构. 全球防务之眼，2022年1月11日.

第三章　太空装备技术

太空装备技术发展水平的高低已成为衡量一个国家综合实力的重要标志。随着太空竞争态势愈发激烈，有关国家积极推进太空装备部署与技术研制。美国加速太空装备体系重塑，寻求更具弹性的太空体系架构；俄罗斯继续推进太空装备现代化进程，加快太空装备技术升级换代；欧洲加强创新发展，稳步推进航天侦察、卫星通信、导航定位等技术研发与装备部署；其他国家也积极推进太空装备技术发展。新型火箭闪亮登场、通信卫星竞相发展、导弹预警不断完善、侦察监视创新突破、导航定位更新迭代、太空控制系统多样、新型技术层出不穷等亮点纷呈，太空装备技术体系呈现弹性化、融合化、体系化、多样化和前沿化等发展态势。

一、叩问苍穹：新型火箭闪亮登场

航天是人类利用航天器在太空的活动，军事航天是具有军事目的的航天活动。探索浩瀚宇宙，进出太空是基础，航天运载器是关键。从1957年10月4日，世界第一颗人造地球卫星——苏联"斯普特尼克"号发射升空至今，火箭一直是人类进出太空的重要航天运载工具。近年来，围绕提升运载能力、快速响应与应急发射、可重复使用等需求，新型火箭愈发成为一个国家航天事业发展的重点。

（一）美国

美国拥有世界上最为完整、全面的运载火箭型谱，整体上处于全球领先水平，具备发射低、中、高各种轨道载荷的能力。美国主要利用"德尔塔-4"和"宇宙神-5"系列运载火箭发射大中型有效载荷，利用"猎鹰-9"系列运载火箭发射中型有效载荷，利用飞马座、金牛座、米诺陶等火箭进行小型有效载荷的发射。同时，为实现载人深空探测目标，美国持续推进"太空发射系统"重型火箭的研制。

1."德尔塔-4"系列运载火箭[1]

"德尔塔-4"型重型火箭是美国现役并已执行任务的最大型运载火箭，这种火箭可以将最多28.79吨的有效载荷送入低地轨道，将11吨有效载荷送入地球同步轨道。另据报道，它还能将8.8吨有效载荷送入火星轨道。"德尔塔-4"系列运载火箭采用通用芯级捆绑助推器设计，配备4米或5米直径整流罩，可形成不同运载能力的运载火箭。"德尔塔-4"系列运载火箭现已成为美国军方进入太空的主力火箭。

2."宇宙神-5"系列运载火箭[2]

"宇宙神-5"系列运载火箭的研制目的主要是满足政府和商业用户对中、重型有效载荷的发射需求，同时兼顾美国军方有效载荷的发射要求，包括400系列、500系列及重型运载火箭，共有14个

---

[1] 德尔塔系列运载火箭. 百度百科, 2023年5月2日.
[2] "宇宙神-5"运载火箭. 百度百科, 2023年5月2日.

型号。"宇宙神-5"火箭采用模块化设计思想,其主要通用模块包括:通用芯级、通用半人马座级、固体捆绑助推器和有效载荷整流罩。这些模块配以不同的有效载荷整流罩、卫星支架及双星发射系统,就可以形成运载能力阶梯化,执行不同轨道的多种发射任务。

3. "猎鹰-9"系列运载火箭[①]

"猎鹰-9"火箭是SpaceX公司研制的一款中型、低成本、两级构型全液体运载火箭,"猎鹰-9"火箭主要执行近地轨道空间站货运/载人、高轨通信商业卫星、太阳同步轨道侦察卫星等多种载荷的发射任务。其设计目标是:研制一种对抗联合发射联盟改进型一次性运载火箭的新型火箭,同时显著增加可靠性、降低成本,提升快速响应能力。目前,"猎鹰-9"系列火箭共进行了三次大的改进,形成了4种型号,包括"猎鹰-9-v1.0""猎鹰-9-v1.1""猎鹰-9-v1.2"和"猎鹰-9"Block5。其中"猎鹰-9"Block5型通过再次增加发动机性能,优化箭体结构设计,以实现近地轨道22.8吨、GTO轨道8.3吨的运载能力。

2022年4月17日,美国国家侦察局从加利福尼亚州范登堡太空军基地利用SpaceX公司的"猎鹰-9"火箭发射了代号为NROL-85的有效载荷,发射瞄准1024千米×1221千米、倾角63.5°的轨道[②]。据分析,NROL-85可能是"海军海洋监视系统"计划下的两颗卫星,即NOSS-3的9A和9B,又名"入侵者"13A和13B。NOSS-3是NOSS系列的第三代卫星,每组设2颗卫星,共重约6500千克,NOSS系列前两代每组设3颗卫星。这是"猎鹰-9"首次承担NOSS卫星发射任务。2019年2月,SpaceX公司从美军方拿

[①] "猎鹰-9"号. 百度百科, 2023年5月2日.
[②] 美国国家侦察局最新间谍卫星NRDL-85的首轮光学观测结果分析. 光电信息控制, 2022年4月.

到包含 NROL-85 和 NROL-87 在内的 3 次发射合同，合同额为 2.97 亿美元。2022 年 2 月初，SpaceX 公司为 NRO 发射了保密载荷，任务代号 NROL-87。

2022 年 12 月 17 日，SpaceX 公司利用"猎鹰-9"火箭从佛罗里达州肯尼迪航天中心进行了"星链"低轨宽带星座的组网发射，箭上携带了 54 颗"星链"V1.5 型卫星，轨道高度约为 540 千米。此次发射使用的火箭编号为 B1058，是其第 15 次发射和回收，创造了"猎鹰-9"火箭复用新纪录。此次发射也是 SpaceX 公司 2 天内实施的第 3 次航天发射。12 月 16 日，一枚"猎鹰-9"火箭从加利福尼亚州范登堡太空军基地为美国国家航空航天局发射了地表水和海洋地形卫星；另一枚"猎鹰-9"则从佛罗里达州卡纳维拉尔角太空军基地为欧洲电信公司 SES 发射了 2 颗新型通信卫星。2023 年 6 月 23 日，一枚"猎鹰-9"火箭从卡纳维拉尔角发射升空，发射了 56 颗"星链"卫星。值得一提的是，SpaceX 公司目前正在推进其"星舰"系统的研发与试验，整个系统低轨运载能力可以达到 100 吨左右，在未来投入运行后，有望为美军提供更多支持。

4. "运载器 1 号"空射运载火箭

近年来，机载平台的航天发射技术日趋成熟，日益形成陆地、海洋、空中三位一体的航天发射模式。2021 年，美国在加州莫哈维沙漠空域和靠近范登堡太空军基地的太平洋上空使用"运载器 1 号"空射型运载火箭和飞马座 XL 空射型运载火箭，共完成 3 次机载平台的航天发射活动，向近地轨道发射了 20 颗卫星。2022 年 1 月 13 日下午，美国维珍轨道公司的"波音 747-400"改装飞机从美国加州莫哈韦航空航天港起飞，17 时 54 分，机翼下方的空射运载火箭"运载器 1 号"被释放升空，约 55 分钟后 7 颗立方星被部署到高 500 千米、倾角 45°的圆轨道。这是"运载器 1 号"的第 4 次发射。本次发射的7颗卫星除3颗来自欧洲外，其余4颗均来自美国国防部"航天试验计划"（STP）下设的"快速敏捷发射倡议"（RALI）计划，任务代号STP-27VPB，分别是：2颗"自主导航探路者"（PAN）立方星，验证立方星的在轨对接技术，各重4.6千克[①]；1颗"技术与教学星"（TechEdSat）13立方星，验证某型人工智能/机器学习分系统技术，重3千克；1颗"全球星实验与降风险卫星"（GEARRS）3立方星，验证"全球星"卫星通信网络用于小卫星系统和立方星指挥控制的可行性，重约4千克。维珍轨道公司总部设在美国，致力于抢占小型卫星发射领域的市场份额，该公司计划2022年发射6次，2023年增加到18次。

2022年6月29日，美国太空系统司令部（SSC）利用维珍轨道公司的空射型"运载器1号"火箭，在空中完成了STP-S28A发射任务。火箭从加州莫哈韦航空航天港起飞，STP-S28A任务目标轨道为500千米、倾角45°，搭载7个用于国防部太空试验计划的有效载荷。据称，本批实验性有效载荷可开发支持未来作战人员的广泛技术，将在轨演示用于支持系统开发的模块化平台、小卫星的情报监视侦察（ISR）和抵近操作、下一代射频（RF）通信和数据路由，以及地球科学研究。

5. 航班化"拼单式"发射

航班化"拼单式"航天发射活动引进卫星部署器释放卫星，使卫星定轨更为精确。2021年，共有3次航天发射活动带有6个卫星部署器，均为"拼单式"任务。其中美国研制的Sherpa-FX 1、Shperpa-FX 2、Sherpa-LTE 1卫星部署器分别帮助13颗、25颗、10颗卫星定轨；意大利研制的ION SCV-002、ION-SCV 003卫

---

① "运载器1号"进行第四次发射. 航小宇，2022年1月14日.

部署器分别帮助 20 颗、6 颗卫星定轨；意大利研制的 Unisat-7 卫星部署器帮助 5 颗卫星定轨，而后其成为开展技术试验的卫星平台。

2022 年 1 月 13 日，美国 SpaceX 公司从卡钠维拉尔角太空军基地成功发射"Transporter 3"小卫星专用"拼单"发射计划，将不同客户的 105 个载荷送入了太阳同步轨道。SpaceX 公司通过小卫星专用"拼单"发射计划逐步使太空发射的"定制化公交服务"常态化，将共享经济的服务模式拓展到太空发射服务。小卫星运营商可根据需求在线预定发射服务，主要包括：（1）价格，起步价为 100 万美元，超出部分按每千克 5000 美元递增，不包括接口适配器、分离系统，以及加注燃料和购买保险等费用。（2）轨道，可在线预定太阳同步轨道、近地轨道、极轨轨道服务；提供地球同步轨道和地月转移轨道定制服务。（3）计划，提供定期发射服务。（4）载荷推迟处理，支付 10% 的改期费用后，可推迟发射日期。（5）接口形式，采用 15 或 24 英寸环形一次性运载火箭次级载荷适配器接口，其载荷最大质量分别为 454 千克和 830 千克。

美国"航天新闻网"2023 年 2 月 11 日报道，美加州等离子体公司首席执行官阿里·巴格切萨拉公布了可将有效载荷送至太空及返回的"太空卡车"运输计划。"太空卡车"使用双模式推进系统提供动力，可将有效载荷运送到高达 1400 千米的高度，以实现太空制造、点对点运输、在轨服务和主动碎片清除。"太空卡车"各部分配置将使用 3D 打印，作为改进型一次性运载火箭次级有效载荷适配器环上的次级有效载荷，前往近地轨道。等离子体公司计划在 2024 年 1 月进行首次技术演示飞行，这引起了国防创新小组的关注。

2023 年 6 月 12 日，美国 SpaceX 公司利用"猎鹰-9"火箭从美国范登堡太空军基地成功将"运输者 8 号"（Transporter 8）拼车任务部署在预定轨道。此次任务共携带 72 个有效载荷，其中包括：美国国防高级研究计划局的 4 颗"黑杰克"计划卫星，用于测试卫星星座技术；美太空军太空系统司令部的 3 颗太空试验计划（STP）卫星，其中 2 颗为模块化情报、监视和侦察成像立方星，另外 1 颗 XVI 卫星将测试 Link 16 网络在太空中的军事通信能力；美国尖顶全球公司的 3 颗用于收集天气和跟踪数据的立方星；芬兰冰眼公司的 4 颗雷达成像卫星；阿根廷卫星逻辑公司的 4 颗光学和高光谱成像卫星。这三家公司都利用此次发射来扩充其现有星座。美国瓦尔达航天工业公司 W 系列 1 号宇宙飞船，将在太空试验制造高价值产品，并封装在返回舱中带回地球；卫星 Vu 公司的首星 HotSat—1，将演示其规划星座的热成像技术；穆恩太空公司气候监测星座的 MuSat—1；图里昂航天公司的首个航天器 Droid.001，用于收集太空态势感知数据。另外还有部分太空拖船将开展在轨试验。

6. 新一代超重型运载火箭

2022 年 3 月 18 日，美国新一代超重型运载火箭太空发射系统从肯尼迪太空中心的飞行器装配大楼转场到发射台，展开倒计时加注合练，为推迟已久的阿尔忒弥斯首次不载人飞行任务做准备。加注合练定于 4 月 3 日进行，将测试箭上和地面设备上的所有软硬件系统，包括往火箭芯级储箱加注 70 万加仑的低温推进剂（液氢、液氧）、展开倒计时程序（在点火之前 10 秒停止）。随后，火箭将返回飞行器装配大楼重新检查合练过程衍生的各种问题，并进行最后的准备。在正式发射前一周火箭将重返发射台，以实施阿尔忒弥斯 1 任务。

7. 核热推进技术

2022 年 1 月 13 日，美国米切尔研究所发布《太空机动战：核推进的战略任务》报告称，成熟的核热推进技术可以使卫星更具机动性以避开攻击，也可让美国在与中俄在太空机动战中保持优势。报告指出，美军太空计划的卫星最初没有考虑防御设计，而中国已开始实施利用天基和地基武器系统的太空机动战战略，预计2040年将拥有核热推进的卫星。该报告称，美国应该采取以下行动：迅速采用能够在太空进行决定性机动战的新型太空兵力设计；与美国国家航空航天局和能源部合作开发和部署核热推进技术；推进国防高级研究计划局的"敏捷地月空间行动验证火箭"计划；部署能够使中俄目标处于危险之中的地基和天基动能反卫星武器系统；部署延寿飞行器规避风险。

2022年3月22日，长期从事航天领导工作的美国前国防部官员弗雷德·肯尼迪宣布，将成立创企暗裂变太空系统公司，旨在通过研发和部署首款上市核热火箭发动机来推动航天经济向低地轨道以外拓展，推进核热火箭技术商业化。暗裂变公司将寻求政府和企业伙伴，争取在未来5年内对一款实用型核热火箭发动机进行在轨验证。据称该技术可用于轨道转移或月球服务。5月4日，美国国防高级研究计划局发布了"敏捷地月空间行动验证火箭"计划第二阶段和第三阶段的招标，这两个阶段的开发工作预计在3—4年内完成，最终在2026财年进行太空核热推进系统的飞行示范。国防高级计划研究局战术技术办公室项目经理格雷纳少校表示，美国利用机动能力，保持在陆、海、空领域的优势。然而，由于推进系统的限制，在太空保持优势将面临更多挑战，"敏捷地月空间行动验证火箭"计划将为美国提供跨越式的推进技术。5月17日，美国国防部创新部门宣布授予超安全核能公司与雪崩能源公司"其他交易"合同，旨在开发小型核动力航天器，计划于2027年在国防部太空任务中进行演示。2021年，超安全核能公司获得一份合同，为美国国家航空航天局的太空任务开发核热推进反应堆概念，并参与了国防高级研究计划局的"敏捷地月空间行动验证火箭"项目。雪崩能源公司开发了"轨旋管"手持式微聚变反应堆，尺寸较小，可作为太空应用中的推进器和动力源。

美国太空司令部称"太空机动和后勤"是未来军事行动的关键。据"防务快报网"2022年8月31日报道，美国太空司令部副司令约翰·肖当日在科罗拉多州国防高级研究计划局组织的"国防高级研究计划局前沿"论坛上表示，"太空机动和后勤"是太空军未来军事行动的关键，卫星快速机动能力及支持该能力所必需的太空基础设施（如轨道加注站），是太空司令部技术创新的首要任务之一。肖解释说，虽然许多卫星可以机动，但会消耗大量星载燃料，希望能看到相关方面的技术创新。肖提到了以下几个方面：（1）太阳帆技术，利用太阳光对镜面施加的辐射压推动航天器；（2）"敏捷地月空间行动验证火箭"核热推进系统，可提供响应机动能力；（3）天基传感器和航天器的自主系统，通过机器学习实现长时间自主运行，了解地月环境，在太空实现高度自治。美国国家安全太空运营商认为，快速移动卫星可避免在轨碰撞和躲避敌方反卫星导弹或天基武器；太空军和太空司令部的军事太空任务如要推向深空，将需要更好的推进系统。

"空天防务（ASD）新闻网"2022年11月8日报道，通用原子集团电磁系统公司当日宣布，已完成国防高级研究计划局"敏捷地月空间行动验证火箭"计划A任务第一阶段主要里程碑，包括交付核热推进反应堆和发动机的基线设计，并使用NASA核热火箭元件环境模拟器成功测试核反应堆的耐高温元件等关键部件。"敏捷地月空间行动验证火箭"计划旨在开发新型核热推进技术，以解决电力推进系统的推重比和化学推进系统的推进剂效率方面存在的局限性，为未来太空作业奠定基础。

美国"NASA官网"2023年1月25日报道，1月24日，美国国家航空航天局局长比尔·纳尔逊宣布与国防高级研究计划局签署协议，将合作开展"敏捷地月空间行动验证火箭"项目。根据协议，美国航空航天局将参加国防高级研究计划局在 2021 年启动的"敏捷地月空间行动验证火箭"项目，目标是在 2027 年后对核热推进系统进行在轨演示。国防高级研究计划局领导整个计划，包括火箭系统集成和采购、批准、调度和安全，并确保发动机与航天器的整体组装和集成。美国国家航空航天局太空技术任务理事会将负责核热发动机的技术开发。核热火箭发动机将以高丰度低浓铀为燃料，以液态氢作为推进剂。新技术可使宇航员能更快地往返于深空，是为载人火星任务开发的一项重要技术。

8. "电子"火箭

2022 年 4 月 2 日，在新西兰欧尼努伊站，火箭实验室公司的"电子"小运载火箭再次为美国遥感创企黑色天空全球公司发射了两颗卫星，编号为"黑色天空 16"和"黑色天空 17"，卫星被部署到 430 千米、倾角 42°的轨道。"黑色天空"星座拟由 30 颗高分辨率多光谱卫星构成，将能不分昼夜地每 30 分钟对地球上最重要位置监视一遍，目前已部署 14 颗。该公司 2018 年、2019 年发射的前 4 颗卫星由太空飞行工业公司建造；低轨明星公司正按合同建造 20 颗卫星。卫星每颗重 56 千克，配备"天观"24 成像系统，500 千米轨道地面分辨率为 0.9—1.1 米，设计寿命 3 年。7 月 13 日，美国国家侦察局利用火箭实验室公司的"电子"火箭从新西兰发射了 NROL-162。NROL-162 与 7 月 22 日发射的 NROL-199 均携带有美国和澳大利亚共同建造运营的保密间谍卫星。火箭实验室公司称 NROL-162 的任务为"智者展望未来"。美国国家侦察局发言人表示，NROL-162 和 NROL-199 的有效载荷由美国国家侦察局与澳大利亚国防部联合设计、建造和运营，是双方卫星活动广泛合作的一部分。此次合作，标志着美澳军事太空合作的新水平，便于实现更强、更集成和更具弹性的一体化太空架构，服务于美国和盟国的监视需求。

"航天新闻网"9月7日报道，美国火箭实验室公司当日宣布已与美国运输司令部签署合作研发协议，研究利用商业运载火箭在全球范围进行货运的可能性。美军拟对该公司"电子"火箭和"中子"火箭的点对点运输能力开展测试，并对其"光子"航天器是否可作为在轨货运平台进行研究。美军希望利用商业火箭为国防物资运输提供支持，美国运输司令部之前已与SpaceX公司和蓝色起源公司签署了类似协议，旨在实现关键军用货物的快速投送。

9. "猎鹰"重型火箭

据"国际航天爱好者"2022年11月1日消息，美国太空军于当日利用SpaceX公司"猎鹰"重型火箭从肯尼迪航天中心执行了USSF-44发射任务。这是"猎鹰"重型火箭自2019年首飞以来的第4次发射，也是SpaceX公司发射持续时间最长的任务，约6个小时的飞行将有效载荷直接送入军事通信、预警和侦察卫星聚集的GEO轨道。USSF-44任务原定于2020年末发射，推迟约两年。此次发射包含太空军的两个较大载荷：（1）"牧羊人示范"卫星，搭载多项成熟技术的有效载荷，旨在降低风险。该星基于改进型一次性运载火箭次级有效载荷适配器（ESPA）环状结构和圆形接口，可加装实验仪器。（2）长时间持续推进ESPA航天器（LDPE-2）。LDPE-2配备有可在太空中机动的推进系统，搭载6个有效载荷，其中3个将继续附着在航天器上，另外3个则从LPDE-2分离，进行在轨部署。下一个使用"猎鹰"重型火箭的军事任务是USSF-67，将发射LDPE-3航天器和太空军通信卫星，已于2023年1月15日发射。

10. "星舰"

"星舰"（Starship）是SpaceX公司推出的下一代超重型运载火

箭，其运载能力将远超"猎鹰-9"与"猎鹰"重型运载火箭。"星舰"计划包含了可复用的运载火箭以及用于支持火箭快速发射、复用的地面基础设施。SpaceX公司还将研发近地轨道燃料加注技术，"星舰"在轨道上加注燃料后，可完成地月转移以及火星运载任务。"星舰"的以下几种功能应引起重视：（1）可复用和轨道加注能力；（2）载人功能，能在地面、近地轨道或行星际目的地之间点对点往返运送乘客与附带少量货物；（3）货运功能，根据2022年2月数据，"星舰"载重量为100—150吨，在轨道加注后可达到200吨。"今日俄罗斯网"2022年6月20日报道，新近解密的美国国防部《信息自由法案》文件显示，美国国防部正研究SpaceX公司"星舰"潜在的军事用途。报告简述了"星舰"军事化运用的三种情况：（1）物资投送：为美军在太平洋地区提供新的后勤运输方式；（2）基地投送：在短时间内向全球任何地方运送掩体、车辆、建筑设备和其他装备，可快速建立空军基地；（3）支持大使馆：为美国驻外使馆提供快速部署军队的支援方案。报道同时认为，目前"星舰"还处于技术验证早期阶段，何时具备美军期待的能力尚不确定。该文件也提及了美国运输司令部与SpaceX公司于2020年签署的合作协议，研究是否有可能将补给快速送入太空，再将其运抵目的地，从而取代目前飞机空运的模式。当时军方的目标是制造一枚大约相当于C-17运输机的火箭，可以在60分钟内将武器系统运送到全球任何地方。

（二）俄罗斯

俄罗斯拥有"联盟""质子""安加拉""呼啸""天顶"等系列运载火箭，同时正在研发"联盟-5"中型运载火箭、可重复运载火箭等，进出太空能力不断增强。2022年1月1日，俄罗斯国家航天集团总裁罗戈津表示,在积极部署"球体"多卫星轨道星座项目卫星阶段,俄罗斯将每年发射50—75枚运载火箭。其中,2022年"安加拉"运载火箭将发射3枚(包括2枚重型"安加拉–A5"和1枚轻型"安加拉–1.2"火箭)[1]。

1. "联盟"系列运载火箭

"联盟"系列火箭是世界上历史最久、发射次数最多的多用途运载火箭,也是俄罗斯使用最多的中型运载火箭。"联盟"火箭是在R7洲际弹道导弹的基础上发展起来的,发展的主要型号有"上升号""闪电号""联盟–U""联盟–U2"等型号。"联盟–2"系列运载火箭是"联盟"系列运载火箭中改动最大的型号,采用模块化设计,可以拆成多个部件,用火车或飞机运输,运抵发射场后可在短时间内完成组装。与传统"联盟"火箭相比,"联盟–2"在技术性能上有很大的提高,可执行近地轨道、太阳同步轨道、中地球轨道、地球同步转移轨道、地球同步轨道和逃逸轨道等各种飞行任务,既可以完成载人飞船的发射,也可用于军事和商业卫星的发射。2022年2月5日,俄罗斯"联盟"运载火箭在普列谢茨克发射场发射了一个俄罗斯军方保密卫星有效载荷,编号"宇宙–2553"。2月10日,阿里安航天公司使用"联盟"火箭从库鲁成功发射了英国"一网"公司的第13批36颗卫星。卫星被送入高约475千米的近极轨道,随后利用自身电推进系统升至约1200千米的工作轨道。3月22日,俄罗斯国防部在普列谢茨克发射场,用"联盟"运载火箭成功将"子午线–M"军民两用通信卫星送入太空。4月7日,俄罗斯军队从普列谢茨克采用"联盟2–1b"火箭发射了一颗名为"莲花–S1"军事间谍卫星,军事编号为"宇宙–2554",这是俄罗斯

---

[1] 俄罗斯:"未来每年可发射50至75枚运载火箭". 星驰神州,2022年1月2日.

近两周来发射的第二颗军事卫星，也是俄罗斯电子情报侦察星座"蔓藤"星座的第6次发射。

随着俄乌冲突爆发，俄罗斯受到禁运制裁后，"联盟"系列运载火箭突然退出全球舞台，将对国际航天发射带来重要影响。美国"航天新闻网"2022年3月10日刊文分析了"联盟"号火箭相关的卫星任务。"联盟"号2022—2023年承担的发射任务包括：欧洲"伽利略"导航星座的两对卫星；欧空局的"欧几里德"红外太空望远镜和地球观测卫星；欧洲"哥白尼"地球观测项目的"哨兵1C"雷达卫星；瑞典国家航天局资助的用于测量地球大气中气体的微型卫星MATS；日本的4颗GRUS遥感微卫星；日本合成孔径雷达StriX-1演示卫星；英国"一网"公司的最后6批卫星；韩国在俄罗斯拜科努尔发射场的1枚成像卫星。"联盟"号2021年共执行了21次任务，其中11次是俄罗斯政府的有效载荷，其余有效载荷几乎全部来自国外。

2. "质子"系列运载火箭

"质子"系列运载火箭是苏联/俄罗斯研制的第一种非导弹衍生的运载火箭，包括二级型、三级型和四级型，于1965年进行首飞。"质子"系列运载火箭经过数十年型谱拓展，其运载能力得到极大提升，目前已经衍生出五种型号，分别为基础型"质子"火箭（二级构型）、"质子-K"（三级构型）、"质子-K/D"组级（四级构型）、"质子-K/DM"组级（四级构型）、"质子-M"（四级构型），实现了低、中、高轨道不同运载能力覆盖。该系列火箭目前只能在哈萨克斯坦的拜科努尔航天发射场发射，有2个发射台，可以全年发射。在同一个发射台上，连续两次发射的间隔时间最短为25天；在不同的发射台上，发射频率能达到4次/月，并且长期保持着12次/年的发射频率。2022年2月28日，欧空局表示，受俄乌冲突影响，俄欧"火星生物学"任务将延期发射。"火星生物学"原定于2022年9月从哈萨克斯坦的拜科努尔航天发射中心由俄罗斯"质子-M"火箭送入太空，2023年6月登陆火星。这一计划前后耗资13亿欧元，已经历过几次延期。欧空局局长正在分析各种方案，为下一步行动做准备。据相关领域的专家表示：这次延期或将导致成本增加，火星任务更加难以完成。俄欧"火星生物学"计划第二阶段任务是"火星生物学-2016"任务的延续，原计划由俄罗斯负责制造"哥萨克舞曲"号登陆器，由欧空局负责制造"罗莎琳德·富兰克林"号火星车，利用俄罗斯的"质子-M"火箭发射。

俄罗斯"卫通社"2023年2月5日报道，2月5日，俄罗斯国家航天集团公司利用"质子-M"重型运载火箭，从拜科努尔航天发射场成功将第4颗Elektro-L水文气象卫星送入地球静止轨道。卫星主要用于开展大气海洋环境要素探测、空间环境探测、防灾减灾和科学试验等任务。这是俄罗斯2023年的首次航天发射。

3. "安加拉"新一代运载火箭

"安加拉"系列运载火箭是俄罗斯于1994年开始研制的新型系列运载火箭，包括轻型、中型、重型和超重型方案[1]。"安加拉"火箭的主要通用部件包括：通用火箭模块、通用二子级、控制系统、通用整流罩和卫星支架；其设计的一个重点是采用了可重复使用返回式助推器，该助推器进行级间分离后，在自控中心与导航系统控制下，用翼和吸气式喷气发动机自主向发射场飞行，然后在地面水平着陆。根据不同的模块组合方案，"安加拉"系列运载火箭分为"安加拉-1.1""安加拉-1.2""安加拉-A3""安加拉-A5"及"安加拉-A5/KVRB""安加拉-A7V"等型号，可以执行中、低轨

---

[1] 俄再次试射"安加拉-A5"重型运载火箭. 新华网，2020年12月14日.

道到地球同步转移轨道和地球同步轨道等多种发射任务，近地轨道运载能力为 2000—40000 千克。其中，"安加拉 - A5"和"安加拉 - A7"属于超重型。"安加拉 - A5"主要用于发射近地轨道空间站、执行深空探测等任务，"安加拉 - A7"主要用于发射近地轨道大型空间站载荷、执行载人登月及载人深空探测等任务。目前，俄罗斯正在研制"安加拉 - A5M"火箭，该火箭动力系统性能更强大，低轨运载能力可达 27000 千克。此外，据俄"卫通社"2022 年 1 月 26 日报道，俄罗斯航天集团总经理罗戈津表示，该公司正在研究建造可回收第一级的"安加拉"火箭。他指出，"安加拉"火箭第一级由 5 个通用的模块组成。第一级整体返回，而不是将其拆分为通用的火箭模块。返回级将回到位于鄂霍次克海沿岸的专有平台。罗戈津表示，当火箭采用氧氢发动机时，就会为回收提供机会。氧氢发动机具有足够的能量储备，在完成运送航天器入轨后，还有富余能量将第一级送回地球。

4. "天顶"系列运载火箭

"天顶"系列运载火箭是苏联于 1976 年批准研制的一种运载火箭系列，也是苏联解体前所研发的最先进的一种火箭。"天顶"系列运载火箭主要包括"天顶 - 2"和"天顶 - 3SL"两种型号。"天顶 - M"是乌克兰与俄罗斯新研制的一种"天顶 - 2"改型，主要特点是安装了新控制系统和改进过的发动机。"天顶 - M"与"弗雷盖特"上面级或"DM 组级"上面级组合起来可形成两种三级火箭："天顶 - M/弗雷盖特"和"天顶 - M/DM 组级"（也叫"天顶 - 3M"）。"天顶 - 3SL"是一种三级液体火箭，其基本思路是在"天顶 - 2"上加装一个上面级，即 DM - SL 组级，使火箭具备向高轨（如地球同步轨道）发射载荷的能力。"天顶 - 3SLB"则是换装了更先进的由能源火箭航天集团研制的 DM - SLB 组级，利用该上面级，火箭可以从远离赤道的拜科努尔发射场将 3750 千克的载荷送入地球同步转移轨道。

5. 可重复使用火箭

2020 年 2 月,俄罗斯高级研究基金会宣布,将研发俄罗斯首型可重复使用的运载火箭样机,并计划 2023 年首飞。俄罗斯高级研究基金会计划未来 4 年,在亚声速验证机上测试火箭自动着陆和亚声速飞行模式,在高超声速验证机上测试高超声速飞行模式。"飞翼 – SV"是可重复使用带翼轻型火箭的一子级,长 6 米,直径 0.8 米,采用新型"旋风"发动机,飞行速度最高达 6 马赫,按照设计构想将实现重复使用。

(三)欧洲

欧洲在役运载火箭主要包括"阿里安 – 5"火箭和"织女星"火箭。另外,欧洲航天局正在推进"阿里安 – 6"等火箭的研发,以进一步提高其进出太空的能力。

1. "阿里安 – 5"系列运载火箭

"阿里安 – 5"系列运载火箭是欧洲航天局在 1987 年 11 月部长级会议上正式批准研制的大型运载火箭。研制工作于 1988 年启动,由欧洲航天局总负责,法国国家空间研究中心负责整个项目的管理。"阿里安 – 5"系列火箭全长 52.76—54 米、箭体最大直径为 12.2 米;包括"阿里安 – 5"基本型("阿里安 – 5G")和改进型,其中改进型又包括"阿里安 – 5G +""阿里安 – 5GS""阿里安 – 5ECA""阿里安 – 5ES"(暂停研制)等型号。"阿里安 – 5"系列运载火箭均采用二级结构,并捆绑 2 枚固体助推器,主要用于向地球同步转移轨道、太阳同步轨道、中低轨道以及飞离地球轨道发射各类航天器，可执行"一箭单星"和"一箭多星"发射任务。

2."织女星"运载火箭

"织女星"运载火箭由意大利航天局及欧洲航天局自1998年合作研发，于2012年2月13日首次发射。"织女星"运载火箭属于四级固液混合型一次性运载火箭，芯一级为P80固态火箭，芯二级为"契法罗-23"固体火箭，芯三级为"契法罗-9"固体火箭，芯四级为AVUM液态火箭；设计用于发射小型卫星（包含300—2000千克的科学卫星或对地观测卫星）至太阳同步轨道或低地球轨道。2021年7月，欧洲航天局与意大利阿维奥公司签署一份价值1.188亿欧元的合同，以启动"织女星-E"火箭的研发，对现有的"织女星-C"火箭进行改进。"织女星-E"火箭预计2026年首飞，将由三级组成，第一级和第二级与"织女星-C"保持一致，分别采用"契法罗-40"和P120C固体火箭发动机；第三级则是使用M10液氧-甲烷低温发动机的全新低温上面级。

美国"航天新闻网"2022年12月21日报道，法国阿里安太空公司的"织女星-C"运载火箭20日在法属圭亚那库鲁航天中心执行第2次发射任务时失败，这也是该火箭第1次商业发射任务。火箭携带的下一代"昴宿星-5"和"昴宿星-6"两颗卫星全损。此次发射失败势必会影响"织女星-C"火箭后续发射进度。下一代"昴宿星"是法国最新一代商业光学成像卫星，计划部署在太阳同步轨道，配备激光通信终端，可由欧洲数据中继系统（EDRS）卫星进行数据中继，具备高敏捷能力，重访周期更快。"昴宿星"星座由4颗相同的高分辨率卫星组成，分辨率达0.3米，可极大提升欧洲商业竞争力。

另据美国"航天新闻网"2022年11月23日报道，法国、德国和意大利在欧空局部长理事会会议上宣布，三国政府签署了关于《欧洲运载火箭开发的未来》协议，以提高欧洲运载火箭的竞争力，同时确保欧洲独立进入太空的自主能力。协议要求，到2024年6月为"阿里安-6"和"织女星-C"等运载火箭的公共融资建立新框架。欧空局部长级会议决定为"阿里安-6"过渡计划分配6亿欧元资金，但仍有1.95亿欧元缺口，欧空局局长约瑟夫·阿施巴赫表示，该协议将有助于填补此缺口。

3. 首个卫星发射场

经过多年的准备和建设，2022年底，欧洲首个轨道发射综合体在瑞典北部城市基律纳的埃斯朗日太空港落成。太空港将为欧洲提供一个自主太空门户，使欧洲在航天发射方面更加安全、更有竞争力和可持续发展能力。该太空港在2023年1月13日举行剪彩仪式，计划2023年底发射首颗卫星。除发射卫星外，埃斯朗日太空港还可用于欧洲可重复使用火箭计划试验及下一代火箭的亚轨道发射试验。

（四）其他

日本、韩国、印度、伊朗等也在积极研发运载火箭，以提升其进入太空的能力。

俄卫通社2022年1月18日报道，日本宇宙航空研究开发机构基本决定推迟原计划于3月底前发射新型主力火箭"H3"1号机的计划。此次是第2次延期，比最初计划推迟了1年。延期原因是故障引擎的重新设计和制造迟迟没有眉目，但延迟多久尚不清楚。1号机计划发射用于掌握灾情等的"大地3号"地球观测卫星，该星将搭载可检测到导弹等飞行物的防卫省传感器测试机。据报道介绍，"H3"火箭全长63米、直径5.2米。与"H2A"相比，其卫星发射能力可提升30%以上。该箭未来还计划发射无人补给机"HTV-X"，用于将物资运往国际空间站以及美国主导开发的绕月轨道基地计划"门户"。

2022年3月，韩国国防科学研究所表示，其自研的固体燃料运载火箭首次试射取得成功，将助力其自主发射军方小型侦察卫星。试射验证了大型固体燃料发动机、整流罩分离、级间分离、上面级姿态控制等技术。与液体燃料发动机相比，固体燃料发动机相对价格低廉，结构简单，且易于量产，无需临时加注，便于快速发射。2022年6月21日，韩国科学技术信息通信部部长宣布"世界"号运载火箭成功发射，其飞行高度达到目标高度700千米，卫星进入预定轨道[1]。这是韩国第一枚"完全自主"研制的运载火箭，整个工程耗时12年左右，总投资将近15.5亿美元。该火箭搭载了1颗180千克重的卫星和4颗立方星，用于检验火箭发射性能。另据韩国"韩联社"2023年5月25日报道，韩国科学技术信息通信部长官李宗昊当日在罗老宇宙中心举行记者会宣布，韩国自主研制的运载火箭"世界"号当日从罗老宇航中心顺利将8颗卫星送入550千米的太阳同步轨道。这是"世界"号火箭的第3次发射，也是该型火箭首次常态化飞行。发射成功表明，韩国已获得开发与发射携带国产卫星运载火箭的自主关键技术，开启了该国航天计划的新时代。

2022年2月14日，在萨迪什·达万航天中心，印度"极轨卫星运载器"（PSLV）XL型运载火箭发射了印度空间研究组织的EOS-04雷达遥感卫星，并搭载了2个"拼单"有效载荷。这是PSLV火箭近一年来的首次发射，也是2021年8月"静地卫星运载器"（GSLV）2型火箭失败后印度的首次航天发射[2]。EOS-04原名"雷

---

[1] 韩国首枚国产火箭发射成功，运载力逊于我国70年代的长征二号. 腾讯网，2022年6月21日.

[2] 2022年印度首次航天发射任务成功. 我们的太空，2022年2月15日.

达成像卫星"（RISAT）1A，是 RISAT-1 系列的第二颗卫星，发射重量 1710 千克，将被送入 529 千米的极地轨道，设计寿命 10 年。RISAT-1 系列采用有源 C 波段 SAR 成像仪，意在把雷达卫星的全天时和全天候观测能力用于农业、林业、土壤墒情、地质、海冰、海岸带监视、物体识别和洪涝监测等应用，但也能用于军事侦察监视。其搭载的 2 个有效载荷是"ISRO 纳星 2 技术验证"（INS-2TD）微型卫星和"激励星"（INSPIRESat）1 卫星。INS-2TD 重 17.5 千克，载有对地观测用的一台热成像相机，用于验证印度与不丹合作研制的"印不联合卫星"（INS-2B）技术。"激励星"1 重 8.1 千克，是科罗拉多大学、印度空间科技学院（IIST）、新加坡和中国台湾的合作项目，载有地球电离层动力学研究仪器和观测太阳耀斑的一台 X 射线谱仪。印度政府负责原子能和航天行业发展的国务部长吉坦德拉·辛格此前表示，印度空间研究组织 2022 年计划执行 19 项任务，包括发射 8 枚运载火箭、7 颗航天器，执行 4 次技术展示任务。3 月 14 日，印度空间研究组织在萨迪什达万航天中心对小型卫星运载火箭（SSLV）的第 1 级固体助推器进行了地面测试，测试的各项推进测试参数均与理论参数相吻合。ISRO 接下来将进行三个级别的固体助推器的组装，以准备 5 月的首飞计划。第 2、3 级固体助推器在先前已经成功进行了地面测试。小型卫星运载火箭是印度研制的新型运载火箭，由三个固体燃料级和一个液体燃料级组成，旨在将小型卫星送入近地轨道。11 月 18 日，印度空间研究组织从斯里赫里戈达岛发射场，成功发射了印度运载创企天根宇航公司研制的"维克拉姆-S"商业火箭，将 3 个有效载荷部署入轨。该火箭采用碳复合材料和 3D 打印发动机技术制造，是印度首枚商业火箭，该火箭的成功发射标志着私营企业开始进入印度航天工业。[1]

---

[1] 印度首枚私企制造的火箭发射成功. 新华网，2022 年 11 月 18 日.

2022年11月5日，在俄罗斯的帮助下，伊朗革命卫队成功测试了一枚可将卫星送入太空的新式运载火箭。该火箭名为"盖姆-100"，是伊朗首个三级固体燃料火箭。[①] "盖姆-100"能够将重达80千克的卫星送入距离地球表面500千米的轨道。此次测试验证了该火箭的第一个亚轨道级。

二、通天盖地：通信卫星竞相发展

卫星通信，即利用卫星转发信号，实现天地、地地无线电通信，是构建指挥信息系统的关键、传递情报的纽带、长距离信息通信的中继，具有覆盖范围广、机动灵活、生存能力强、抗干扰性好和可靠性高等特点。卫星通信的核心载体是通信卫星。近年来，美国、俄罗斯、欧洲等竞相推动通信卫星及其前沿技术研发，极大提高了其卫星通信能力。

（一）美国

美军通信卫星主要按照技术与应用特点划分为受保护、宽带、窄带、数据中继以及其他（包括商业租用、快响等）等五大系列，可共同完成对全球各大区域的多重覆盖，保障美军不同区域、级别和类别的任务需求。其中：宽带系列卫星主要满足常规作战中大容量数据通信需求；窄带系列卫星主要解决低速率移动和战术通信需求；受保护系列卫星主要为关键战略和战术部队提供抗干扰、防侦听、防截获、高保密和高生存能力的全球卫星通信服务；中继卫星

[①] 伊朗试射新型火箭，表明潜在导弹技术取得进展．华尔街日报，2021年2月2日．

主要为美军的侦察卫星提供数据中继回传服务；其他类型卫星重点是为补充现有能力和满足特殊需求目的而发展的卫星。需要指出的是，由于美军其他通信卫星多为商业租用、试验性质或不成系列的单独卫星，更多是作为宽带、窄带、受保护和中继卫星的补充与拓展，卫星能力也与主力的四类卫星存在较大差距；中继卫星方面，主要由国家侦察局发展，保密程度极高，对外公布情况很少，因此很难作出与其他系统同体量的分析。

美国"航天新闻网"2022年6月23日报道，通过对美国国防部预算文件进行分析，美国国防部计划在2023—2027年投资约130亿美元开发和采购军事通信卫星。主要包括：（1）新型战略卫星通信系统"演进战略卫星通信"（ESS），5年内将投入约55亿美元，波音公司、洛克希德-马丁公司和诺·格公司将继续开发三种有效载荷和地面系统，预计在2025年前完成原型设计与在轨演示，并在2030年完成部署。（2）传输层，5年内投入约27亿美元。（3）受保护战术卫星通信（PTS）卫星和受保护战术集群服务（PTES）的地面系统，将投入约25亿美元，预计在2024年发射原型有效载荷，用于在轨演示。（4）"移动用户目标系统"（MUOS）卫星，将投入22亿美元，在现有4颗的基础上增购2颗。此外，美国太空军商业卫星通信办公室计划在未来2年内授出约23亿美元的商业卫星通信合同，为美军方和盟国购买商业卫星通信能力与服务。

此外，据美国"军事网"2022年12月27日报道，美国太空军已接管国防部所有军事卫星通信服务。美国海陆军已将主要卫星通信业务移交给太空军，以便开展统一的训练、作战和采办等活动。这是所有军事通信卫星服务首次整合到单一军种。美国陆军将转隶7800万美元的运营和维护任务，包括宽带全球卫星通信系统和国防卫星通信系统。美国太空军官员表示，希望扩大太空军与其他国家的合作关系，包括将有效载荷部署在丹麦的卫星上。

1. 宽带通信卫星

美军现役的宽带通信卫星主要包括"国防卫星通信系统-3"（DSCS-3）和"宽带全球卫星通信"（WGS）系统两型，后者是最新一代的卫星系统。WGS系统具有全球覆盖的特点，容量11Gbps、传输速率274Mbps，是美军有史以来功率最高、传输能力最强的宽带通信卫星系统，每颗卫星的数据传输能力都超出DSCS所有卫星的能力总和，是其常规作战中高速、实时数据通信的主力，可为美军全球分布的地面部队、海上舰艇编队和侦察无人机提供大容量通信与数据广播服务，可极大满足美军各类作战平台、陆海空部队及其指挥员对信息交换的需求，支持战术C^4ISR（指挥与控制、通信与计算机、情报、监视和侦察）、战场管理、作战保障等方面的大范围、高容量数据传输。

2021年2月，美军演示了"抗干扰增强"准确定位干扰WGS信号的能力，解决方案旨在对美陆军负责运行的全球卫星通信配置控制元件地面系统的软硬件进行升级，可以检测、识别、定位和减缓对WGS卫星的干扰。

2022年2月22日，美国太空系统司令部负责军事卫星通信国际合作的官员基思·安德森在一份声明中表示，空军部和太空军正与宽带全球卫星通信（WGS）的国际用户进行谈判，以分摊"WGS-11+"的发射和地面集成等相关成本。WGS合作伙伴国家包括美国、加拿大、捷克、丹麦、卢森堡、荷兰、新西兰和挪威，美国还与澳大利亚签订了单独双边协议，还有2个未透露名字的国家也参与此次谈判。由波音公司开发的"WGS-11+"是WGS星座的第11颗卫星，可为美国军方和盟国提供宽带通信，预计将于2024年通过太空军国家安全太空发射计划进行发射。美国"太空新闻网"3月1日报道，波音公司为美国太空军生产的第11颗宽带全球通信卫星（WGS-11+）采用3D打印技术制造部件，以缩短美军宽带全球通信卫星的生产周期。打印部件包括结构和装置、热控制子系统、动态隔离系统和无源微波组件等1000多个部件。使用的材料包括铝合金、钛合金和高性能聚合物。该生产合同于2019年10月授出，计划于2024年交付。3D打印技术大大缩短了原有复杂军用卫星7—10年的生产周期。

美国"航天新闻网"2023年2月7日报道，美国太空军发言人当日证实，太空军将使用国防预算新增的4.42亿美元资金购买波音公司制造的第12颗宽带全球卫星通信卫星（WGS-12），为美军和盟国军队提供通信服务。该星座目前还为澳大利亚、加拿大、捷克、丹麦、卢森堡、荷兰、新西兰和挪威军队提供服务；2个尚未披露身份的盟国也正协商加入。由于该笔资金只包括卫星费用，太空军还将与该星座的国际用户就发射费用分摊事项展开谈判。美国"今日卫星网"2023年3月20日报道，美国波音公司当日向卫讯公司（Viasat）交付了ViaSat 3星座首发星（美洲星），卫星型号为702MP+，也是702MP系列平台首次采用全电推进系统，可以1Tbps的速度传输数据，用于美国国防部的宽带全球卫星通信（WGS）星座。卫讯公司称该星是迄今为止最强的高通量Ka波段通信卫星。美国SpaceX公司5月1从肯尼迪航天中心发射了一枚"猎鹰"重型运载火箭，成功将3颗卫星发射升空。此次发射是"猎鹰"重型运载火箭的第6次发射，3颗卫星分别是"卫迅-3""重力-1号"和"大角星"小卫星，将被部署到近地球同步轨道。"卫迅-3"质量为6400千克，太阳翼展开后长44米，其通信容量高达1Tbps，是迄今为止单星通信容量最高的卫星，也是迄今为止质量最高的全电推进卫星，将主要向美洲地区提供Ka频段宽带互联网接入服务。"大角星"质量为400千克，是大角星公司首个仅面向美国客户的地球同步轨道通信卫星。

另据"卫星新闻网"2022年4月6日报道,波音公司就其受保护战术集群服务(PTES)软件部分,与合作伙伴用户终端进行了成功的集成演示,验证了美国太空军"探路者"计划的技术成熟性。PTES提供地基受保护战术波形(PTW)处理,实现宽带全球卫星通信(WGS)卫星的安全运行和受保护战术通信覆盖,而无需对航天器进行改装。PTES为美军研发抗干扰波形,能在对抗环境中缓解对高数据率卫星通信的无意和有意干扰,增强弹性,并在其他拒止区域执行任务。

2. 窄带通信卫星

美军现役的窄带通信卫星系统主要包括"特高频后继"(UFO)和"移动用户目标系统"(MUOS)两个型号,后者是美国新一代的窄带军事卫星通信系统,补充并最终替代"特高频后继"系统,为全球范围内美国各军种提供UHF频段战术移动通信服务。MUOS采用第三代商业移动蜂窝网技术——"宽带码分多址接入"(WCDMA)系统,采用了Rake接收机、Turbo码、干扰减缓等多项先进技术,提供能力更强的UHF军事卫星通信服务。MUOS支持2.4kbit/s—384kbit/s的数据速率,整个星座的容量超过当前UFO星座总通信容量的10倍,全球覆盖,可在复杂地形、恶劣天气条件下提供服务。

"C^4ISRNET网"2022年4月7日报道,在第37届太空研讨会上,美国太空军太空系统司令部定位、导航和授时以及军事通信的项目负责人科德尔·德拉佩纳表示,考虑到将来卫星通信架构,太空军在2023财年预算中申请了4680万美元资金,希望采购2颗窄带移动用户目标系统(MUOS)卫星,计划在2029年或2030年发射,以延长该系统服务寿命。MUOS星座由美国海军建造,洛克希德-马丁公司是其主要承包商,4颗活动卫星和一颗在轨备用卫星,将于今年移交至太空军。MUOS卫星在300MHz至3GHz范围内运行，不易受天气影响。该星座有望替代传统的超高频（UHF）跟踪系统，可提供10倍于UHF卫星的通信容量。另据"C^{4}ISRNET网"2022年5月5日报道，美国太空军正在推进一项延长移动用户目标系统星座寿命的计划，并申请资金以建造和发射额外2颗MUOS超高频通信卫星。据美国太空军4月公布的预算文件，该计划在2023财年及未来5年的预计总开发成本为37亿美元，包括用于MUOS开发、采购、地面系统升级和网络安全漏洞等方面的资金，并将于2029年或2030年发射卫星。MUOS星座寿命延长计划旨在将该星座的在轨寿命延长至2034年，并将其地面支持系统寿命延长至2039年。

3. 受保护通信卫星系统

美军现役的受保护通信卫星系统包括"军事星"（Milstar）和"先进极高频"（AEHF）两个型号，后者是美军新一代受保护系列军事通信卫星。在美军整个卫星通信体系中，受保护通信卫星系统是"硬核心"，是最关键、最重要的通信卫星系统。该系列卫星一般采用EHF频段，为美军关键战略和战术部队提供抗干扰、防侦听、防截获、高保密和高生存能力的全球卫星通信，在包括核战争在内的各种规模战争中，提供最低通信保障。"先进极高频"卫星采用全数字化处理机进行星上基带处理，采用跳频、跳波束、调零等抗干扰方式，具备非常高的抗干扰能力和灵活性，可以在几分钟内对通信网络进行重构。"先进极高频"卫星在整星容量和支持战术通信能力方面进一步增强：单星容量430Mbit/s，传输一条1.1Mb的作战任务指令仅需1秒，比Milstar二代卫星提高了10倍；在Milstar第二代卫星的基础上增加"扩展速率载荷"（XDR），最高速率提升至8.192Mbit/s；整个星座支持6000部终端、4000个战术网络，可为战略司令部、战略核潜艇、战略轰炸机等提供极强抗干扰通信服务，并具备核爆条件下通信能力。2021 年，美国太空军称"先进极高频"软件的第四个增量升级已完成交付。此次软件更新提供了对持久任务的重新规划，并允许国际合作伙伴访问和控制卫星的协议消息。美国太空军称第五个也是最后一个增量正在开发中，投入使用后，将提供加密规划、全球 EHF 超视距终端，以及快速自适应规划和态势感知能力。

4. 下一代"国防太空体系"之"传输层"[①]

美国太空发展局于 2019 年正式启动发展的下一代"国防太空体系"是美军针对新的威胁形势做出的新能力发展决策，旨在构建一种"扩散型低地球轨道"太空架构，统一整合美国国防部下一代太空能力，实现韧性军事感知和数据传输，从而提升美国应对新兴威胁的能力与整个军事航天装备体系的弹性能力。下一代"国防太空体系"包括以下七层。（1）传输层：可在全球范围内向各种作战平台提供有保证、韧性、低延迟军事数据和连接。（2）战斗管理层：提供任务分派、任务指挥控制以及数据分发，支持在战役规模实现时敏杀伤链闭合。（3）跟踪层：用于提供先进导弹威胁的全球指示、预警、跟踪与瞄准——包括高超声速导弹系统。（4）监管层：提供对时敏、"发射左侧（美军一种导弹防御战略，即利用非动能技术提前攻击敌方核导弹威胁）"表面机动目标的全天候（24×7）监视（例如，支持瞄准先进导弹）。（5）导航层：为 GPS 受限环境提供备用定位、导航和授时（A‑PNT）。导航层将允许为 GPS 拒绝环境提供备用定位、导航和授时功能，并且支持确定预测轨道和钟偏，以

[①] 胡旖旎，钟江山，魏晨曦. 美国"下一代太空体系架构"分析. 北京跟踪与通信技术研究所，2021 年 2 月 1 日.

及向国防部和其他战术用户传输导航信息。(6)威慑层：在深空（从地球同步轨道之外到月球距离）威慑不友好行动。(7)支持层：确保地面和发射段能够支持响应式太空架构。支持层是地面系统以及武器攻击系统，作用之一是响应战斗管理层的战术建议，例如对威胁目标进行拦截、对地面发射平台/天基卫星进行打击等。

其中，"传输层"是美国未来"国防太空架构"的骨干，承担中继通信功能，是由数百颗卫星组成的通信互连的网状网络，并且传输层还会与现有的战术系统、攻击武器等通信互连。监管层、跟踪层和威慑层分别用于对发射平台/射前目标、已发射的弹道/巡航/高超目标、在轨运行敌方卫星目标/深空目标进行探测，并向传输层提供所获取的数据，然后战斗管理层分别处理不同卫星载荷所获取的数据，以及同时对不同载荷上的数据进行融合处理、分析并得出进一步的战术建议。传输层由太空段和地面段（主要由政府提供）组成。太空段包括一个由20颗卫星组成的异构星座。地面段位于美国海军研究实验室Blossom跟踪设施（BPTF）的卫星运行中心。包含两个近极轨平面，轨道面高度为1000千米，倾角在80度到100度之间。每个平面的卫星分为两组：A组卫星提供连接整个星座的完整网络基础设施，B组卫星通过综合广播系统（IBS）和Link 16支持平面交链和任务通信。A组卫星在平面上均匀分布，可以支持与地面的连续联络和双向交链。B组呈"簇"状，可支持在多个时间段内对某一战区的连续覆盖，并进行测试和实验。

2020年5月，美国太空发展局发布了《太空传输层0期工作说明》。"传输层0期"也称"作战人员沉浸期"，旨在为后续发展提供演示验证和基线。"传输层0期"是一种测试和训练"螺旋"，其最终成果主要有两方面：一是系统能力实验和演示，可以整合并实现与其他运行实体兼容；二是可以作为后续阶段发展基线。美国太空发展局计划从"传输层0期"开始每两年一次向联合作战部队交付传输层能力。"风险降低演示"（2020—2021 财年）：完成 LEO 轨道"光学星间链路"（OISL）实验；在小卫星上演示光学交链及下行链路，包括到战术用户的极低延迟下行链路。"0 期能力"（2022—2023 财年）：实现定期区域接入低延迟数据连接；并实现与地面基础设施的全球链接。"1 期能力"（2024—2025 财年）：实现高纬度地区之外的持久区域接入低延迟数据连接——具备全网络化指挥控制（FNC3）下行链路。太空发展局计划在 2024 财年第四季度再推出 150 颗卫星，并于 2025 财年向美国太空军移交。①

美国太空发展局在 2022 年 2 月 28 日宣布，授出三份"其他交易授权"合同，为近地球轨道上的全球通信网络生产 126 颗"传输层 1 期"卫星，其中洛克希德－马丁公司获得 7 亿美元，诺·格公司获得 6.92 亿美元，约克太空系统公司获得 3.82 亿美元，每家公司到 2024 年必须各交付 42 颗卫星。可以看出，美国太空发展局正在为美军建设太空互联网卫星星座，以支持军事通信、监视和跟踪敌方目标。"传输层 1 期"计划从 2024 年 9 月开始分 6 批发射，每批 21 颗卫星，每月发射一次。星座将发射到近极地低地轨道，分布在 6 个轨道平面上。每颗卫星将配备符合规定技术规范的激光链路，可作为网状网络在太空中相互传递数据，并最大限度地降低通过地面站传输数据。部署完毕后的传输层拥有足够数量的卫星，面对网络攻击和其他威胁更具弹性，对手将其击落的成本将非常高昂。

2022 年 3 月 15 日，地球人轨道公司宣布，洛克希德·马丁公司授予其建造美国太空发展局"传输层 1 期"42 颗卫星的合同，服务于国防太空架构的初始作战能力。该合同来自美国太空发展局授予洛克希德－马丁公司合同的一部分。地球人轨道公司自 2021 年 9 月 30 日以来，赢得的新合同和授予金额超过了 1.7 亿美元。作为联合

---

① 美军国防太空架构"传输层 0 期"概述. 电科小氙，2020 年 7 月 7 日.

全域指挥与控制的骨干，"传输层1期"共建造126颗卫星，将提供全球通信访问和持久的区域加密连接。其中每颗卫星须配备：一个激光通信终端，可同时提供4个光通信链路；链路16通信有效载荷、Ka波段射频通信有效载荷和BMC3模块，可实现在轨数据处理、存储和融合。

美国国防高级研究计划局"曼陀罗"2号的2颗小卫星于2022年4月14日完成了近地轨道星间激光通信链路的演示，进行了近40分钟的试验，成功建立了星间激光通信链路，在约100千米的距离内发送和接收了超过200GB的数据。此次试验验证了利用商业卫星平台和激光终端建立网状网络的可行性，而星间激光通信是军方低地球轨道小卫星网状网络的关键技术。太空发展局局长德里克·图尔纳表示，将于2024年发射具备光学激光通信能力的"传输层1期"卫星，实现卫星与卫星、卫星与地面、卫星与机载平台之间的通信。

2022年5月12日，地球人轨道公司宣布向洛克希德-马丁公司交付了10个卫星平台中的第一个，以支持太空发展局的"传输层0期"。入轨后的"传输层0期"可将各节点链接在一起，并在所有域之间建立无缝连接，演示联合全域作战能力。传输层提供的超视距瞄准和通信将极大地提高美国的全球防御能力，预计"传输层0期"星座将具有有限联网能力。此次交付是洛克希德-马丁公司和地球人轨道公司之间合作的一个关键里程碑，也是展示新型通信架构的关键一步。这些卫星将构成传输层的基础，最终将为全球战术作战人员提供与其他太空资产的弹性连接。

2022年6月14日，美国诺·格公司成功进行了网络化激光通信系统的地面演示验证。网络化激光通信系统将用于包括"传输层1期"在内的巨型低轨星座。试验演示验证了商业激光通信与军方加密硬件之间的兼容性，为诺·格公司将来开发太空交联通信产品

（包括太空发展局的传输层和跟踪层计划）提供了基线。8月4日，太空发展局在政府招标网发布特别公告，寻求卫星与飞行中飞机之间的激光通信演示方案。公告要求供应商在9月2日前提交方案，计划在9月发射的"传输层0期"卫星中选择一颗或多颗卫星，与供应商选择的飞机进行激光通信试验。演示须包括指向、捕获和跟踪，以及获取和保持稳定链接的能力，以传递高达每秒1GB的测试数据。12月22日，美国地球人轨道公司宣布为洛克希德-马丁公司设计和建造的10个卫星平台已全部完工，将用于"传输层0期"建设，首个卫星平台已于2022年5月交付。这10颗通信卫星，旨在为美国军事用户提供安全的高带宽、低延迟数据链路。入轨后的"传输层0期"可将各节点链接在一起，并在所有域之间建立无缝连接，演示联合全域作战能力。传输层提供的超视距瞄准和通信将极大地提高美国的全球防御能力，预计"传输层0期"星座将具有有限联网能力，为全球战术作战人员提供与其他太空资产的弹性连接。

美国"航天新闻网"2023年2月1日报道，美国太空发展局1月31日发布"传输层2期"部分卫星的征集草案，征集截止日期为3月1日。此次征集涉及该层216颗卫星中的72颗，预计2026年发射。"传输层2期"卫星将配备有3个光通信终端、1个Ka波段通信有效载荷、1个数据路由有效载荷、1个导航有效载荷和1个S波段备用控制系统，并将支持2个军用机密通信网络：综合广播服务与战术卫星通信。"传输层2期"卫星将分为6个轨道平面，并授予多个供应商。供应商须提交2个轨道平面的提案，并提供相关的地面操作支持。美国"今日卫星网"2023年4月20日报道，美国太空发展局局长德里克·图尔纳19日在太空研讨会上表示，扩散作战人员太空架构（PWSA）"传输层2期"中的"阿尔法"卫星、"跟踪层2期"卫星将分别于2023年夏、秋季进行招标。"传输层2期"包括三部分：（1）已经发布招标信息的72颗"贝塔"卫星，主要用于为战术卫星通信提供超高频和 S 波段能力，提供激光通信、激光到地面通信和 Ka 波段到地面通信的网状网络；（2）即将招标的 100 颗"阿尔法"卫星，将搭载 Link 16 数据链路终端；（3）预计 2024 年初招标的"伽马"卫星，具备超高频和 S 波段能力，以及在对抗环境中抗干扰能力更强的波形。

此外，美国太空发展局授出国防太空架构地面系统合同。2022 年 5 月 26 日，通用动力任务系统公司宣布赢得了一份为期 7 年、价值 3.245 亿美元的合同，用于建设美国太空发展局低地球轨道星座的地面系统，并对网络运营进行管理。通用动力任务系统公司将与铱星通信公司等合作伙伴共同完成此项目。该合同包括 3 年的基础合同和 4 年的期权合同，以 1.629 亿美元为基线，其中 1.615 亿美元用于为美国太空发展局的 1 期星座建立地面运营和集成（O&I）部分，该网络预计将有多达 166 个通信、数据中继和传感器卫星，以支持世界各地的军事用户。O&I 承包商为此将建立两个运营中心，开发 14 个新的地面站，其中，8 个用于 Ka 波段、2 个用于 S 波段和 4 个用于光通信的地面站。

5. 铱星宽带通信服务

据《防务快报》2022 年 4 月 1 日报道，铱星负责政府项目的执行副总裁斯科特·施海姆赖夫在接受《防务快报》采访时表示，随着军事部门开始实施联合全域指挥与控制，美国太空军希望通过铱星公司的卫星宽带通信服务，满足军方对天基互联网日益增长的需求。铱星公司在近地轨道运营着 66 颗有源铱星 NEXT 卫星与 9 颗备用卫星，可为太空军提供主要的或者应急解决方案的专业服务。铱星公司于 2019 年 12 月获得为期 7 年的固定价格模式窄带服务合同，是少数几家已与太空军签订长期固定价格卫星通信合同的公司之一。太空军一直在购买商业卫星通信服务，在节省资金的同时获得更多、更有弹性的战场通信。太空战争分析中心正在进行建设太空数据主干网的部队设计，希望将军事、商业甚至盟国的卫星通信整合在一起。商业卫星通信办公室负责管理合同流程，将各作战司令部和其他国防部客户的需求与供应商进行匹配。

6. 天基 5G 网络通信服务

2022年3月22日，美国休斯网络系统公司宣布获得一份价值1800万美元的"信息战研究项目"合同，将在华盛顿州惠德贝岛海军基地创建卫星支持的 5G 无线网络，为遍布美国各地的基地提供现代化高速连接。该项目同时属于美国国防部 5G 试验计划，休斯公司将向美国国防部提供分组处理核心、无线电接入、边缘云、安全和网络管理等 5G 基础设施，以及如何为基地工作转型提供所需的韧性组网能力。新的 5G 网络将利用卫星电视运营商 DISH 的无线频谱和 GEO/LEO 卫星，实现横跨美国全境覆盖，可提供最高 100Mbps 的下载速度。该网络将使用现代的零信任架构，在网络参数中能提供细粒度的认证和加密。

美国"航天新闻网"2022年7月6日报道，美国国防部正寻求利用低地球轨道卫星的优势为移动用户提供 5G 服务，拟采用商业技术进行固定通信和移动通信，满足未来天基服务需求。美国休斯公司和卫讯公司将演示低延迟低地球轨道卫星 5G 通信服务技术与能力，实现卫星与手机的直接连接；亚马逊公司研究将 5G 地面移动网络连接"柯伊伯"卫星。商业移动 5G 通信将填补军事卫星无法满足的通信需求，其高吞吐量、低延迟的优势将助力实现战场边缘计算，帮助美军在与中国进行 5G 的战略竞争中取胜。

美国"卫星新闻网"2023年5月14日报道，美国霍尼韦尔宇航公司近日推出 5G 小型卫星通信新系统 VersaWave，可将卫星通信、蜂窝网络（即 5G、4G、3G）、Wi-Fi 和蓝牙连接集成封装在一个极小、极轻的设备中,适用于先进空中机动(AAM)和无人机系统(UAS),可实现超视距(BVLOS)通信。该卫星通信系统仅有约1千克重,集成了硬件和软件解决方案,它不仅将多种通信技术结合在一起,还能在蜂窝和卫星通信之间无缝自动转换,在蜂窝覆盖范围之外提供可靠的国际海事卫星组织的卫星通信连接。此外,该系统还具有全球导航卫星系统(GNSS)报告功能,实现实时位置跟踪;也可能被国防和商业客户采用,以实现飞行器平台的指挥与控制。

7. 月球高速通信网

2022年3月17日,美国创企宝瓶座太空公司宣布筹到种子资金,启动月球高速通信网络建设,满足政府和商业探月任务之需。公司首席技术官约翰·罗通多表示,计划建设一个星座来改善地外通信,预计在2024年部署首颗月球卫星,2025年部署第2颗卫星,提供持续的南极覆盖,但两颗卫星的发射安排尚无着落。公司正与其他国内外商业厂家、探月机构开展技术评估,共同研发并建造卫星。

8. 混合太空架构之卫星通信网络

2022年,美国太空军重点关注太空韧性架构建设。2022年1月18日,时任美国太空军作战部长约翰·雷蒙德在米切尔航空航天研究所网络研讨会上称,2022年太空军将部署卫星星座,并设计具有更先进推进系统的航天器,以保持太空韧性。太空作战分析中心将利用数字模型和模拟来进行架构设计,目前已完成对未来导弹预警与导弹跟踪卫星组合的初步研究,下一步将设计太空数据传输架构,以及战术情报、监视与侦察架构,研究使用小型卫星跟踪地基动目标指示。预计ISR架构将采用政府和商业卫星混合架构模式。雷蒙德表示，导弹预警、战术级 ISR 和太空数据传输层三种架构设计，都将由空军部和国防部领导层进行审查，有望在 2024 财年预算中获得批准。此外，美国空军研究实验室也在积极支持太空军韧性架构的设计，当前的工作重点是建立软件基础，利用自主、机器学习和数据融合帮助太空军做出更快、更明智的决策。

2022 年 3 月 3 日，雷蒙德在美国空军协会年度会议上再次表示，美国当前的太空资产非常昂贵、数量有限、不易防御。未来十年，美国的重点任务是通过兵力设计使太空能力架构更新颖、更具弹性。《2021 财年国防授权法案》指示国防部长将兵力设计工作委派给太空军，美军太空战争分析中心现已开展此项工作。雷蒙德强调，太空域与 3 年前全然不同，日益增长的威胁范围从"低端可逆干扰"发展到"高端动能破坏"。此外，随着全球商业航天持续繁荣、太空拥挤程度倍增，不断增长的商业太空能力也是太空军更快实现更高弹性目标的有效途径。雷蒙德还强调，美国需要持续改善与盟国在太空领域活动方面的伙伴关系。2022 年 3 月 22 日，美国国防部首席信息官迈克·迪恩在"卫星 2022"大会上表示，美国国防部正对卫星通信各种地面终端的互不兼容展开深入研究，以便在 2023 年对其进行精简或更好地利用。美军为实现陆、海、空、太空和网络空间中的传感器和射击者之间的快速通信，目前建设有多种卫通地面终端。迪恩认为，这些终端是天基能力的体现，通过重新定位与调整投资可对各种终端进行优化，建立更强韧性。国防部使用着混合、异构、各种来源的多轨道数据，不同的路径阻碍着数据的传输；网关内大量设备在多网络中来回切换。研究认为虚拟化和数字化是国防部优化处理卫星通信地面部分的关键之处，可以快速处理移动数据。卫通地面段的现代化和合理化也能推动太空军卫星通信集群管理与控制（EMC）计划。EMC 的首要目标就是整合各类轨道（LEO、MEO、GEO 等）的军事、商业和联盟卫星通信能力，创建无缝的实时通信网络以支持联合全域指挥与控制。

2022年7月7日，美国国防部国防创新小组项目负责人罗根·希明在接受《防务快报》采访时表示，美国太空军太空战争分析中心、国防部国防创新小组、空军研究实验室和太空发展局已开始合作开发跨轨道和跨密级的"混合太空架构"概念，并着手设计开发具备基本网络保护能力、可防黑客攻击的"太空互联网"。此举也将成为实现联合全域指挥与控制的关键，以应对未来快速、多域、以信息为中心的战争。"混合太空架构"最终将形成一个卫星通信网络的"同心圆"：其核心是高度加密的军事星座，外围是盟友提供的安全性稍差的卫星通信以及最外侧非机密的商业星座。

2022年8月10日，美国国防高级研究计划局宣布为"天基自适应通信节点"（Space–BACN）项目第1阶段选定了SpaceX公司等11个承研单位。"天基自适应通信节点"于2021年9月启动，旨在开发低成本、可重构光学通信终端，可适应大部分光学星间链路标准，实现不同卫星星座的通信转换。该项目将构建近地轨道卫星座互联网，使目前无法互相通信的军事/政府和商业/民用卫星星座实现无缝通信。该项目第一阶段为期14个月，将在仿真环境中进行初步设计审查和连通性演示。第一阶段结束后将选择部分供应商参加为期18个月的第二阶段研究，主要开发光终端组件的工程设计部分，并继续研究跨星座通信的相关概念。2022年8月22日，美国天链公司宣布将与国防高级研究计划局合作，开发商业通信星座与国防和军事系统连接的协议。该公司称，将使用帕森斯公司的卫星调度和任务软件Optimyz，开发一种技术方法和接口，使太空对太空的光通信终端可在轨进行动态调整，以适应其他卫星系统使用的多种光学标准并进行通信，最终实现商业卫星星座之间以及与国防部系统的互联互通。

美国"航天新闻网"2022年11月2日报道，美国国防部国防创新小组宣布与亚马逊网络服务、柯伊伯政府解决方案、微软 Azure 太空和蜘蛛橡树任务系统四家公司达成协议，共同推进《混合太空架构》项目，旨在连接多个地面通信系统与不同的卫星网络，利用互连的商业和政府网络演示天基通信。该架构使用商业通信系统作为渠道，传输成像卫星收集的数据，并将其快速交付给军事和政府用户。根据"混合太空架构"计划，公司将在网络互操作性及与现有国防部资产的兼容性等领域进行合作。该项目下完成的原型设计工作和演示，将支持太空军设计和部署混合通信架构，提高网络弹性。

美国"航天新闻网"2023 年 5 月 26 日报道，美国空军研究实验室 25 日宣布授予 L3 哈里斯公司价值 8080 万美元、为期 3 年的卫星通信实验合同，将测试使用通用用户终端访问不同星座通信服务的方法，旨在将地球静止轨道、中轨道和近地轨道的商业太空互联网星座与军用平台（如飞机和地面车辆）连接在一起。空军研究实施室表示，军事卫星通信用户希望获得灵活的通信路径，并最大限度地减少部署特定星座的硬件。该合同是空军研究实施室"使用商业太空互联网的防务实验"项目的一部分。"使用商业太空互联网的防务实验"于 2017 年启动，主要研究将商业太空互联网服务与军用平台和武器系统的集成方法，以便将多个卫星通信供应商的服务融合到一个无缝网络中。

9. 激光通信技术

据美国"航天新闻网"2022 年 3 月 10 日报道，美国太空发展局 2 月份授予光通信创企桥通通信公司和微太空公司一份价值 170 万美元的合同，合同要求在 2 年内演示"一对多"通信。桥通通信公司表示，"一对多"连接是由托管光通信阵列（MOCA）实现的，MOCA 可以使光学卫星间链路与多颗其他卫星通信。美国太空发展局希望进一步研究 MOCA 技术，降低系统架构成本。美国国防部计划中，通信卫星网状网络中的每颗卫星都可以有多达四个激光链路，可以与其他卫星、飞机、船舶和地面站通信。卫星间光学链路对于太空发展局的低地球轨道星座（传输层）的成功至关重要，与传统的射频通信相比，激光器提供更高的数据传输速率，但价格也高得多。桥通通信公司开发的"一对多"光通信技术，可用于"一点对多点"传输，减少终端数量，降低星座建造成本。该公司 2019 年与波音公司合作项目首次展示了"一点对多点"光通信技术；微太空公司 1 月份赢得了美国空军 SBIR 合同，开发将卫星与军用飞机连接起来的光学终端。

美国国防高级研究计划局在近地轨道成功演示验证星间激光通信。2022 年 5 月 17 日，美国光学终端供应商加州分析中心公司（CACI）宣布，美国国防高级研究计划局"曼陀罗"2 号的 2 颗小卫星于 2022 年 4 月 14 日进行了近 40 分钟的试验，成功建立了星间光链路，在约 100 千米的距离内发送和接收了超过 200GB 的数据。此次试验验证了利用商业卫星平台和激光终端建立网状网络的可行性，而星间激光通信是军方低地球轨道小卫星网状网络的关键技术。美国太空发展局局长德里克·图尔纳表示，将于 2024 年发射具备光学激光通信能力的"传输层 1 期"卫星，从而实现卫星与卫星、卫星与地面、卫星与机载平台之间的通信。

美国"防务快报网"2022 年 8 月 25 日报道，美国国防高级研究计划局官员斯蒂芬·福布斯 8 月 23 日在接受《防务快报》采访时表示，国防高级研究计划局的 2 颗"曼陀罗"2 号卫星 4 月份成功测试了天对天通信的激光星间链路，希望在 2 个月内用 2 颗"曼陀罗"2 号实验卫星测试天对地通信的激光链路。福布斯称，天对地的传输面临很多技术挑战，如从卫星向地面接收器发射光束，需要更长的距离；低轨卫星在太空运行，需要更强的激光；地球在转动，光束路径会有变化；光束穿过大气层，会使其衰减。

美国"航天新闻网"2023年1月9日报道，美国太空军太空系统司令部4日发布信息征集书，要求业界提供有关中地球轨道及更高轨道的激光通信信息。太空系统司令部正寻求商业激光通信解决方案，为未来低轨之外的各种太空平台提供航天器铰链。太空军正研究"未来韧性网状网络骨干"方案，以支持中等高度地球轨道和静止轨道卫星的军事用户。中等高度地球轨道激光终端的可能应用是太空军和导弹防御局正开发的导弹探测卫星。

澳大利亚"每日航天网"2023年5月15日报道，美国地球人轨道公司开发的"探路者技术演示-3"卫星近日进行了在轨激光通信测试，实现了200 Gbits/s的天地通信传输能力，创造了激光通信技术有史以来最高的数据传输率。此次测试有可能大幅改善与国防相关的应用，彻底改变天基地球观测和合成孔径雷达行业，解决长期存在的数据吞吐量限制。

10. 北极卫星通信

美国"国防杂志网"2022年8月31日报道，时任美国太空军作战部长的约翰·雷蒙德当日在威尔逊中心举办的活动中表示，挪威已同意在其正在建造的卫星上搭载美国太空军的2个增强型极地系统重组（EPS-R）有效载荷，以延长美军目前北极通信系统的使用寿命。此举将为美国太空军节省9亿多美元，并可将轨道部署时间提前3年。美军于2019年开始部署增强型极地系统（EPS），为极地地区（北纬65度及以上纬度）的作战人员建立受保护的全天候通信，据称EPS的使用寿命为10年。此外美军计划在2033年发射演进战略卫星通信系统（ESS）以取代EPS，而太空军EPS-R计划的实施可弥合EPS与ESS之间的能力空白。

美国"航天新闻网"2022年9月1日报道，美国太空军太空系统司令部的卫星通信办公室于8月底开始在阿拉斯加的科利尔太空军站建设一个地面站，作为增强型极地系统重组（EPS-R）有效载荷的网关。该站点的卫星通信终端将是新EPS-R有效载荷的主要连接站，其有效载荷将于2023年在挪威的北极卫星宽带任务（ASBM）中发射，为北极地区作战的美国部队提供安全通信服务。EPS-R网关部分成本约为400万美元，它还包括海军洛马岬基地和陆军罗伯茨营地的部分设施。EPS-R是由太空军、海军信息战中心和陆军工程兵部队共同领导的联合项目，也是太空项目国际合作的典范。

11. 先进卫星通信技术

2022年3月29日，蜘蛛橡树公司宣布，正与洛克希德·马丁公司合作开发"区块链"解决方案以保护卫星通信，旨在将蜘蛛橡树公司的OrbitSecure平台整合到洛克希德-马丁公司的卫星管理系统中。蜘蛛橡树公司2021年获得了美国空军小企业创新研究（SBIR）合同，开发OrbitSecure平台。OrbitSecure平台为区块链和加密提供了一种开源软件开发包，使用许可链，通过端到端加密共享监控和资产的访问控制，使零信任安全嵌入应用层，确保可信的网络通信、确保国家安全和情报任务的稳健性和弹性。洛克希德-马丁公司的太空任务主要是生产各种卫星，包括情报监视侦察（ISR）军用卫星。

美国"卫星新闻网"2022年4月6日报道，波音公司近期就其受保护战术集群服务（PTES）软件部分，与合作伙伴用户终端进行了成功的集成演示，验证了美国太空军"探路者"计划的技术成熟性。PTES提供地基受保护战术波形（PTW）处理，实现宽带全球卫星通信（WGS）卫星的安全运行和受保护战术通信覆盖，而无需对航天器进行改装。PTES为美军研发抗干扰波形，能在对抗环境中缓解对高数据率卫星通信的无意和有意干扰，增强弹性，并在其他拒止区域执行任务，计划在 2023 年实现初始作战能力。美国太空军太空系统司令部战术卫星通信部门负责人夏洛特·格哈特表示，成功实现集成需要所有合作伙伴进行大量协调和现场协作。为了应对威胁，并实现数字优势愿景，太空军将在此类集成的基础上开发最先进的任务技术。

美国"卫星新闻网"2022 年 5 月 3 日报道，美国太空军太空系统司令部授予 NIC4 公司一份服务提供商注册表（SPR）原型合同，旨在继续推进卫星通信集群管理和控制（EM&C）能力建设。SPR 原型合同是该公司在 EM&C 项目中获得的第四份大合同，是该项目计划单元的重要组成部分，旨在提供一个成体系的、官方的商业和军事卫星通信服务目录，以满足美国国防部卫星通信任务要求。SPR 原型合同将结合任务、服务、终端和风险等知识，实现国防部任务行动终端的最优规划和配置，并提供空间段和地面段基础设施的说明和参数信息。美国太空系统司令部表示，SPR 原型合同以综合的卫星通信通用作战视图为中心，包含预警、运行情况和状态信息，以及终端、空间和地面组件的战备状态信息，能为全球任何时间、地点提供卫星通信能力，有助于实现卫星通信集群管理和控制运行能力。NIC4 公司表示将继续为美国太空军提供高度灵活和韧性的卫星通信服务，以确保美军在面对新挑战的冲突领域时，在战场上保持制胜信息权。

"军事透露网"2022 年 10 月 8 日报道，美国泰科姆公司与英国国际移动卫星公司当日宣布，双方将前者的 ThinAir Ka2517 天线与后者的 G－MODMAN Ⅱ 及 G－MODMAN 开放式平台调制解调器管理器进行结合，支持美国国防部在全球范围内的连接，为美军战术行动提供更高效可靠的卫星通信。该方案实现了先进战斗管理系统对联合全域指挥与控制提供支持的愿景，可最大限度发挥美军的战术优势。同时，该方案通过采用云计算、数据共享、智能决策和辅助决策等先进技术实现无缝衔接，大大缩短一线部队指挥决策时间。

美国"防务要闻网"2022年12月8日报道，美国陆军发布公告，寻求推进卫星通信"托管服务"试点计划，以与个人订阅电话套餐相同的方式采购卫星通信。该计划旨在通过"托管服务"模式采购商业卫星通信服务以实现陆军卫星通信服务能力的目标。公告显示，供应商须在12月16日前对卫星通信"托管服务"试点的性能工作声明草案做出回应，陆军于2023年1月发布正式的征求建议书。陆军项目执行办公室负责人表示，通过"托管服务"试点：一是希望陆军在卫星通信领域跟上商业新技术的步伐；二是方便战场上的士兵操作使用。

（二）俄罗斯

俄罗斯军事通信卫星体系主要由三层构成，即近地轨道通信卫星、大椭圆轨道通信卫星和地球同步轨道通信卫星。其中，大椭圆轨道通信卫星和地球同步轨道通信卫星组成了俄罗斯军用卫星通信的骨干，即所谓的统一卫星通信系统。地球同步轨道军事通信卫星主要包括"虹"系列、"钟鸣"系列，此外还有1颗秘密的"射线/奥林匹亚－K1"军用通信卫星以及"鱼叉"系列军用中继卫星。大椭圆轨道军事通信卫星主要包括"闪电"系列和"子午线"系列，其中"闪电"系列卫星目前已经全部退役。近地轨道（极轨）军事通信卫星主要包括"箭"系列。2022年，俄罗斯新发射1颗"子午线－M"通信卫星。

1."子午线"卫星

"子午线"卫星是俄罗斯新一代"闪电"轨道军事通信卫星，

用于为北冰洋区域的船舶和飞机以及远东和西伯利亚地区的地面站提供通信业务。"子午线"卫星于2006年12月24日首发,至2022年3月22日共发射10颗,其中2颗发射失败,第一颗星已退役,目前有7颗在轨。"子午线"卫星基于"格洛纳斯-M"卫星平台,采用密封增压结构和三轴稳定方式,卫星质量已提升至4200千克,功率约3000瓦,设计寿命7年,载有3路转发器。3月22日,俄罗斯国防部在普列谢茨克发射场,用联盟运载火箭成功将"子午线-M"军民两用通信卫星送入太空。"子午线"系列卫星兼具军事和民用用途,旨在为北极舰船及俄罗斯偏远的西伯利亚和远东地区提供通信服务,为在北方海路海域航行的船舶,以及冰情探查飞机提供与地面站点间的通信联络,为地面部队、地面站、飞机和舰船提供与指挥控制中心的通信联络。"子午线"卫星系列采用近地点900千米、远地点3.9万千米、倾角65°的莫尔尼亚轨道,可在每圈飞行中在俄罗斯领土可视范围内停留几个小时,并能覆盖其他通信卫星覆盖不到的极区。

2. "虹"系列卫星

"虹"系列卫星是俄罗斯的军民两用通信卫星,也是俄罗斯第一个地球静止轨道通信卫星系列,用于提供C频段国内、国际民用通信业务和X频段军事通信业务。"虹"系列共发展3代,合计45颗,其中2颗发射失败。目前,有2颗"虹"卫星在轨,即"虹-1M-2"和"虹-1M-3"。"虹-1M"卫星是"虹-1"卫星的改进型,采用MSS-2500-GSO平台,发射质量约为2500千克,设计寿命约为5年,载有厘米波和分米波频段的多通道转发器,可为地面移动站提供稳定的卫星通信业务。

3. "箭"系列卫星

"箭"系列卫星是俄罗斯低轨道存储转发式军用通信卫星，主要为俄罗斯军方和情报部门提供 VHF/UHF 频段高保密存储转发通信。"箭"系列卫星共发展 3 代：第一代有"箭-1"和"箭-1M"两型，第二代有"箭-2"和"箭-2M"两个型号，第三代卫星即"箭-3"是俄罗斯现役低轨存储转发卫星。目前，该系列卫星共有 31 颗在轨。"箭-3"卫星的发射质量为 225 千克，功率 50 瓦，设计寿命 1 年，一般采用"一箭六星"方式发射，轨道高度约为 1400 千米、倾角 82.6°。

4. "射线/奥林匹亚-K1"卫星

"射线/奥林匹亚-K1"卫星由俄罗斯列舍特涅夫信息卫星系统公司制造，于 2014 年 9 月 28 日发射进入 55°E 地球同步轨道，入轨后，一直处于漂移状态。此卫星基于亚马尔平台并搭载有激光通信终端，寿命预计为 15 年。关于此卫星的使命有多种猜测，俄罗斯官方媒体称其任务是支持国际空间站的通信以及提供格洛纳斯卫星系统的导航修正信号。然而，俄罗斯航天计划的大部分观察人士认为它具有两重使命：一是电子情报；二是为政府提供保密通信并采用激光通信来中继侦察卫星数据。

5. "鱼叉"系统卫星

"鱼叉"系统是俄罗斯的新型军用中继卫星系统，主要为"角色""介子""莲花-S"等俄罗斯近地轨道军事侦察卫星提供数据中继服务，其功能与美国的军用中继卫星系统相同。目前，"鱼叉"系统已有 2 颗卫星在轨运行，定点位置分别为 80°E、13.5°W，其尚未实现全球覆盖。

6. "钟鸣"卫星

"钟鸣"卫星是俄罗斯研制的大型军事通信卫星，也是首次采用工作频段为 Q 频段（除了 Ka 外）的俄罗斯卫星，用于宽带互联网接入、数据传输、电视和电台节目广播、视频会议和电话通信。规划的"钟鸣"星座由 4 颗星组成，目前已全部入轨并实现了对俄全境覆盖。"钟鸣"卫星由信息卫星系统 - 列舍特涅夫公司建造，采用"快讯 - 2000"平台，配备有 C 波段和 Ka/Q 波段（20—44GHz）转发器，估计 Ka 频段转发器有 36 个，设计寿命至少 15 年。

7. "球体"项目卫星

俄卫通社 2022 年 4 月 27 日报道，据在莫斯科举行的"球体"大会透露，俄罗斯"球体"卫星群第一颗演示卫星"Skif - D"于 2022 年 10 月被送入轨道。俄罗斯国家航天集团总经理德米特里·罗戈津称，"球体"轨道卫星群项目包括约 380 颗卫星，2022—2024 年期间，联邦政府每年将为该项目拨款 70 亿卢布；2024 年后，部署该卫星群每年将需要约 100 亿卢布。塔斯社 2022 年 10 月 23 日报道，10 月 22 日，俄罗斯国家航天集团在东方航天发射场使用"联盟 - 2.1b"运载火箭将"球体"项目首颗卫星"斯基泰人 - D"（Skif - D）和 3 颗"信使 - M"（Gonets - M）通信卫星送入预定轨道。据悉，"斯基泰人 - D"将成为俄罗斯未来宽带互联网接入"斯基泰人"系统技术的演示卫星。俄罗斯国家航天集团总经理德米特里·罗戈津曾表示，"球体"项目将包括 5 个提供电信服务的星座及 5 个提供观测服务的星座。

（三）欧洲

欧洲发展军用通信中继卫星的国家包括英国、法国、德国、意大利、西班牙和卢森堡，且主要采用 UHF 和 SHF 频段，少量卫星拥有 EHF 频段载荷，技术水平较为先进。整体来看，欧洲在轨军事通信卫星数量相对较少，覆盖也比较有限，主要以欧洲为中心向中东和大西洋方向扩展。截至 2022 年底，共计有 17 颗卫星在轨（其中军用卫星 13 颗，其余 4 颗为军民商混合型卫星）。欧洲在主要大国主导各自军事卫星系统后续建设的同时，也积极考虑发展泛欧层面的卫星共享计划，推动战略利益的紧密耦合。

1. "锡拉库斯"卫星

"锡拉库斯"是法国军事通信卫星系列，全称为"卫星无线电通信系统"。截至目前，"锡拉库斯"卫星共发展了 4 代，有 3 颗在轨运行，即"锡拉库斯 – 3A"卫星（定点在东经 47°）、"锡拉库斯 – 3B"卫星（定点在西经 5.17°）以及"锡拉库斯 – 4A"卫星。其中，"锡库拉斯 – 4"是法国下一代军事通信卫星系统，由 3 颗星组成，对整个欧洲及部分热点地区形成常态覆盖，原计划 2021—2022 年部署。"锡库拉斯 – 4"卫星将采用全电推进平台和新型数字信号处理器，工作频段为 X、Ka 频段，具备抗网络攻击、抗干扰和抗核爆等能力。"锡拉库斯 – 4A"卫星由泰雷兹 – 阿莱尼亚公司制造，采用等离子体推进的"空客 – Neo – 100"平台，质量为 3852 千克，设计寿命 15 年，于 2021 年 10 月发射入轨。"锡拉库斯 – 4B"预计将于 2023 年进行发射，将采用"Eurostar – 300EOR"全电推进平台，质量为 3500 千克。第 3 颗卫星即"锡拉库斯 – 4C"预计于 2025 年发射。

2. "锡克拉"卫星[①]

"锡克拉"卫星全称为"意大利保密通信和告警系统",是意大利第一个专用军用卫星系统,同时也是欧洲第一个采用EHF频段的军用通信卫星系统,提供战略和战术卫星通信服务,支持国防作战、维和行动、应急救灾、人道主义援助等任务。截至2022年底,共有3颗"锡克拉"卫星在轨运行,即"锡克拉-1A""锡克拉-1B"和"锡克拉-2"。其中,"锡克拉-2"卫星于2015年4月27日发射,发射质量4400千克,定点37°E,设计寿命15年。"锡克拉-2"卫星采用"空客-4000B2"平台,仅携带UHF和SHF有效载荷,未搭载EHF有效载荷。UHF有效载荷可提供15路信道,带宽为25kHz,通过东西两侧的平面天线来提供覆盖;SHF有效载荷为10台转发器,带宽为40MHz,通过对地面6副小口径反射面天线提供覆盖。此外,"锡克拉-2"还配备标准S频段测控和EHF/Ka频段抗干扰测控链路。

3. "天网"卫星[②]

"天网"卫星是英国地球静止轨道军事通信卫星系列,为英国及北约陆、海、空三军提供战略和战术卫星通信业务。截至目前,"天网"卫星已发展5代共13颗,其中有1颗"天网-4"和4颗"天网-5"卫星在轨运行。"天网-4"卫星由英国宇航公司研制,分两个阶段:第1阶段包括"天网-4A""天网-4B""天网-4C",主要特征是抗核电磁脉冲加固、星上信号处理、扩频及加密测控链路;第二阶段包括"天网-4D""天网-4E""天网-4F",为改进

[①] "锡克拉"卫星. 百度百科, 2023年5月2日.
[②] "天网"卫星. 百度百科, 2023年5月2日.

型，增加了高功率放大器和可控点波束天线等设备。"天网－5"卫星由欧洲宇航防务集团—阿斯特里姆公司研制，发射质量4700千克。卫星采用"欧洲星－3000S"平台，进一步提升了抗核电磁脉冲加固能力；转发器采用160W行波管放大器，点波束峰值EIRP达到56dBW，全球波束峰值EIRP达到41dBW；15路SHF转发器带宽为20MHz—40MHz。SHF频段接收天线采用有源相控阵多波束调零天线，大幅提高了抗干扰能力；SHF发射天线有多个机械指向可控的点波束天线，增强了系统灵活性和信号强度。

美国"卫星新闻网"2022年7月14日报道，欧洲空客公司为英国建造的安全军事通信卫星"天网－6A"成功通过英国国防部的关键设计审查，有望于2025年正式推出。空客公司于2020年7月获得"天网－6A"合同，旨在补充现有"天网－5"星座，以增强英国的军事通信能力。"天网－6A"卫星基于空客公司的军事通信有效载荷平台建造，采用了最新的数字处理技术，可提供更大容量和更多功能。美国"卫星新闻网"2023年5月11日报道，空客公司近日宣布由英国国家卫星测试设施/（NSTF）对英国国防部的下一代安全通信卫星"天网－6A"进行综合测试。测试包括电磁兼容性及声学和热真空测试，以复制恶劣的太空环境。"天网－6A"将是首颗完全在英国设计、建造测试的"天网"军事安全通信卫星。"天网"地球同步通信卫星将于2025年发射，为世界各地的英国武装兵力提供安全通信服务，将有助于进一步扩展英国的太空生态系统与能力。

未来10年，英国将投入约50亿英镑用于"天网"卫星系统，增强英国在全球范围内快速安全地传输大量数据的能力，为英国武装部队和盟友提供战略通信服务；额外投入6100万英镑用于"泰坦尼亚"卫星计划，试验光学激光通信技术，以相当于超高速宽带的速度在太空之间传输数据。

4. "联邦国防军通信卫星"①

"联邦国防军通信卫星"是德国第一代军事专用静止轨道通信卫星，目前有"联邦国防军通信卫星-1"和"联邦国防军通信卫星-2"两颗卫星在轨，为德国国防部提供窄带（UHF频段）战术移动通信和宽带（SHF频段）大容量通信业务。"联邦国防军通信卫星-1"和"联邦国防军通信卫星-2"卫星分别于2009年10月1日和2010年5月21日发射，并分别定点于63°E和13.2°E。"联邦国防军通信卫星"采用泰雷兹-阿莱尼亚航天公司的"空客-3000B2"平台，设计寿命为15年。每颗星的尺寸为2.8米（长）×1.8米（宽）×2.9米（高），其发射重量约为2440千克，功率为3.5千瓦。星上有4台SHF频段转发器和5台UHF频段转发器（25kHz带宽）。德国宇航中心下属德国太空操作中心代表军事卫星服务股份有限公司负责该系统的监视与控制；卫星地面站包括位于威尔海姆的地面站综合设施以及联邦国防军卫星地面站。

5. "雅典娜-费多思"卫星

"雅典娜-费多思"卫星于2014年2月6日发射，发射质量3080千克，定点东经38.7°，设计寿命15年。卫星工作频段为Ka频段和EHF频段，星上有效载荷可分为两个部分：一部分为Ka/Ka频段和EHF/Ka频段"弯管"转发器，支持星型网络；另一部分为EHF/Ka频段星上处理式转发器，支持网状网络。星上配备2个固定波束，分别指向意大利和法国本土区域；另外还有6副Ka频段可移动点波束，波束宽度为1.5°，覆盖区域直径达950千米，专为热点作战区域的无人机系统提供数据传输服务。"雅典娜-费多思"卫星

---

① "联邦国防军通信卫星"．百度百科，2023年5月2日．

的用户是法国国防装备总署和国家空间研究中心及意大利国防采购局和意大利航天局。

6. "西班牙星"

"西班牙星"是西班牙军民两用通信卫星，其覆盖范围从美国和南美直至中东，包括非洲和欧洲，为人道主义、安全和情报任务以及军事行动、大使馆、西班牙政府等提供通信服务。"西班牙星"星上载有13个专门配置的高功率转发器：12个X频段和1个Ka频段。西班牙将其中5个X频段转发器租借给了西班牙国防部，余下8个转发器由XTAR公司租借给美国和其他盟国政府的防务用户。XTAR运营的转发器称为XTAR – LANT。星上X频段天线可形成2个全球波束、1个固定的战场波束和3个宽度为4.5°的可控战场波束。"西班牙星"系统在西班牙有两个控制中心和跟踪站，一个位于马德里，另一个位于加纳利群岛。目前，西班牙正在实施"下一代西班牙星"项目，以满足西班牙政府和军方的通信需求。

7. "政府星 – 1"

"政府星 – 1/环球星 – 16"是卢森堡政府星公司运营的首颗卫星，也是一颗多任务卫星，利用专用军用频率（X频段和军事Ka频段）为多个政府特有任务提供高功率、完全可转动点波束。"政府星 – 1"于2018年1月31日发射入轨，发射质量4230千克，定点东经21.5度。该卫星由轨道ATK公司设计并制造，采用GEOStar – 3平台，设计寿命至少15年；星上载有X和Ka频段转发器，总数为68个，每个转发器等效带宽为36MHz；配置有一个先进的高功率X频段全球波束（覆盖范围为：西经50度到东经90度、南北纬70度之间的区域）和6个高功率完全可转动点波束，以支持机载和海事通信；覆盖范围包括欧洲、中东、非洲；大西洋、印度洋，以及地中海和波罗的海。从频段上看，X 频段用于支持政府和企业用户，包括战术、海事和人道主义救助任务；军用 Ka 频段主要用来支持地中海地区的情报、监视与侦察任务。

8. 量子密钥分发卫星

美国"航天新闻网"2022 年 9 月 22 日报道，欧洲卫星公司（SES）宣布，将带领由 20 个公司组成的联盟，为欧空局研发一颗量子密钥分发卫星"鹰–1"（Eagle–1）。该星计划在 2024 年实现运营，以验证安全量子密钥分发技术。公司联盟将使用光子的量子特性传输密钥，在近地轨道开展为期 3 年的地面通信加密任务。项目由欧空局"通信系统预先研究"（ARTES）计划出资，资金来源为德国、卢森堡、奥地利、意大利、荷兰、瑞士、比利时、捷克等国家。欧盟委员会也通过其科研创新资助计划"欧洲地平线"支持开发"鹰–1"卫星。

9. 月球通信

澳大利亚"月球日报网"2 月 28 日报道，英国航天局宣布将向英国公司提供 5000 多万英镑的资金，用于开发月球任务的通信和导航服务，资金来源于欧洲航天局的"月光"计划。该计划旨在从 2028 年开始向月球轨道发射一系列卫星，允许未来的宇航员、探测车、科学实验和其他设备进行通信，共享包括高清视频在内的大量数据，并在月球表面安全导航。英国萨里卫星技术有限公司正在牵头开展"月球探路者"项目，为月球提供初始通信服务。类星体公司表示将加快其多波束相控阵地面系统的开发并扩展到新的卫星频段，可同时与数百颗卫星建立通信，最终实现澳大利亚建设强大、灵活、可扩展的自主卫星通信能力的愿景。

10. 低轨宽带星座

美国"太空网"2023年5月7日报道,法国空客防务与航天公司、欧洲通信卫星公司、卢森堡欧洲卫星公司和意大利泰·阿航天公司等欧洲卫星通信大企业宣布,已建立合作伙伴关系,响应欧盟委员会关于创建欧洲卫星星座的呼吁。欧洲低轨宽带星座"卫星韧性、互联和安全基础设施"(IRIS2)目前估计成本约为66亿美元,欧盟希望2027年投入使用。IRIS2曾于2022年末宣布,旨在为欧洲提供类似于SpaceX公司"星链"的低轨互联网网络,欧盟将向该项目投资26.4亿美元,其余资金将来自欧空局和私人投资。IRIS2将为整个欧洲提供服务,包括目前没有宽带互联网的地区。此外,还将利用其可覆盖南北半球的轨道特性为非洲提供服务。

11. 基于激光的新型卫星通信系统

英国航天局向诺森比亚大学提供了近65万英镑的资金,用于继续开发全球首个可用于商业用途的低成本激光卫星通信系统,以改善太空的数据传输,提升对地球环境的实时卫星监测能力。诺森比亚大学团队将联合相关通信公司组成团队共同开发,计划在2022年完成产品设计,2023年初进行首批设备测试,2025年前将其送入轨道。

三、战略威慑:导弹预警不断完善

天基导弹预警系统主要利用星载设备发现、识别和跟踪导弹发射和飞行,具有覆盖区域广、响应能力强、预警时间长等特点,为国家战略防御系统提供早期预警信息,是维护国家安全、巩固和提高国家战略威慑力的重要系统。自 20 世纪 60 年代起，美国高轨天基预警卫星系统经历"米达斯""国防支援计划""天基红外系统"等发展。当前，美国天基预警卫星系统按照"全球布局、天地一体"的思路不断发展建设：一是高低轨有序发展，以高轨为主。根据系统能力由弱到强，美国优先发展高轨卫星，统筹部署静止轨道与大椭圆轨道卫星，探索低轨卫星并设计卫星组网探测；卫星部署位置由高轨至低轨，目标探测过程由助推段探测逐步形成全程监视，空间覆盖范围由低纬度发展至高纬度与全球区域，目标探测能力由发现监视至跟踪与识别。二是统筹天基段与地基段协同发展。美国红外预警卫星迭代发展提升能力，瞄准实现全球覆盖，同时统筹地面段本土与海外建设，根据不同阶段卫星能力需求，开展地面站软件、硬件更新升级，逐步实现数据的接入与管理，为作战提供支撑。美国具备全球弹道导弹发射早期预警能力，已完成弹道导弹飞行中段跟踪与识别技术在轨演示验证，突破了相关关键技术。

　　美军现有导弹预警卫星具备以下能力：一是具有对战略导弹和战区导弹的预警能力。美国天基预警系统可满足当前美军对战略和战区弹道导弹预警的需求，既能出色完成对战略弹道导弹预警任务，还能对攻击美国海外驻军及其战略弹道导弹实施有效的预警和跟踪。二是具备全天候、全天时连续探测和监视的能力。美国天基预警系统分层部署，相互取长补短，既相互衔接又互有重叠，可实现全天时、全天候连续探测和监视，并且生存能力很强，确保了空间预警系统的稳定可靠和发挥最大效益。三是具备对大气层下导弹目标的探测能力。增加了 STG 探测波段，结合短波红外和中波红外探测数据，具备对大气层下导弹目标的探测能力，可在导弹发射后 10 秒内发出预警信息，对射程 8000—13000 千米的陆基洲际弹道导弹的预警时间增加到 25 分钟，同时也提升了对战术弹道导弹及主动段较短的速燃弹道导弹的预警能力，并较好地解决了虚警和漏警问题。四是导弹落点预测能力不断提高。落点预报精度是预警卫星对弹道导弹目标位置估计能力的主要考核指标，一般需要双星条件下才能获取目标空间位置。更高的落点预报精度意味着对目标空间位置估计的准确度更高，可以更精确地服务于防空反导、预警反击作战。SBIRS 对导弹落点的预测精度提高 10 倍，精度优于射程的 5%。五是预警时间大大缩短。美国天基预警系统通过系统整合与集成，将预警信息获取、处理、分发融为一体，大大缩短了预警时间，使反应时间达到秒级，便于信息栅格即插即用，作战单元可在任一时间、任一地点获取战略预警信息并实施指挥控制。诸如，SBIRS 卫星对较小的战术弹道导弹发射的探测能力、扫描速度和灵敏度都有大幅提高，具有穿透大气层侦察，几乎在导弹一点火时就探测到其发射的能力，可在导弹发射后 10—20 秒内将预警信息传给地面作战指挥中心。

（一）"国防支援计划"卫星系统

美国于 1965 年 11 月开始发展"国防支援计划"（DSP）卫星系统[1]。DSP 卫星采用地球同步轨道，其首要任务是探测处于主动段飞行的导弹和火箭，并兼顾核爆炸探测任务。美国 DSP 卫星已经发展了 3 代、共 5 个阶段。现役的导弹预警卫星为第三代 DSP 卫星，1989 年开始发射。最新的 DSP－23 卫星于 2007 年 11 月 11 日发射。DSP 系统的空间段现役 4 颗 DSP 卫星，分别为 DSP－17、DSP－20、DSP－21 和 DSP－22，轨道均为 GEO 轨道。现役 DSP 卫星均为第三代 DSP 卫星，其主要功能由红外探测器、通信分系统、加固措施与核爆炸探测器实现。现役 DSP 卫星装有两副高增益天线，供链路－1

---

[1] 国防支援计划. 百度百科，2023 年 5 月 2 日.

和链路-2两条信道通信所用。此外，卫星还有8条加密通信线路，它们与其相适应的接收机、发射机和天线一道用来中继和下传卫星数据和控制指令。此外，卫星还安装了一个新的分系统，称为任务数据电文转发系统，可能用来传递核战争电文。

现役 DSP 卫星加强了抗辐射能力，对电磁脉冲防护达到了参谋长联席会议制定的二级标准。星载各分系统确保卫星具有最大的自主性和自我防护能力（如防激光致盲和核加固）。星上碰撞探测器监视可能会同卫星相撞的物体，并提供规避策略。DSP 卫星还可探测核爆炸。卫星除装载红外望远镜以外，还有多达9种核爆炸探测器，它们为安装在望远镜底部的光学探测器和荧光高度计、大气层核爆炸定位仪和 X 射线定位仪、延时 γ 射线探测器、即时 γ 射线探测器、等离子体光谱仪、粒子光谱仪、中子探测器，以及安装在太阳电池阵末端的 X 射线阵列探测器。DSP 系统的地面段可分为大型战略地面站、固定战术地面站和移动地面站三类。其中，3 个大型地面站一个位于澳大利亚，称为海外地面站，一个位于德国，称为欧洲地面站，另一个位于美国本土伯克利空军基地，称为本土地面站，海外地面站和欧洲地面站只进行数据接收和传输，所有 DSP 卫星数据传回美国本土地面站统一处理。

（二）"天基红外系统"（SBIRS）[①]

"天基红外系统"是美国的导弹预警卫星系统，用于取代"国防支援计划"系统。SBIRS 卫星利用星上探测器探测、发现、识别和跟踪弹道导弹发射，为美国及其盟国提供弹道导弹攻击的早期预警

---

① 太阳谷. 美国天基红外系统（SBIRS）发展浅析. 高端装备产业研究中心，2022 年 9 月 5 日.

信息。SBIRS 分为高轨与低轨系统。SBIRS 高轨系统由地球静止轨道卫星和搭载在大椭圆轨道卫星上的探测器组成，前者主要用于探测中低纬度地区和热点区域的主动段弹道导弹目标，后者主要探测北极附近高纬度地区的主动段弹道导弹目标。目前，SBIRS 高轨已部署 6 颗"天基红外系统－地球静止"（SBIRS－GEO）预警卫星。2022 年 8 月 4 日，SBIRS－GEO－6 卫星搭乘"宇宙神－5"运载火箭成功发射，标志着美军实用化高轨预警的阶段性建设完成。该卫星单星设计寿命 12 年，采用洛克希德－马丁公司 LM2100－战斗巴士平台，可提供更好的弹性和抵御网络威胁的能力，同时提供额外的航天器功率，以及增强的推进和电子设备。2018 年，SBIRS 高轨系统原计划研发的两颗 GEO 轨道卫星 SBIRS－GEO－7/8 被取消，其研发经费用来支持下一代"过顶持续红外"系统。SBIRS 低轨系统于 2002 年移交给导弹防御局管理，由采购项目降低为研发和技术准备项目，并更名为"太空跟踪与监视系统"（STSS），目前已经部署 2 颗低轨导弹中段跟踪与识别技术试验卫星、1 颗"太空跟踪与监视系统－先进技术风险降低"（STSS－ATRR）导弹预警卫星。

1. "天基红外系统－地球静止"预警卫星

"天基红外系统－地球静止"预警卫星主要功能由扫描型探测器、凝视型探测器与通信分系统实现。"天基红外系统－地球静止"预警卫星平台由波音公司的 A2100 商用静止轨道通信卫星平台改进而来，与 DSP 卫星最大的区别是"天基红外系统－地球静止"预警卫星采用三轴稳定方式，由探测器的扫描镜实现红外扫描。每颗卫星上装有 1 台高速扫描型探测器和 1 台凝视型探测器，这两种类型的探测器被设计成 90% 以上部件可通用。扫描型探测器探测谱段为 $2.7\mu m$ 和 $4.3\mu m$，扫描视场为 $10°\times20°$，探测器为积分时延探测器，南北往复扫描地球，对导弹在发射时的羽焰进行初始探测，然后将探测信息提供给凝视型探测器。凝视型探测器用于实现小范围精细探测任务，探测谱段为 2.7μm、4.3μm 和直视地表频段（波长介于短波和可见光之间），采用 6 片面阵探测器，对导弹发射区域进行步进凝视观测。"天基红外系统 – 地球静止"预警卫星的扫描速度和灵敏度比 DSP 卫星提高一个数量级，在导弹发射后 10 秒就能发出预警，发射点定位精度从 DSP 卫星的 6 千米提高到 1 千米。"天基红外系统 – 地球静止"预警卫星使用 Ka、S 和 Q 频段，共有 6 条通信链路，其中 3 条用于下传探测数据，分别是链路 – 1/3/4。其中链路 – 1/3 采用 Ka 频段，链路 – 1 用于下传高生存能力任务数据和正常任务数据，链路 – 3 用于下传宽带遥感器数据。

2022 年 8 月 4 日，美国太空军利用联合发射联盟的"阿特拉斯"5 号火箭，从卡纳维拉尔角太空军基地成功发射了第 6 颗天基红外系统地球同步轨道卫星，也是天基红外系统导弹预警星座的最后一颗卫星。这一卫星采用洛克希德 – 马丁公司的 LM2100 平台，比老式卫星具备更强的网络和弹性能力，并装备改进的推进器和电子装置；配备扫描和凝视型红外传感器，可探测来自导弹尾气的热羽流，提供全球导弹发射的数据；可进行全天时覆盖，探测、跟踪并防御弹道导弹和高超声速导弹威胁；预计使用寿命 12 年。天基红外系统星座可提供持续的红外监视，支持导弹防御、技术情报、导弹预警和战场空间感知。第 6 颗天基红外系统地球同步轨道卫星的交付标志着天基红外系统星座的完成和发展计划的结束。

2. 大椭圆轨道天基红外系统探测器

美国在轨运行 4 个大椭圆轨道天基红外系统探测器，据公开文献，其可能搭载在国家侦察局的电子侦察卫星上，分别于 2006 年、2008 年、2014 年和 2017 年发射。大椭圆轨道搭载探测器与"天基红外系统 – 地球静上"预警卫星的扫描型探测器相似，80% 的部件通用。光学系统为改进型施密特光学系统，视场10°，具有短波红外、中波红外和直视地表频段探测能力。

3. "太空跟踪与监视系统"（STSS）卫星

"太空跟踪与监视系统"包括2颗演示验证卫星，于2009年9月25日采取一箭双星方式发射入轨，为实用型低轨导弹预警系统"精确跟踪太空系统"（PTSS）演示验证低轨导弹预警和跟踪技术。两颗"太空跟踪与监视系统"试验卫星运行在同一轨道面上，轨道高度1330千米×1360千米，倾角58°，相位间隔约20°，成对工作，不仅能精确探测和跟踪导弹的飞行弹道，还能从弹头飞行动力学和红外光学特性上区分弹头和诱饵。2013年2月，两颗"太空跟踪与监视系统"卫星还首次成功进行了卫星直接引导宙斯盾拦截弹的"遥发射"试验，检验了在地面系统还未发现目标的情况下仅靠卫星指示信息进行导弹拦截作战的概念。"太空跟踪与监视系统"卫星质量约为1000千克，带有一台捕获探测器和一台跟踪探测器，卫星带有星间通信设备，卫星星间链路频率为60GHz，卫星星地通信采用EHF频段，上下行链路频率分别为20/44GHz，卫星与空军卫星测控网联络采用S频段。2013年，"太空跟踪与监视系统"卫星在轨试验结果显示美国已突破低轨导弹预警和跟踪的关键技术，但其后续PTSS低轨导弹预警业务系统于2014年被取消。

（三）"下一代过顶持续红外"系统

2017年11月，美国启动"下一代过顶持续红外"系统建设。"下一代过顶持续红外"系统是美国在继"国防支援计划系统""天基红外系统"之后，规划的新一代高轨预警卫星系统。据分析，"下一代过顶持续红外"系统采用超大面阵多波段红外阵焦平面探测器，不仅能探测跟踪大型弹道导弹的发射，还能探测和跟踪小型地空导弹、助推－滑翔及吸气式高超声速武器，甚至空空导弹的发射。一旦整个系统完成实战部署，可直接在战略和战术层面上支持反导作战，将对各国导弹武器的作战运用带来极大影响。在未来的预警探测系统中，"下一代过顶持续红外"系统将扮演美国导弹预警能力的支柱角色，即战略预警功能，旨在对弹道导弹、高超声速武器、巡航导弹飞行全阶段预警探测，并向低轨预警卫星提供后续跟踪指示。此外，为解决高轨探测能力不足的问题，预计"下一代过顶持续红外"系统将大幅改进和扩展探测的灵敏度，以实现对低小暗弱目标的探测，同时，将构建统一的星间、星地等的通信链路，实现在导弹助推段"发现即摧毁"的目标。

"下一代过顶持续红外"系统计划分为 Block 0 和 Block 1 两个阶段。Block 0 设计为 3 颗 GEO 卫星（覆盖中纬度地区）和 2 颗 HEO（覆盖高纬度地区）组网运行。美国太空军计划 2025 年发射首颗 GEO 卫星，2028 年发射首颗 HEO 卫星，最终在 2029 年前完成 5 星组网。为此，美国太空军预计到 2025 年将在"下一代过顶持续红外"系统项目上花费 144 亿美元。Block 1 将于 2026 年开始研制，可能增加 2 颗 GEO 卫星，具体方案和技术要求并未确定。

（四）下一代"国防太空体系"之"跟踪层"

2022 年 4 月 6 日，美国太空发展局局长德里克·图尔纳表示，俄乌战争表明了现代战争的快速变化，凸显了增强导弹防御能力的必要性，为此计划发射"跟踪层"卫星来应对弹道导弹的攻击。美国国防部目前通过部署在地球同步轨道和大椭圆轨道上的反导卫星来发现弹道导弹，一旦传感器记录到弹道导弹的轨迹，就可以根据弹道测定其弹着点。但现在面临的挑战是导弹已具备机动能力，这意味着它们可以不断变更弹着点，从而要求采取完全不同的方法来探测和跟踪这些目标。为此，太空发展局正在开发一个可在全球范围内跟踪传输高超声速滑翔弹数据或任何其他类型瞄准数据的低延迟网络。

美国太空发展局的"跟踪层0期"星座由20颗通信卫星和8颗导弹跟踪卫星组成。此外，为尽快提高天基反导跟踪层能力，美国国会已为太空发展局的2022年预算追加了5.5亿美元，用于从2025年5月起开始发射的"跟踪层1期"卫星。据"防务快报网"2022年4月26日报道，美国太空军太空系统司令部将在2023—2027财年为"弹性导弹预警与跟踪–中地球轨道"项目提供约8.28亿美元，计划在中地球轨道部署至少4颗卫星，用于探测、跟踪高超声速导弹，预计2028年前形成初始作战能力。届时通过在轨测量验证区域跟踪、任务管理与控制、协调区域预警与访问能力，原型星座将直接向预警与防御系统提供数据，实现探测新威胁、精确跟踪机动目标、在一定延迟范围内提供数据以闭合杀伤链的作战能力。新的中地球轨道星座将与太空发展局、导弹防御局合作开发的低地球轨道卫星星座整合，最终与"下一代穹顶持续红外"集成系统集成运用。2022年7月18日，美国太空发展局宣布授予L3哈里斯公司7亿美元、诺·格公司6.17亿美元的卫星合同，两家公司将为国防太空架构"跟踪层1期"分别生产14颗卫星。太空发展局局长德里克·图尔纳表示，卫星将部署在极地轨道上从北向南移动，并携带过顶持续红外传感器，为国家提供针对高超声速等先进导弹威胁的预警和跟踪能力。这是美国太空军计划的第一步，将使国防部摆脱目前对地球同步地球轨道和高椭圆极地轨道上少数大型昂贵卫星的依赖。卫星预计2025年4月首次发射。

四、通天之眼：侦察监视创新突破

航天侦察是利用航天器上的光电传感器和无线电接收机等侦察设备获取信息情报，是战略决策的前沿哨兵与联合作战的千里眼、顺风耳，贯穿作战全过程，具有位置高、范围广，不受国界和地理条件限制，定期或连续侦察特定区域，提供高时敏性的侦察情报等特点。航天侦察监视力量能够为部队提供有力的战略、战术情报支援，在现代战争中发挥着愈发重要的作用。太空态势感知是通过情报收集、目标监视、环境探测等手段，获取空间目标与环境等信息的活动，目的是通过时间域和空间域两个维度"掌握天情"。美国已建立形成了完备的航天侦察与天情感知装备体系，占据了绝对优势地位。俄罗斯、欧洲等也竞相发展情报侦察监视卫星，大力提高航天侦察能力。

（一）美国

从20世纪60年代起，经四个阶段发展，美军已形成"天地一体、全球覆盖、高低轨兼顾"的空间目标监视网。美军现已具备对进出太空、在太空（涵盖高、低轨太空区域）等多种太空活动的监视能力，低轨目标分辨率小于5厘米、静止轨道目标分辨率达30厘米，可跟踪编目所有在轨卫星和直径在数厘米以上的太空碎片等共计35000余个太空目标，对所有在轨工作卫星进行轨道预测计算分析和碰撞预警。2022年初，美国海军研究中心发布题为《将太空域感知作为战略制衡手段》的报告。报告由美国空军大学中国航空航天研究所高级研究员包克文撰写，重点介绍了太空域感知与太空态势感知的区别、太空域感知的制衡效用、美国太空监视体系的主要构成，以及如何应对太空域感知面临的挑战等。报告认为，太空域感知作为战略制衡手段，能够增强威慑力并降低危机意外升级的风险、赋能作战、制定和维护规范和法规、维持太空可持续性、增强美国在太空领域的全球影响力和作用；美国的太空监视网络并不完善，可覆盖北半球，但无法覆盖南半球，对低地球轨道太空物体的跟踪覆盖存在很大差距；建立一个有效的太空域感知系统战略，制衡潜在对手和竞争者的太空行为，对于维持美国在太空和地球上的国家利益非常重要。

2022年2月11日，美国商务部推出太空编目与交管软件平台原型"开放式架构数据库"（OADR）系统，将取代由美国军方维护的太空编目系统。该平台基于云技术开发，采用来自政府和商业的综合渠道数据，跟踪太空卫星和碎片，计算轨道碰撞的概率，旨在提供卫星碰撞通报、发射监视、太空物体再入预测和太空碎片感知等基础态势感知和交通管理服务。美军太空态势感知装备体系主要包括天基装备和地基装备两部分。

1. 天基太空态势感知系统

美军已部署高、低轨专用太空态势感知卫星，天基太空环境监测则主要采用有效载荷搭载探测的方式。截至2022年底，美军共有10颗太空态势感知卫星在轨运行，包括7颗装备型系统、3颗试验型系统。

（1）"天基太空监视系统"（SBSS）

2002年，美国军方在中段太空试验卫星取得成功的基础上，启动了"天基太空监视系统"项目[①]。"天基太空监视系统"是美军为

---

① 天基太空监视系统. 百度百科，2023年5月2日.

增强实时太空态势感知能力而研制的专用太空目标监视系统，是美军太空监视的骨干系统，原计划建立 4—8 颗卫星的星座。该系统目标是利用星载可见光探测器执行太空态势感知任务，有效弥补美国地基监视系统受天气条件、地理位置以及时间等方面影响的局限，为美国提升太空系统安全，确保太空优势提供支持。首颗卫星 SBSS-1 于 2010 年 9 月发射入轨，于 2013 年进入业务运行阶段。截至 2021 年底，"天基太空监视系统"卫星已在轨运行超过 10 年。

SBSS-1 卫星质量 1031 千克，三轴稳定，运行在 630 千米高的太阳同步轨道上。该卫星采用高可靠、可配置的 BCP-2000 平台，装有以改进型三接头安装的太阳能电池阵，有效载荷包括可见光传感器、双轴万向架、星上任务数据处理器和电子设备。该卫星的太空目标探测器是一台安装在可旋转万向架上的 30 厘米口径光学系统，采用三反消色散望远镜和面阵 CCD 技术，焦面像元数量 240 万，观测角度达到 3π，可以兼顾测量精度和宽视场搜索能力的性能指标要求。探测器还采用 7 色滤光盘，提升了太空目标识别能力。卫星具有 7×24 小时持续工作能力，平均每天观测 12000 个目标，可快速扫描、发现、识别、跟踪低轨至高轨目标，特别是静止轨道卫星、机动飞行器和太空碎片等目标，可在 24 小时完成对整个静止轨道区域的扫描探测。SBSS-1 星上任务数据处理器可实现星上图像数据初步处理，减少下行链路数据传输量。卫星采用可在线编程的星上软件，支持卫星在轨系统性能升级，如探测更小的目标、自动跟踪感兴趣目标以及提高系统使用效率等。

（2）"地球同步轨道太空态势感知计划"（GSSAP）卫星

"地球同步轨道太空态势感知计划"卫星是美国空军发展的高轨巡视卫星，运行在地球同步轨道，具备 GEO 巡视探测和抵近详查能力，可提供准确的太空目标轨道和特征数据，以增强美国高轨态势感知能力[①]。GSSAP卫星能够在目标航天器附近机动，抵近地球同步轨道目标进行细节侦查，获取目标高清视图，还可以通过转动的万向架对目标进行多角度立体观测。此外，GSSAP卫星可能具备通信链路干扰与物理攻击能力。GSSAP卫星还可利用光电传感器采集所在区域内卫星和其他物体的信息，对卫星进行精确跟踪和表征，包括卫星的位置、轨道、大小和状态。

2022年1月21日，美国太空军从卡纳维拉尔角太空军站利用联合发射联盟公司的宇宙神5-511型静地转移轨道运载火箭成功发射了"地球同步轨道太空态势感知计划"的5号和6号太空监视卫星。本次发射任务代号为USSF-8，使用的宇宙神5-511型静地转移轨道运载火箭的运载能力为5250千克，低地轨道运载能力约11000千克。GSSAP星座为四星组网，采取成对发射方式，发射重量、尺寸、任务寿命和费用情况保密。前两颗卫星GSSAP-1和GSSAP-2于2014年7月发射，2015年9月底完成测试，具备了初始作战能力。GSSAP-3和GSSAP-4于2016年8月发射，2017年9月宣布入役。据"卫星新闻网"4月7日报道，美国太空作战司令部官员曾透露，通过简化决策程序、同步测试和改进资源配置等手段，GSSAP-5号和GSSAP-6号卫星已具备了作战能力，比原计划提前了4个月。目前卫星已交与太空司令部供作战使用，这标志着GSSAP部署正式完成。卫星由位于施里弗太空军基地的第9太空三角队进行日常运营。

GSSAP单星质量约700千克，采用诺格创新系统公司的GEOStar-1卫星平台。该平台专为军事航天任务设计，可容纳载荷150千克，可分配给载荷的功率为200瓦，任务寿命5—8年。平台主推力器采用双组元推力器，比冲310秒，支持卫星频繁变轨和大范围机动。平

---

① 薛海相.说说美国的"地球同步轨道空间态势感知计划"（GSSAP）.商业航天观察，2023年4月5日.

台还配备一个单组元小推力器，用于精细轨道调整和悬停机动。平台采用大扭矩反作用轮，转向速度可达 1°/s。平台指向精度优于0.02°，定位精度优于 50 米。数传采用 X 频段，下传速度最高达100Mbit/s，另外还具有一个 Ka 备用频段。

在 GSSAP-5 号、GSSAP-6 号卫星发射后，俄罗斯"自由媒体网"2022 年 1 月 24 日发表题为《2022 年 1 月 21 日，美国在太空对俄罗斯不宣而战》，副题为《美国发射的 GSSAP 卫星将毁坏俄罗斯卫星》的文章，主要观点如下：

第一，美国抛出"轨道战争"计划

美国太空军承认 GSSAP 是"轨道战争"计划的一部分，认为正是这些卫星承担了"保护美国太空资产和遏制太空敌人威胁"的任务。

美国太空军作战部部长雷蒙德说，"GSSAP 卫星将帮助我们从简单地确定太空目标的位置，到了解这些目标在地球同步轨道上拥有什么能力"。雷蒙德同时承认，雷达不足以勾勒地球同步轨道上的全局，战争可能会在地球同步轨道上打响，而 GSSAP-5 号和 GSSAP-6 号卫星将致力于区分商业卫星和军用卫星或军民两用卫星，必要时将其摧毁。

美国太空军作战部副部长汤普森称，美国卫星似乎日日遭受攻击，包括无线电干扰、激光致盲和网络攻击。所有这些攻击似乎是"敌方卫星"所为。同时，汤普森承认，美国同样会在太空用进攻性武器进行还击，而且此做法"正当合法"。

第二，GSSAP 卫星的能力

美国媒体认为，GSSAP 卫星既可进行监视活动，又可跟踪地球同步轨道上其他航天器和危险垃圾的活动，而且可接近敌方卫星并评估其功能。美国专家认为，GSSAP 卫星具备一定的攻防能力：一是这些作战飞行器可用于毁坏美国认为危险的他国卫星，而且在执行某些秘密任务时，可以做得滴水不漏；二是 GSSAP 卫星可能具备高机动性，以便避开反卫星武器。

第三，俄罗斯面临的难题

俄方认为，美国已在太空对俄罗斯不宣而战，而且 GSSAP 卫星也让美国在太空军备竞赛中占得先机，这对俄罗斯造成了极大压力[1]。目前极难评估 GSSAP 卫星及其他目标现在和以后的位置，俄方应该抓紧时间研究如何面对 GSSAP 卫星这个"安静的杀手"，做好俄罗斯卫星群的保护工作。

（3）作战响应空间-5（ORS-5）卫星

作战响应空间-5卫星是美军为弥补 SBSS-1 卫星和 SBSS-FO 星座之间存在的能力空档期，在快响计划下研制的太空目标监视小卫星，也称为传感器卫星。ORS-5 卫星于 2017 年 8 月 26 日发射，于 2019 年进入全面运行；其核心目标是验证低成本效益的 GEO 太空态势感知技术，填补未来太空态势感知项目空缺，重在进行技术演示以降低未来任务风险。ORS-5 项目成本仅为 SBSS 项目的十分之一。ORS-5 卫星是低成本、高自主化的小型卫星系统，质量轻，体积小，卫星长约 1.5 米，质量约 113 千克，运行在轨道高度 600 千米、倾角 0°的圆轨道上，设计寿命超过 3.5 年，可对 GEO 轨道进行持续观测，观测周期为 104 分钟，每天约 15 次收集目标的跟踪信息。卫星首次采用"几何优化太空望远镜"概念，可实现快速、连续、无提示的 GEO 带搜索与识别。

2. 地基太空态势感知系统

（1）S 频段"太空篱笆"雷达系统

美国于 2012 年正式发展新型 S 频段"太空篱笆"（Space Fence）

---

[1] 这一天，美国不宣而战. 参考消息，2022 年 1 月 26 日.

大型相控阵雷达以取代老旧的"甚高频空军太空监视系统"。S频段"太空篱笆"是世界上最大的S频段单基地相控阵雷达，采用调频脉冲信号（频率为2GHz—4GHz），在东西方向扫描，发射波束宽度为东西120°×南北0.2°，重点对中低地球轨道上尺寸≥5厘米的目标进行跟踪。

新型"太空篱笆"相控阵雷达使用元件级数字波束成形（DBF）技术，能同时产生多个独立雷达波束，在相同频段内以不同频率模式工作，使雷达具备灵活覆盖能力。"太空篱笆"可在不影响日常监视能力的前提下，对全轨道任意重点目标进行及时探测跟踪。例如，可利用长弧段跟踪，对未知太空目标进行初轨确定与太空编目，同时可产生电子"微篱笆"，对重点目标进行持续跟踪。另外，可根据用户需求自动调节雷达束数量和覆盖范围，以获取任务所需的"微篱笆"。"太空篱笆"使用氮化镓功率放大器产生高能长脉冲，探测跟踪远距离太空目标，以增强太空态势感知能力。

新型"太空篱笆"雷达夸贾林站于2020年2月具备初始运行能力，并于2020年3月28日由美国太空军宣布投入运行，其设计寿命为25年。"太空篱笆"还将建设澳大利亚站，与夸贾林站共同提供互补式太空监视覆盖。S频段"太空篱笆"每天可探测150万次，跟踪20万个目标，GEO目标跟踪分辨率可达到10厘米，LEO目标跟踪分辨率可达到1厘米。与上一代装备相比，"太空篱笆"太空目标探测数据将提高10倍，分辨率大幅提升，探测同一目标的周期缩短。

（2）相控阵雷达

美军唯一专用太空监视任务的相控阵雷达是位于佛罗里达州埃格林空军基地的AN/FPS-85雷达，该雷达为收发分置的相控阵雷达，方位向探测范围为120°，探测频率442兆赫兹，探测距离5600千米—7500千米，探测俯角0°—105°，可同时跟踪200个目标，但深空监视能力有限。该雷达主要以向南35°的仰角，180°±40°的覆盖范围探测低轨目标。在太空监视网中FPS-85雷达的灵敏度最高，能够从一次反射脉冲信号中，探测到距离7500千米、雷达反射面积为0dBsm的目标。有些高轨卫星为大椭圆轨道，偏心率较大，FPS-85雷达可探测、跟踪大部分类似的高轨目标。

（3）"干草堆"雷达

"干草堆"雷达采用单脉冲体制，探测频率7750—8050兆赫兹，能够对高轨和低轨目标进行成像，低轨目标成像分辨率达到0.25米，测角精度0.34°（动态），探测距离27000千米，主要用于对新发射的太空目标成像以及识别卫星运行异常等任务。

（4）"地基光电深空监视系统"（GEODSS）

"地基光电深空监视系统"包括3个观测站，分别部署在新墨西哥州索科罗镇、夏威夷毛伊岛和印度洋迭戈加西亚岛，观测站点的地理位置分布较雷达站点更为理想。每个观测站均可独立工作，配置有3台望远镜：两台主望远镜口径101.6厘米，焦距218厘米，视场2.1°；一台辅助望远镜口径38厘米，焦距76厘米，视场6°。主望远镜主要搜索星等较低、运动速度较慢的高轨道太空目标，并具有对夜空2400平方千米/时的探测能力；辅助望远镜主要用于低高度大范围快速运动目标的搜索，具有15000平方千米/时的搜索能力。

"地基光电深空监视系统"能实时探测、跟踪、辨识轨道高度为5600千米—40000千米的太空目标，主要用于对静止轨道目标的太空监视任务，可以探测到40000千米高度足球般大的物体。"地基光电深空监视系统"系统使用CCD器件，目标图像经CCD转换成数字信号并即时送计算机处理和显示，实现了对太空目标的准实时跟踪。"地基光电深空监视系统"系统采用微光摄像技术，对太空物体反射光有良好的响应。它白天可以观测8星等的太空目标，晚上可以观测 16.5 星等的目标。

(5) 夏威夷毛伊岛太空监视站

该监视站拥有 3.7 米、1.58 米、1.2 米、0.8 米和 0.6 米共 5 套光电跟踪望远镜，可对近地轨道目标进行自适应高分辨成像，精确确定其轨道信息；辐射计与光度计可提供目标的可见光/中波红外特征信息。

(6) "太空监视望远镜"（SST）

2016 年，美国新一代地基光学"太空监视望远镜"完成测试，由国防高级研究计划局向空军移交，部署在澳大利亚西部埃克斯茅斯附近的哈罗德霍尔特海军通信站，以增强对南半球太空目标的探测能力。"太空监视望远镜"采用非球面镜和曲面电荷耦合器件，口径大、焦距短、视场宽、探测灵敏度高，采用电机驱动，可快速稳定探测深空目标。"太空监视望远镜"能探测到地球同步轨道直径 10 厘米的目标，探测精度和搜索覆盖率提高约一个数量级。

(7) C 频段雷达

C 频段雷达部署地点与 SST 相同，同处于澳大利亚西岸，提供对东半球和南半球的覆盖。2017 年 3 月，C 频段雷达实现全面运行能力。C 频段雷达是一种机械跟踪雷达，一天可以跟踪 200 个目标，还可以识别卫星轨道和卫星潜在异常。尽管数据容量有限，但 C 频段雷达可提供非常精确的卫星定位数据和特征描述数据。该雷达原部署于加勒比海的安提瓜岛，用于卡纳维拉尔角的卫星发射测控。

(8) "低倾角低轨目标无提示探测"项目

美国国防高级计划研究局于 2014 年启动了"低倾角低轨目标无提示探测"项目研发工作，采用雷达、光学、射频等手段，探测跟踪低倾角低轨目标，以弥补现有太空态势感知能力的不足。该系统可探测 1000 千米远、直径 10 厘米的目标，测量精度优于 6″，时间精度优于10毫秒，能精确测定轨道参数。

3. 合力强化军用太空监视网络

2022年2月22日，美国太空系统司令部的太空企业联盟授予诺·格公司3.41亿美元的"深空先进雷达能力"（DARC）项目合同，以开发、试验并交付具有"深空先进雷达能力"的雷达站点，支持太空军太空域感知任务。该项目将强化军用太空监视网络，利用更强的能力监测深空物体，从而为太空军打造更完整的太空环境图景，并最终实现全球覆盖。根据合同，公司将于2025年在印太地区开发并交付首个DARC雷达站，另外2个雷达站点拟分别于2024年、2025年在英国和美国本土启动建设。DARC项目由美国空军于2017年启动，是一种地基雷达系统，可持续探测、跟踪并监视地球同步轨道上活跃卫星和碎片。DARC项目与跟踪近地球轨道"太空篱笆"项目相互补充，其传感器拥有24小时全天候运行的能力，探测能力比美军当前拥有的雷达和光学传感器更具优势。目前，美国太空军已将"太空篱笆"监视雷达站数据直接输入军方的云平台中，即统一数据库（UDL）[①]。"太空篱笆"是首个集成到统一数据库中的军方太空监视网络传感器，今后还将集成包括"地球同步太空态势感知"计划在内的所有太空军传感器。统一数据库是美国太空军数字架构的关键组成部分，旨在收集和整合来自国防部传感器以及商业、情报界和外国系统等多源太空目标跟踪数据。

美军欲利用陆基和舰载导弹防御雷达提高太空监视能力。2022年3月4日，美国太空司令部司令吉姆·迪金森在空军协会年会上表示，太空司令部的首要任务是提高太空领域的战场空间感知能力，将寻求陆基和舰载导弹防御雷达等平台作为数据拓展来源。迪金森

[①] 于青. "太空篱笆"及其相控阵雷达两项关键技术. 雷达学报，2021年8月25日.

称，太空司令部一直在研究将"非传统传感器"集成在其陆基和天基雷达网络的有效方法，以监视太空目标。他提到了用于陆军末端高空区域防御（THAAD）系统和海军宙斯盾弹道导弹防御系统使用的 AN/TPY-2（陆军—海军移动式雷达监视）X 波段雷达。迪金森指出，太空司令部在对现有传感器进行整合的同时，还将研究未来用于提升战场空间感知、太空域感知、导弹预警和导弹防御能力的传感器。太空司令部和太空军正在讨论通过整合商业和盟军传感器数据来扩展和更新太空监视网络（SSN）的必要性。

美国国防部计划赋予导弹防御舰太空态势感知任务。美国"航天防务"2022 年 6 月 15 日消息，美国国防部计划赋予海军驱逐舰除弹道导弹防御外的第二项任务——协助太空军执行太空态势感知任务，利用近 30 艘配备 SPY-1 雷达的"宙斯盾"舰协助太空军填补太空监视网络的空白。2021 年 4 月与 9 月，导弹防御局分别进行了 2 次海上试验，验证了"宙斯盾"系统 SPY-1 雷达在获知太空物体的位置后对其进行跟踪的能力，2 艘舰艇共跟踪并报告了超过 75 个太空物体。导弹防御局计划在 2023 财年继续为开发、测试和交付"宙斯盾"软件系统升级版提供资金；计划在 2024 年前在 29 艘舰艇上配备该软件系统。

4. 持续发展情报侦察装备

情报侦察装备指利用各类航天器获取陆地、海洋、空中的战略战术目标信息的天基信息获取系统，发现、识别、监视敌方重要的战略战术目标，是国家安全与战争态势评估、战略战术决策、确定打击目标、为武器提供制导信息和评估打击效果的重要基础。情报侦察卫星主要分为光学成像侦察卫星、雷达成像侦察卫星和电子侦察卫星。美国在轨侦察卫星共计 42 颗，其中光学成像侦察卫星 7 颗、雷达成像侦察卫星 6 颗、电子侦察卫星 29 颗。总体来说，美国侦察卫星领先其他国家一代。其光学卫星全色谱段分辨率0.1米、红外谱段分辨率优于1米、雷达成像分辨率优于0.3米。最新的"锁眼"-12-10（KH-12-10）卫星已于2022年9月24日成功发射。

面对大国竞争，美国重视将商业能力纳入国家情报侦察体系，全方位发展涵盖军、情、民、商、盟的情报侦察体系，旨在提升侦察能力与对抗环境下的体系抗毁能力；高度重视发展前沿系统和技术，情报界部署秘密新型大型侦察卫星，军方攻关天基地面移动目标指示雷达技术和天基遥感数据边缘计算等技术，试图持续保持天基侦察监视技术全球领先。目前，美国天基情报收集和图像处理由美国国家侦察局和国家地理空间情报局负责，但随着对战术情报、监视与侦察产品需求的不断增长，以及卫星制造与发射成本的下降，天基情报收集和图像处理成为美国太空军的发展方向之一。因此，美国太空军希望与空军及情报界以互补方式合作推进该领域发展，加强商业能力的利用。

美国天基成像侦察系统主要有"锁眼"（KH）光学成像卫星系统和"未来成像体系—雷达"卫星系统。其中，"锁眼"卫星系统是美国分辨率最高的光学成像系统，"未来成像体系-雷达"卫星系统是美国分辨率最高的SAR成像系统，均服务于美国情报界，主要提供战略情报支撑。

"锁眼"是美国军用光学成像侦察卫星系列，是美国发展最早、最成功、保密程度最高的军用卫星系列之一，是目前分辨率最高的光学成像侦察卫星[①]。由国家侦察局发展并运行，主要为美国情报界提供战略侦察情报。20世纪90年代后，"锁眼"卫星的应用开始逐渐向战术应用领域拓展。2008年后，美军将其归类为"光学地理空

---

① "锁眼"卫星. 百度百科, 2023年5月2日.

间情报"（GEOINT）卫星。截至 2022 年底，共有 6 颗卫星在轨运行。"锁眼"系统由空间段、地面段和用户段构成。目前使用的"锁眼"-12 卫星由国家侦察局的国家侦察操作中心负责运行管理，利用美国空军卫星控制网指挥控制卫星，主要用户是国家地理空间情报局，图像产品也应用于部队作战。卫星数据传输有以下 3 条主要途径：第一条是通过国家侦察局的"卫星数据系统"（SDS）中继卫星或美国国家航空航天局的"跟踪与数据中继卫星"（TDRS）直接传送到国家照相判读中心（现已划归国家侦察局）处理。第二条从卫星至分布在各地的地面接收站，再通过通信卫星传回美国。前线部队使用的卫星图片，大部分图像都要经过美国国家照相判读中心处理加工，然后通过军事通信卫星传送至战区。第三条是卫星直接将数据下传至战区内的接收处理站。

"锁眼"-12 卫星轨道高度为 300 千米×1000 千米，倾角 97.9°，设计寿命 8 年。卫星发射质量超过 15000 千克，干质量约 10000 千克，直径 4 米，长约 15 米，其中前部的有效载荷舱长约 11 米，用于承载相机系统，卫星支持舱长约 4 米，装有卫星电子设备和推进分系统。星体两侧装有 2 副刚性太阳翼，对太阳单轴定向，功率 3 千瓦。卫星配备的"锁眼"-12 相机光学系统仍采用反射式卡塞格伦系统，口径约为 3 米，地面分辨率 0.1 米。"锁眼"-12 卫星还配备了红外相机，红外分辨率 0.6 米—1 米。

目前，"锁眼"系统持续向高精尖方向发展。2019 年 1 月 19 日，联合发射联盟的德尔塔-4H（Delta-4H）重型运载火箭在范登堡太空军基地发射了国家侦察局的光学成像侦察卫星，任务代号 NROL-71，NROL-71 是新批次"锁眼"卫星，其相机口径相比"锁眼"-11 Block 4 型可能进一步提高，可见光和红外成像能力可能进一步增强。2022 年 9 月 24 日，德尔塔-4H 重型运载火箭在范登堡太空军基地发射了光学成像侦察卫星 KH-12-10，为第三颗

KH-11 Block5型卫星，全色分辨率优于0.1米，红外分辨率可能达到0.5米。

"未来成像体系-雷达"（FIA-Radar）卫星是国家侦察局于20世纪90年代中期开始发展的雷达成像侦察卫星，也称为"黄玉"（TOPAZ）卫星，用于取代上一代的"长曲棍球"（Lacrosse）卫星，为美国情报界提供战略侦察情报。截至2022年底，共有5颗卫星在轨运行。"未来成像体系"系统原本包括可见光/近红外光学成像卫星和SAR成像卫星两部分，能够在任何时间对全球任何地点进行高精度侦察，将在未来几十年内对美国的情报搜集工作起到至关重要的作用。但是，由于过多的需求和过高的技术风险，"未来成像体系"项目大大超出预算，研制进度也不断延后。美国在2005年取消了"未来成像体系"项目的光学成像侦察卫星部分，由"下一代光学电子"（NGEO）项目取代。"未来成像体系"项目的雷达卫星部分仍然保留，根据最初的计划，研制5颗"未来成像体系"雷达卫星，其主承包商是洛克希德-马丁公司。"未来成像体系-雷达"卫星运行在轨道高度1100千米、倾角123°的逆行圆轨道上。"未来成像体系-雷达"卫星的系统设计与性能指标高度保密，据推测分辨率至少与其上一代"长曲棍球"卫星相当，也有报道称能达到0.1米。

美国持续构建高精尖的雷达成像侦察卫星星座，同时通过"商业图像采购与融合战略"将商业能力融入国家侦察局的地理空间情报体系。2019年国家侦察局向多家商业公司授出了多份图像论证合同和采购合同，研究如何将商业公司的光学、雷达、射频等遥感数据融入政府的地理空间情报体系架构。国家侦察局将依靠现有和新兴商业地理空间数据供应商实现集国家和商业能力于一体的"过顶监视体系"战略。未来国家侦察局计划继续增加对商业图像的利用，并期待与新公司和新能力合作。商业能力将在国家侦察局未来的体系结构中扮演重要角色。

美国天基电子侦察系统主要有"水星"（Mercury）卫星系统、"顾问"（Mentor）卫星系统、"军号"（Trumpet）卫星系统和海军海洋监视卫星-3系统[1]。其中，"水星"卫星系统于地球同步轨道部署，在轨3颗，主要侦收通信信号；"顾问"卫星系统于地球同步轨道部署，在轨7颗，主要侦收雷达和导弹遥测信号；"军号"卫星系统于大椭圆轨道部署，在轨5颗，主要侦收雷达信号；海洋监视卫星-3系统于低轨近圆轨道部署，在轨12颗，主要对海洋大型目标进行定位，定位精度高。

"水星"卫星是美国20世纪末发展的电子侦察卫星系列，用于替换美国空军于70年代发展的"峡谷"（Canyon）和80年代发展的"小屋"（Chalet）卫星和"旋涡"（Vortex）卫星。该系列电子侦察卫星最初由空军发展，现由国家侦察局统一发展和管理。截至2022年底，美国共发射4颗"水星"卫星，其中前3颗为一代，2014年发射的水星-后继星-1（Mercury-F/O-1）是美国发展的新一代地球同步轨道信号情报卫星，用于替换已经超期服役的"水星"系列卫星。"水星"卫星工作在地球同步轨道，能对南北纬65°之间的区域一天24小时连续不断地进行电子侦察，其侧重于通信信号情报侦察，同时也能侦察雷达和其他电子设备，主要为美国国家安全局、中央情报局和各军种提供电子情报信息。

"顾问"卫星是美国20世纪末发展的高轨信号情报卫星，用于替换美国中央情报局于20世纪70年代发展的"流纹岩"（Rhyolite）和"水上表演者"（Aquacade）和20世纪80年代发展的"大酒瓶"（Magnum）和"猎户座"（Orion）卫星。"顾问"卫星又被称为"先进猎户座"（Advanced Orion）卫星，最初由中央情报局发展，现由国家侦察局统一发展和管理。截至2022年底，美国共发射8颗

---

[1] 何丽. 美军航天侦察现状及未来发展方向. 军事文摘，2022年5月30日.

"顾问"卫星，其最新一颗于2020年发射，目前有7颗在轨工作，其中5颗已经超期服役。"顾问"卫星运行于地球同步轨道，能对南北纬65°之间的区域一天24小时连续不断地进行电子侦察。"顾问"卫星同"大酒瓶"卫星一样，能够对雷达信号、微波通信、无线电话等无线电信号进行侦察，但同样是侧重于雷达和导弹遥测信号的侦察。据称，"顾问"卫星采用大型侦收天线，可侦收的最小地面信号的强度是低轨道卫星的1/5000，并采取抗核加固措施。美国为构建综合信号情报侦察体系，将继续发展"顾问"卫星系列。未来美国计划于2022年、2023年、2024年发射"顾问"卫星，用于替换超期服役的"顾问"卫星，为美国军方提供连续的信号情报侦察能力。

"军号"卫星是美国20世纪发展的大椭圆轨道信号情报卫星系列，用于替换美国空军于20世纪七八十年代发展的"弹射座椅"（Jumpseat）卫星。该系列卫星最初由空军发展，现由国家侦察局统一发展和管理。截至2022年底，美国共发射7颗"军号"卫星，其中前5颗为一代，2014年和2017年发射的"军号"－后继星（Trumpet－F/O）是美国发展的新一代大椭圆轨道信号情报卫星，用于替换已经超期服役的"军号"系列卫星。"军号"卫星位于远地点36800千米、近地点300千米—400千米、倾角63.4°的大椭圆轨道。"军号"卫星侧重于雷达和导弹遥测信号侦收，能够实现对北半球高纬度地区不间断覆盖，特别适合于侦察部署在高纬度地区的战略武器和核潜艇活动。该卫星上还装有导弹预警用的红外探测器，将卫星导弹预警的探测范围向高纬度扩展。据报道称，"军号"卫星与"弹射座椅"卫星采用2—3颗卫星组网工作，每颗卫星的运行周期为12小时，可全天候、全天时实施侦察与监视，且卫星寿命为5—7年，从而能实现长期、连续地侦察与监视敌方雷达信号等电磁辐射源的变化。"军号"卫星具有较强的星上数据处理能力，甚至还装有极高频（EHF）中继系统，能迅速分选、识别和近实时传输目标信号，为战时提供及时、可靠的情报。另外"军号"卫星装载大型相控阵宽带侦收天线，可同时监听上千个地面信号源，包括俄罗斯和中国北部在内的高北纬地区信号情报侦察、俄罗斯与其核潜艇舰队间的通信、蜂窝电话侦听等。

美国"海军海洋监视"（NOSS）卫星，正式名称为"入侵者"（Intruder）卫星，外界之前曾将该名称误认为是高轨信号情报卫星，主要用于有效发现、识别、监视航母编队等海上大型移动军事目标。"海军海洋监视"系列卫星目前已经发展到第三代，第一代卫星代号"白云"（White Cloud），于1976—1987年间发射，共发射8组卫星，第二代卫星代号"命运三女神"（Percae），于1990—1996年发射，共发射4组卫星，第三代开始于2001年，代号"入侵者"。第二代和第三代卫星由洛克希德-马丁公司作为主承包商研制。从第三代起，卫星由每组3颗减为每组2颗。最新的NOSS-3-9A/B双星已于2022年4月17日发射入轨，替换现役老旧卫星，以保持6组12颗卫星在轨协同工作的低轨信号情报侦察星座。

美国国家侦察局于2022年2月2日利用SpaceX公司的"猎鹰-9"火箭，从范登堡太空军基地将保密有效载荷发射至512千米、倾角97.4°的太阳同步轨道[①]。此次发射任务代号NROL-87，采用一枚全新建造的第一级火箭，该箭在范登堡基地"4号着陆区"成功实现了返场着陆回收。这是SpaceX公司的第三次国家侦察局发射任务，也是该公司首次执行通过美国太空军"国安航天发射"（NSSL）计划订购的国家侦察局发射任务。本次发射所载卫星具体情况不详，国家侦察局发射计划主管戴维斯证实，NROL-87将把"单个有效载荷"送入轨道。据猜测：（1）可能是下一代光电侦察卫星；（2）从返场着陆方式分析，该有效载荷相对较轻，排除了"锁眼"侦察卫星的可

---

① 绝密任务NROL-87升空. 星空神话，2023年7月7日.

能；（3）官员在发射成功后表示，NROL-87由国家侦察局设计、建造和运行，以支持其"过顶侦察任务"；（4）根据火箭的轨迹，它可能携带一颗数据中继卫星，在Molniya轨道上运行，旨在增加地球北极和南极的停留时间。"航天新闻网"2022年9月24日报道，美国联合发射联盟（ULA）当日从加利福尼亚州范登堡天军基地使用太空三角队-4运载火箭发射了美国国家侦察局一颗机密间谍卫星，任务编号为NROL-91。据分析，此次发射的卫星可能是国家侦察局的一个高分辨率"锁眼"成像卫星。

（二）俄罗斯

俄罗斯太空态势感知体系目前主要包括地基太空目标监视系统和太空环境监测装备，没有专用型天基系统在轨。现役太空探测地基雷达网形成了对俄罗斯周边和莫斯科周围的两层覆盖，最大探测距离达6000千米；现役地基光电系统可探测200千米—40000千米的太空目标；太空监视综合网每天能产生约5万条观测数据，维持约8500个太空编目信息。

1. 太空目标监视系统

目前掌握的俄罗斯已部署太空目标监视系统主要包括"窗口"和"树冠"系统。"窗口"地面有源光电太空监视与跟踪系统是苏联在1980年开工建造的，主要目的是弥补其深空探测能力、更准确地观测地球静止轨道目标。系统部署于塔吉克斯坦境内的桑格洛克山区，包括4个搜索站、2个跟踪站和1个指挥所；其关键设备是10部自动化光学望远镜，分短距、普通、远距3型，可分别探测1000千米远的美国"锁眼"等卫星、20000千米远的GPS等卫星、以及40000千米远的高轨目标。"窗口"光电系统在1992年被搁置，俄罗斯在 2004 年进行了部分恢复，2015 年完成了二期建设，将其升级成了"窗口 – M"系统，每部光电望远镜重达 4400 千克，其太空探测、通信和数据处理能力提升了 4 倍，可自动探测距离地球 120 千米—40000 千米的太空物体，目前已具备完全作战能力。为提升对太空目标（特别是 GEO 和深空目标）的探测识别能力，俄罗斯计划再采购 10 套以上"窗口 – S"新型光电太空监视系统，部署在阿尔泰及滨海边疆地区，为太空的探测与识别提供支持。

"树冠"系统是俄罗斯为提升太空目标监视能力，扩大跟踪目标轨道的倾角与高度范围，增强对微小目标的探测识别能力，在 2013 年底开始恢复运行的太空目标侦察监视设备。"树冠"侦察监视项目主要包括"树冠"和"树冠 – N"两个部分。"树冠"设施位于北高加索地区，由 2 个大型光学望远镜、1 个激光定位雷达、1 个大型分米波（VHF）雷达和 1 个厘米波（UHF）雷达组成。其中，厘米波雷达有 5 个可轮换的抛物面天线，用于基础干涉测量。"树冠"对太空目标进行探测定轨、特征描述与识别。"树冠 – N"位于俄罗斯远东地区符拉迪沃斯托克附近的夫基诺小镇，使用代号为 40Ж6 的雷达，主要用于探测跟踪近地轨道太空目标。目前，位于卡拉恰伊—切尔克斯共和国境内的"树冠"光电系统已结束深度改造并通过了国家试验，新系统将采用 H 频段雷达，代号为 45Ж6，可对轨道目标进行精确定位和识别。未来，俄罗斯还计划在远东、克里米亚、布里亚特、南非、巴西等国家和地区部署 10 多套无线电综合太空监视系统，使其具备类似于北美航空航天防御司令部的完整太空目标和卫星编目能力。

2. 太空环境监测装备

俄罗斯对太空环境状态和变化特征进行了大量监测工作，1998 年，提出在宇宙飞船上搭载毫米波脉冲雷达来观测太空碎片，测距误差最大9米，测速误差最大1千米/秒，可观测1毫米—3毫米的太空碎片；2001年，启动了"罗盘-火神"太空环境卫星监测系统建设，计划由6颗卫星组网监测地球大气层、电离层和磁层变化；2006年，发射了首颗"罗盘-2"卫星，载荷包括等离子体波谱分析仪、低频电磁波观测仪、大气辐射及紫外观测仪等。"第聂伯""达里亚尔""沃罗涅日""伏尔加"等地基远程预警雷达都能用于太空碎片探测，地基"窗口"光电系统也能同时监视空间站及火箭残骸等太空垃圾。

3. 新一代"银河"太空监视系统

俄罗斯国防部于2022年10月宣布，计划加紧研发总投资超过20亿美元的新一代"银河"太空监视系统，2025年前将在俄罗斯境内部署超过12部新型光电和雷达传感器。一旦部署完成，俄罗斯太空监视能力将大幅提升，"银河"系统可探测2500千米远、直径5—7厘米的物体，2500—45000千米远、直径10—15厘米的物体和超过45000千米远、直径0.5—1米的物体。

4. 大幅提升情报侦察能力

俄罗斯的天基侦察装备主要指成像侦察卫星、电子侦察卫星和海洋监视卫星等各类军用侦察卫星。2022年，俄罗斯发射多颗情报侦察卫星，包括"莲花-S1-5"（Lotos-S1-5）和"莲花-S1-6"（Lotos-S1-6）电子侦察卫星、EMKA-3光学成像侦察卫星、"中子-1"（Netiron-1/Cosmos-2553）卫星、"猎豹-M-3"（Bars-M-3）军用高分辨率立体成像卫星等，俄罗斯情报侦察监视能力大幅提升。其中，EMKA-3卫星是俄罗斯发展的小型光学成像侦察卫星，名称与指标高度保密，运行轨道为287.7千米×294.1千米、倾角96.3°的近圆轨道，轨道周期为90.2分钟，据报道其分辨率优于0.9米；"中子-1"卫星基于"秃鹰"（Kondor）卫星平台研制，轨道倾角与俄罗斯"蔓藤"（Liana）电子侦察卫星轨道倾角相同，可监测空间粒子和辐射强度，公开资料难以确定是何种类型卫星。另外，2014年12月发射的"秃鹰-E1"（Kondor-E1）雷达成像卫星于2022年10月22日退役。因此，截至目前，俄罗斯共有3颗光学成像侦察卫星在轨，可见光分辨率达0.33米；9颗电子侦察卫星在轨，全部部署在低轨；无雷达成像卫星在轨。

俄罗斯目前在轨的成像侦察卫星主要是"角色"（Persona）光学成像卫星，它是俄罗斯分辨率最高的光学成像卫星，在轨2颗。"角色"卫星是俄罗斯发展的高分辨率传输型光学成像侦察卫星，为俄罗斯军方提供战略侦察图像。"角色"卫星发射质量6500千克，主体呈圆柱体，长7米，最大直径2.7米。卫星轨道为太阳同步近圆轨道，轨道高度732千米×714千米，倾角98.3°，设计寿命7年。卫星光学系统采用三镜消像散的柯尔施（Korsch）全反射望远镜，光学口径1.5米、焦距20米（f/13.3），星下点全色分辨率达到0.33米。

俄罗斯天基电子侦察系统主要有"处女地"（Tselina）卫星系统和"莲花"（Lotos）卫星系统，均部署在低轨。其中，"处女地"卫星有1颗在轨，属于超期服役；"莲花"卫星系统有7颗在轨，承担主要的电子情报侦察任务。此外，还有1颗"介子-NKS"（Pion-NKS）卫星在轨，它与"莲花"卫星共同组成了新一代"蔓藤"电子侦察卫星综合系统。

"处女地"/"莲花"卫星是苏联于20世纪60年代开始发展的近地轨道电子侦察卫星系列，已经发展了三代，用于侦收电子设施电磁辐射信号，获取情报信息。当前，在轨运行的是"处女地-2"（Tselina-2）和"莲花-S"（Lotos-S）卫星。"莲花"系列卫星发射质量约6000千克，设计寿命5年，运行在高度900千米、倾角67.1°的圆轨道上，轨道周期103分钟。卫星基于"琥珀"（Yantar）

平台研制，采用三轴稳定控制方式，卫星有4副天线（采用十字构型），功率2千瓦。"介子–NKS"卫星是俄罗斯正在发展的"蔓藤"电子侦察卫星综合系统的海洋监视卫星部分，属于俄罗斯新一代海洋监视卫星，旨在替代已退役的"雷达型海洋监视卫星"（RORSAT）和"电子型海洋监视卫星"（EORSAT），为俄罗斯海军提供电子情报和目标指示能力。2021年6月25日，首颗"介子–NKS"卫星发射入轨。"介子–NKS"卫星质量6500千克，设计寿命超过3年，运行在高度500千米、倾角67°轨道。星上载有Musson–LS载荷，由14V228无源载荷和11V521合成孔径雷达组成，它通过接收和分析无线电信号，探测敌军军事装备类型并提供其具体位置坐标。

2022年，俄罗斯加快军事侦察卫星部署。2月5日，俄罗斯联盟运载火箭在普列谢茨克发射场发射了一个俄军方保密卫星有效载荷，编号"宇宙–2553"卫星。本次发射是俄罗斯2022年的首次轨道发射，有效载荷身份尚未得到确认。美军的雷达跟踪数据表明，"宇宙–2553"系统进入了高度1987千米×1995千米、倾角67.08°的轨道，轨道周期为126.99分钟。有报道称，该星名为"中子–1"，是由机械制造科研生产联合公司设计的军事侦察卫星，可对地球进行光学侦察和对在轨卫星进行精确成像。俄罗斯军方表示，此次任务为技术性的，旨在辐射和重粒子条件下测试星上新研制的仪器和系统。5月19日，俄罗斯国防部用联盟火箭从普列谢茨克航天发射场成功发射"宇宙–2556"卫星，卫星进入338千米×556千米、倾角为93.52°左右的轨道。这是2022年全球实施的第56次发射任务，是俄罗斯火箭的第7次发射任务，据分析该卫星可能是"猎豹–M–3"。"猎豹–M"是俄罗斯军用高分辨率立体成像卫星，是俄罗斯第三代地形监视卫星，主要用于军事测绘制图。据称该星在"彗星"（Kometa）基础上进行了改进，包括Karat成像升级系统与图像直接传输系统。Karat具有双望远镜系统、两个激光发射器、激光测距仪、镜面反射器和姿态控制传感器，该系统拍摄的高分辨率图像，地面分辨率约为1米。10月15日，俄罗斯空天军航天部队从普列谢茨克航天发射场使用"安加拉-1.2"轻型运载火箭，成功将"宇宙-2560"间谍卫星送入太阳同步轨道。该卫星是"安加拉-1.2"首飞发射的"宇宙-2555"（入轨后失效）的补发星，根据开源信息，"宇宙-2560"是一颗小型军用光学侦察卫星，配有高分辨率相机。俄罗斯国防部表示，该卫星系统运行正常。俄罗斯于当地时间10月21日从普列谢茨克发射场利用"联盟-2.1v"运载火箭成功发射了2颗军用卫星，卫星的编号分别为"宇宙-2561"和"宇宙-2562"。根据俄罗斯媒体的报道，这两颗卫星和15日发射的"宇宙-2560"同属俄罗斯最新一代光学侦察卫星。11月2日，俄罗斯国防部用"联盟-2.1b"运载火箭从普列谢茨克航天发射场将一枚军用卫星"宇宙-2563"送入太空，国防部未透露该卫星用途。根据火箭残骸地面落区及轨道倾角分析，该星可能为第6颗"探测、战场指挥与控制集成式空间系统"（EKS）卫星，即"冻土-6"导弹预警卫星。俄罗斯"穹顶"（Kupol）天基预警系统将由10颗EKS卫星组成，旨在为俄罗斯军事部门提供全球导弹发射的早期预警。11月30日，俄罗斯空天军利用"联盟"运载火箭从普列谢茨克发射场成功将"宇宙-2565"送入既定轨道。本次发射预定轨道为67°倾角、远地点900千米及近地点为239千米的转移轨道，后续会实施变轨。据分析，此次发射的卫星为"莲花-S1 No.6"电子情报卫星，将并入"莲花-S1"卫星星座。俄罗斯需再发射2颗"莲花-S1"卫星即可完成星座建设。

（三）欧洲

1. 太空目标监视系统

目前，欧洲多个国家运行着独立的太空目标监视系统，如英国、法国、德国、挪威都有跟踪雷达。德国"跟踪和成像雷达系统"可观测直径大于 2 厘米的空间碎片，法国 2009 年投入运行的"格雷夫斯"双基雷达可观测直径大于 1 米的空间碎片，部分国家具有光电望远镜，但尚未组建欧洲统一的太空态势感知系统，这大大限制了欧洲太空目标监视能力。另外，欧洲也未发展太空态势感知卫星。因此，总体而言，欧洲具备一定的近地轨道太空态势感知能力，且以地基手段为主，天基则依靠美国系统。

欧洲为了摆脱对美国太空监视信息的依赖，计划对欧委会 27 个成员国现有的雷达和光学观测设施进行融合，打造独立于美国的欧洲一体化太空态势感知系统。2022 年 2 月欧洲航天局表示，将把位于西班牙特内里费岛的"Izaña-1"激光测距站（IZN-1）用于卫星和碎片监测、碎片轨道偏转以及激光通信。意大利罗马大学也开展了太空监视纳卫星技术试验，其研制的"Unisat-5"太空监视卫星于 2013 年发射。卫星采用卡塞格林反射望远镜，载荷为一部微型相机，采用 CMOS 探测器，像元数量 2592×1936（5M），可对 LEO 和 MEO 空间碎片进行高分辨率成像，还可拍摄视频。

2021 年 4 月，德国宇航局（DLR）宣布选用洛克希德-马丁公司的 iSpace 太空交通管理系统进行太空态势感知，该系统从全球政府、商业公司和学术界运营的数百个光学、红外、无线电和雷达传感器搜集数据，并将与德国的各种传感器相连接，为德国提供超过 30 万个太空目标的监视追踪能力。

2022 年，意大利航天局授出了 4 部"飞目"（Flyeye）望远镜合同。"飞目"是全由意大利研制的新型光学望远镜，每部望远镜视场为 45 平方度、配置 16 个模仿苍蝇眼睛结构的光学相机，可对高地球轨道（1000—2000 千米）和中轨（2000—34000 千米）的空间物体进行监测，用于太空监视与跟踪（SST）系统，为安全目的开展太空监测。

英国国防部寻求新型太空监视多功能雷达。英国"防务杂志网"2022年4月24日报道，英国国防部正在寻求既能监视太空，又能承担传统地基防空任务（包括监视小型吸气式空中目标和战术弹道导弹）的多模雷达（MMR）的有关市场信息。所提供的信息需深入了解未来5年的可用技术和方案，以实现以一种综合多模雷达来提供天域感知能力，并执行传统地基防务任务。响应者提交的信息如下：(1) 多模雷达的潜在技术/解决方案及其关键特点，针对天域感知、对空监视和战术弹道导弹的适用性（包括技术成熟度），所采用的各种创新方法（如人工智能或机器学习等）。(2) 低地球轨道覆盖能力描述。(3) 探测跟踪合作和非合作目标的能力。(4) 缓解风力涡轮机影响的方法。(5) 服役寿命（年）和预期维护要求。(6) 产品可用性、制造交货期和各种供应链限制。(7) 各多模雷达方案的预算价格范围。响应截止日期为2022年5月31日。

英国BAE系统公司宣布计划于2024年部署首个多传感器低轨卫星星座"杜鹃花"（Azalea），为军事客户提供高质量ISR数据。"杜鹃花"星座将由4颗卫星组网，可在轨收集视图、雷达和射频（RF）数据，通过星载机器学习系统进行分析，形成情报信息，并可直接从低地球轨道提供给世界上任何地方的战术或战略用户。另外，BAE系统公司正与芬兰冰眼公司（ICEYE）展开合作，借助其合成孔径雷达（SAR）技术，提升高分辨率卫星图像的获取能力。

2. 情报侦察系统

欧洲各国发展了各自的侦察卫星系统，并借助多国之间签署的共享合作协议来提高欧洲整体的天基侦察监视能力。近年来，欧洲的侦察卫星年发射数量远少于美国，主要目标是满足目前需求。虽然目前欧洲的侦察卫星系统由多国分立研制，综合应用，但欧洲已开始推进一体化侦察监视体系，多国联合建设军用"多国天基成像系统"，以满足欧洲各国安全防务等领域的应用需求。未来军事侦察卫星系统将向天地统筹、军民统筹、共享共用、综合一体化方向发展。在成像侦察领域，20颗卫星在轨，其中光学成像7颗，雷达成像13颗，基本实现全球覆盖，可见光分辨率0.35米，雷达分辨率0.35米，光学卫星主要由法国、意大利发展，雷达卫星主要由德国、意大利、西班牙发展。在电子侦察领域，欧洲只有法国和英国发展了电子侦察卫星，目前共计7颗卫星在轨工作。

(1) 成像侦察系统

欧洲天基成像侦察系统主要有"太阳神"（Helios）卫星、"昴宿星"（Pleiades）卫星、"光学空间段"（CSO）等光学成像侦察卫星，以及"合成孔径雷达放大镜"（SAR-Lupe）卫星、"萨拉"、"地中海盆地观测小卫星星座系统"卫星、"帕兹"（Paz）等雷达成像侦察卫星，为欧洲各国提供战略情报数据。其中，"光学空间段"卫星星座是欧洲分辨率最高的光学成像系统，"第二代地中海盆地观测小卫星星座"是欧洲分辨率最高的合成孔径雷达成像系统。

"太阳神"卫星是法国20世纪80年代发展的光学成像侦察卫星系列，由法国国防部负责管理、国家空间研究中心（CNES）代为运控，为参与国提供军事情报信息[①]。"太阳神"卫星已发展2代，共发射4颗卫星，当前在轨运行的是2颗第二代卫星："太阳神-2A"和"太阳神-2B"。"太阳神-2"卫星于1998年7月正式立项开始研制，最主要的改进是全色分辨率从1米提高到0.5米，并增加了红外夜视能力，昼夜均可观测。卫星运行在高度680千米、倾角98.1°的太阳同步圆轨道，轨道周期约98分钟，升交点地方时约13:30。"太阳神-2"卫星采用"斯波特-5"（SPOT-5）卫星的

---

① 太阳神卫星. 百度百科，2023年5月2日.

MK.3 卫星平台，但姿态控制系统有较大改进，姿态控制精度大幅提高，并具备姿态机动成像能力。

"昴宿星"卫星是法国 20 世纪末发展的新一代军民两用高分辨率光学成像卫星，由 2 颗卫星组成星座运行，与"斯波特"系列卫星相互补充，完成成像侦察任务。"昴宿星"卫星的军事应用由法国国防部负责，截至 2022 年底，有 2 颗"昴宿星"卫星在轨运行。"昴宿星"卫星采用紧凑型设计、三轴稳定姿态控制方式；星上有效载荷为一台全色和多光谱相机（HiRI），相机采用推扫成像方式，全色分辨率 0.7 米，多光谱分辨率 2.8 米。固态存储器具有对民用图像加密的功能，军用图像由另一个辅助单元进行加密。星上数据传输采用 X 频段，包含 3 个相互独立的 155Mbit/s 通道，总数传速率约 465Mbit/s；测控链路采用 S 频段。

"光学空间段"卫星系统是法国军用高分辨率光学成像侦察卫星，也是欧洲联合发展的"多国天基成像系统"的重要组成部分，是法国"太阳神-2"光学侦察卫星的后续星，为法国及其盟国提供光学侦察情报服务。截至 2022 年底，有 2 颗卫星在轨运行。"光学空间段"星座包括 3 颗光学成像侦察卫星，以兼顾甚高分辨率详查和较快的重访能力。3 颗卫星设计基本相似，但部署轨道有所差异。"光学空间段-1"卫星运行轨道高度为 800 千米，分辨率达到 0.35 米，旨在提供较宽覆盖及战区的快速重访能力，于 2018 年 12 月发射。"光学空间段-2"卫星运行轨道高度为 480 千米，分辨率达到 0.2 米，更适于对目标进行识别，尤其适合为分析决策服务，于 2020 年 12 月发射。

"合成孔径雷达-放大镜"卫星是德国国防部 20 世纪末发展的军用雷达成像侦察卫星系统，为德国军方提供全天时、全天候的雷达成像侦察能力，特别是对冲突地区、热点地区或灾害地区的侦察[1]。截

---

[1] 合成孔径雷达-放大镜卫星. 百度百科，2023 年 5 月 2 日.

至2022年底，共有5颗卫星在轨运行。"合成孔径雷达－放大镜"星座由5颗相同的小卫星组成，每颗卫星的质量约为770千克。卫星均采用三轴稳定方式，设计寿命为10年。"合成孔径雷达－放大镜－1"卫星星载SAR工作在X频段（8GHz—12GHz），地面分辨率最高可达0.5米，幅宽为5.5—60千米。

"萨拉"卫星是德国发展的下一代军用雷达成像侦察卫星系统，并作为德国军方的战略侦察资源，将取代"合成孔径雷达－放大镜"系统，加入欧洲"多国天基成像系统"。"萨拉"星座由3颗卫星组成：1颗为有源卫星（即"萨拉－1"），由空客防务与航天公司研制；2颗为无源卫星（即"萨拉－2/3"），由OHB系统公司研制。当前，有1颗卫星即"萨拉－1"在轨运行。"萨拉－1"卫星于2022年6月18日发射，质量约2200千克，运行在高度500千米、倾角为98.4°的太阳同步轨道，设计寿命10年。"萨拉"系统是一个"一发多收"的分布式多基站合成孔径雷达，分辨率优于0.5米，同时具备垂直航迹基线和沿航迹基线，可实现高精度的数字高程模型（DEM）测量和高精度的地面移动目标检测（GMTI）。对于"萨拉"系统而言，2颗无源卫星作为长基线端点，可有效提高对慢速运动目标的探测能力。主被动卫星相结合的空间配置方案将大幅增强整个星座系统的有效性，同时通过多星协同获取观测数据，可同时实现高分辨率和宽幅成像。

"地中海盆地观测小卫星星座系统"是意大利航天局和意大利国防部于20世纪末联合发展的军民两用X频段雷达成像卫星星座，进行全球范围的全天时、全天候、高分辨率成像观测，为意大利政府提供军用卫星雷达遥感图像，同时也依据协议为法国政府提供军用图像，并提供商业遥感图像服务。目前，"地中海盆地观测小卫星星座系统"已经发展到第二代，共有4颗一代卫星和2颗二代卫星在轨工作。其中，"第二代地中海盆地观测小卫星星座"（CSG）项目由意大利国防部投资，意大利航天局给定任务需求，仍然作为军民两用系统来接替现役的一代系统。由于项目启动时没有充足的资金，意大利政府决定先发展两颗卫星，即"第二代地中海盆地观测小卫星星座－1"（CSG－1）和"第二代地中海盆地观测小卫星星座－2"（CSG－2），已分别于2019年12月18日、2022年1月31日发射。2020年12月，意大利政府又采购了2颗卫星，并计划于2024年初和2025年初发射。"第二代地中海盆地观测小卫星星座－2"卫星发射质量约2230千克，设计寿命7年，运行在高度619.6千米、倾角97.86°的晨昏太阳同步圆轨道。卫星采用改进的"多用途可重构意大利卫星平台"（PRIMA），电源分系统将增加40%（与第一代卫星相比）的功率，用于保证所需的成像性能；有效载荷数管与传输分系统由数据存储与管理组件、X频段加密单元、X频段传输组件组成；电子设备分系统将采用控制力矩陀螺作为驱动器，提高卫星的姿态敏捷能力。星上存储容量1530Gbit（寿命末期）。数据传输采用X频段，数据传输速率2×260Mbit/s。测控链路采用S频段，上行数据率8kbit/s，下行数据率最高2048kbit/s。

（2）电子侦察系统

欧洲天基电子侦察系统包括法国的"电子情报卫星"（Elisa）星座和"空间信号情报能力"（CERES）卫星系统，以及英国的"安布尔在轨演示－3"电子侦察卫星，共计7颗卫星在轨工作。

"电子情报卫星"是法国国防装备局于21世纪初发展的电子侦察卫星演示验证项目，用于演示太空收集国防相关电子情报的能力。4颗"电子情报卫星"于2011年12月17日发射入轨，目前仍在轨运行。"电子情报卫星"质量为120千克，工作寿命大于3年，星座中的每颗卫星记录拦截到的所有雷达信号，通过计算定位各信号源并给出其特征，将数据传到地面设施和战斗机，以进行空中防御。

"空间信号情报能力"卫星系统于2021年11月发射入轨，由3

颗卫星组成，即"空间信号情报能力-1/2/3"，将为法国国防部提供太空电磁信号情报搜集能力，使法国能够从太空中对雷达、无线电等通信方式产生的电磁信号进行搜集、鉴别，进而进行追踪定位。

"安布尔在轨演示-3"是英国地平线技术公司的6U立方体电子侦察卫星，由克莱德空间公司制造，重约10千克，装有自动识别信号（AIS）侦测器、S/X波段雷达、L波段卫星电话和GNSS/GPS欺骗装置，用于侦测导航雷达和卫星电话的电子信号以实现对自动识别信号数据的补充，为英国国家海事信息中心提供数据支持。星座初期由6颗星组网而成。

（四）其他

2022年1月31日，意大利航天局"第二代地中海天宇-2"（CSG）雷达遥感卫星由SpaceX公司"猎鹰-9"火箭在卡纳维拉尔角太空军站发射。卫星总重2230千克，目标轨道是619千米/97.86°倾角的太阳同步轨道。"地中海天宇"为军民两用系统，由意大利航天局、国防部和教育、大学与研究部联合出资。CSG系统主要为意大利军方和民用提供SAR图像数据，CSG-2的设计寿命为7年，CSG-2是旨在监测地球的SAR侦察卫星，以协助应急响应行动和军事防御战略，并服务于地球科学研究。SAR成像分辨率在1米以上，使用X波段雷达天线工作。它配备了先进的雷达技术来评估地球上的特定位置，以实现环境评估、森林保护、自然资源勘探、粮食农业的土地管理、制图，甚至是海上监视。第二代地中海天宇SAR卫星目前由两颗CSG卫星组成，其中第一颗CSG-1卫星于2019年12月使用联盟火箭发射。

2022年2月14日，印度"极轨卫星运载器"（PSLV）XL型运载火箭发射了印度空间研究组织的EOS-04雷达遥感卫星，并搭载了 2 个拼单有效载荷。这是 PSLV 火箭近一年来的首次发射，也是 2021 年 8 月"静地卫星运载器"（GSLV）2 型火箭发射失败后印度的首次航天发射。EOS－04 原名"雷达成像卫星"1A（RISAT），是 RISAT－1 系列的第二颗卫星[①]。RISAT－1 系列采用有源 C 波段 SAR 成像仪，意在把雷达卫星的全天时和全天候观测能力用于农业、林业、土壤墒情、地质、海冰、海岸带监视、物体识别和洪涝监测等应用，但也能用于军事侦察监视。11 月 26 日，印度空间研究组织从萨迪什·达万航天发射中心利用其极地卫星运载火箭（PSLV），将 EOS－06 海洋监测卫星与 8 颗小卫星送入太阳同步极地轨道。EOS－06 也称"海洋卫星－3"号，是印度"海洋卫星"系列的第 3 代地球观测卫星，将取代与增强"海洋卫星－2"号。8 颗小卫星分别是：（1）1 颗 ISRO 纳米卫星－2（INS－2B），是印度与不丹合作的卫星，配有多光谱光学成像有效载荷，用于对地观测卫星技术验证；（2）1 颗皮克塞尔公司的 Pixxel－TD－1 卫星，又名"阿南德"（Anand），是印度低地球轨道成像卫星星座的第 2 颗技术验证卫星；（3）4 颗宇宙播报公司（Astrocast）通信卫星，提供全球 L 频段机器对机器的通信服务；（4）2 颗"赛博尔特"卫星，用于验证印度德如瓦航天公司的 P－DoT 模块化立方体卫星平台。

2022 年 3 月 8 日，伊朗伊斯兰革命卫队天军从伊东北部的沙赫鲁德导弹靶场成功发射一枚"光明－2"侦察卫星。该卫星由伊朗国产的运载工具"信使"以 6.7 千米/每秒的速度送入距离地面 500 千米的轨道。这是伊朗发射的第二颗军用卫星，主要用于成像侦察和测绘，重量可能不到 45 千克，轨道周期 90 分钟，设计寿命 3 年。2020 年 4 月伊朗发射的首颗军事卫星"光明－1"，现仍在轨运行。"太空日报"网 2022 年 11 月 5 日报道，伊朗国家电视台当日发布新

---

① EOS－04. 百度百科，2023 年 5 月 2 日.

闻称，在俄罗斯的帮助下，伊朗伊斯兰革命卫队成功测试了一枚可将卫星送入太空的新式运载火箭。该火箭名为"盖姆-100"（Ghaem-100），配备Rafe固体燃料，是伊朗首个三级固体燃料火箭。"盖姆-100"能够将重达80千克的卫星送入距离地球表面500千米的轨道。报道称，当天的行动测试了该火箭的第一个亚轨道级。

"卫星新闻网"2022年5月8日报道，澳大利亚国防部长彼得·达顿宣布与澳大利亚Gilmour太空公司签订1500万美元的合同，将用于新的军事太空能力建设，开发和发射一颗新的主权监视卫星，以应对威胁，并确保继续获得天基情报、监视和侦察能力。根据协议，Gilmour太空公司将为澳大利亚国防部开发一颗G级卫星原型，并将于2023年在澳大利亚发射场用其Eris火箭发射。达顿表示，基于澳大利亚最新发布的国防太空战略，国防部将与航天局和工业界密切合作，通过开发和提供太空监视和任务系统能力，发展澳大利亚独立自主的太空能力。

2022年5月26日，巴西从美国卡纳维拉尔角搭载美国SpaceX公司的"猎鹰-9"火箭，成功发射Carcará I 和Carcará II两颗雷达遥感卫星，此次发射由位于巴西利亚的航空航天作战司令部下属的太空作战中心远程监控。两颗卫星属于巴西"巨藻"项目，是巴西太空战略系统计划的一部分，由巴西战斗机计划协调委员会负责实施，可为巴西提供军民两用产品；卫星由军方负责运营，可全天候获取高分辨率图像，同时巴西航天局等民用部门也可获取数据。两颗卫星由巴西空军于2020年从芬兰冰眼公司采购。

2022年9月15日，日本合成视角公司利用火箭实验室公司的"电子"（Electron）火箭，从新西兰玛希亚半岛发射了雷达成像StriX-1卫星，并将其部署到563千米的太阳同步轨道。该星是合成视角公司发射的第3颗合成孔径雷达（SAR）成像卫星，是2颗演示卫星之后的首颗业务星。该公司计划到2026年构建一个由30颗

SAR 卫星组成的星座，可实现全球任意地点 2 小时重访，数据可用于城市发展规划、基础实施监控以及灾害响应等领域。俄罗斯卫通社 2022 年 10 月 30 日报道，日本防卫省正在考虑将 50 颗小卫星送入低地球轨道，组成卫星星座，用于收集信息、探测和跟踪高超声速导弹发射。据称该星座预计将被纳入 2023 财年开始的《中期防卫力量整备计划》，从 2023 年 4 月 1 日开始建设和部署，到 2028 年 3 月 31 日结束。

五、时空基准：导航定位更新迭代

卫星导航是通过接收导航卫星发播的无线电信号，测定距离及其变化率，确定载体位置、速度和时间等状态，具有覆盖区域广、测量精度高、全天时等特点，在为军事行动提供"时空基准"任务中具有重要作用。

（一）美国

美国的天基导航定位系统称为"全球定位系统"（GPS）[1]，是全球首个时间测距体制的全球卫星导航系统。目前，美国已经成功研发、部署了三个系列 7 个型号的 GPS 卫星，分别为 GPS–1、GPS–2、GPS–2A、GPS–2R、GPS–2RM、GPS–2F 和 GPS–3 卫星。截至 2022 年底，GPS 系统空间段星座包含 31 颗卫星，其中 30 颗在轨并提供定位、导航与授时服务，包括 GPS–2R 卫星 7 颗，GPS–2RM 卫星 7 颗，GPS–2F 卫星 12 颗，GPS–3 卫星 5 颗。目前，GPS

---

[1] 全球定位系统. 百度百科，2023 年 5 月 2 日.

系统中支持 M 码播发的卫星数量已增加至 24 颗，达到 GPS 星座基线数量基本要求，这对于美军在全球范围内获取抗干扰能力更强的军码信号至关重要。随着军民用导航需求、全球卫星导航领域发展态势和 GPS 系统自身发展和需求的变化，GPS 系统导航信号已经发生了根本的变化，导航信号数量从最初的 3 个（2 个军用、1 个民用），增加至目前的 8 个（4 个军用、4 个民用），并提供全球搜索与救援服务。经过不断改进，目前 GPS 系统定位精度约为 2—3 米，测速精度 0.2 米/秒，授时精度 10 纳秒，并具有 180 天的自主运行能力。

GPS-3（即 GPS-3A）卫星是 GPS 现代化计划最后一个型号系列（也称为第三代 GPS 卫星）的首个型号，在 GPS 现代化计划中的位置十分重要。由于 GPS-3 卫星研发拖延等原因，美国空军于 2017 年底调整了 GPS-3 卫星的发展计划，将原计划的 3 个型号（GPS-3A、GPS-3B 和 GPS-3C）调整为两个型号，即 GPS-3 和 GPS-3F（Follow-On，GPS-3 后继型号）。GPS-3 卫星采用洛克希德-马丁公司的 A2100M 平台，发射质量 3883 千克，在轨质量 2271.4 千克，尺寸 2460 毫米×178 毫米×349 毫米，设计寿命 15 年，零动量三轴姿态稳定控制；采用超三结砷化镓太阳电池，面积 28.34 平方米，寿命末期功率 4480 瓦，星上采用可充电镍氢电池。与 GPS-2F 卫星相比，GPS-3 卫星的主要功能增量包括：原子钟的性能进一步提升；信号抗干扰能力显著增强；增加 L1 频段的互操作信号 L1C；同时还增加了搜索救援载荷，为国际搜救服务提供支持。2021 年 6 月 17 日，第 5 颗 GPS-3 型卫星"阿姆斯特朗"由 SpaceX 公司"猎鹰-9"运载火箭成功发射，此次任务使用了在第 4 颗 GPS-3 型卫星发射任务中回收的火箭助推器，这是美国国家安全太空发射任务（NSSL）首次利用可重复使用助推火箭，标志着美国太空军正式进入可重复使用火箭时代。目前，美国太空军已开始运营 5 颗 GPS-3 卫星，具备军用 M 码信号的在轨 GPS 卫星也达到了 24 颗，这意味着基于可靠 PNT 信号的全球覆盖所需的基线星座已完成部署。

此外，2018 年，美军启动了 GPS-3 后继型号——GPS-3F 卫星的研发。GPS-3F 是美军新一代 GPS 卫星，与 GPS-3 卫星相比性能有较大提升，具有在轨升级与信号重构、点波束信号功率增强、高速星间/星地链路、搜索与救援、高精度轨道位置测量和区域军事保护等新能力，可向某一特定区域发送可信 M 信号，具有高达 60 倍的抗干扰措施，确保作战人员在竞争环境中获取定位、导航和授时数据，还搭载了升级的核爆探测载荷。2020 年 3 月，GPS-3F 通过了关键设计评审，计划于 2026 年左右进行首次发射。美国太空军已与洛克希德-马丁公司签订了 22 颗 GPS-3F 生产合同，从第 3 颗 GPS-3F 卫星开始，将采用洛克希德-马丁公司 LM2100 军用作战平台，该平台设有对在轨 GPS-3F 卫星进行升级的新端口。

美军方正寻求现代化 GPS 能力来保持优势。"防务新闻网" 2022 年 4 月 25 日报道，美国国会全球定位系统核心小组联合主席唐·培根认为，卫星的老化和激烈的国际竞争使美国的 GPS 优势受到威胁，加快对 GPS 现代化的投资对美国的利益至关重要。投资方向主要有两个：（1）提高 GPS 新卫星的发射频率，新卫星具有交叉连接和在轨可重编程能力，交叉连接可以实现更高的精确度，而在轨可重编程能力可以通过提供更新信号和数据流的手段来对抗干扰和欺骗，并在无需生产和发射新卫星的情况下快速对抗新威胁；（2）制定 GPS 现代化系统路线图，供各行业的民用制造商和用户使用美国现代化的 GPS 系统。"今日国土安全网" 2022 年 5 月 27 日报道，美国科学应用国际公司（SAIC）已获得美国总务管理局代表美国太空系统司令部授予的 3.9 亿美元任务合同，将继续提供系统工程和集成服务，帮助美国实现 GPS 的现代化。根据合同，SAIC 将支持太空系统司令部的GPS及定位、导航和授时（PNT）项目，即包含卫星、地面基础设施和所有GPS军事用户设备的系统体系，以及支持未来的PNT规划等。为此，SAIC将完成以下任务：制定基于军事行动和能力的需求；提供规划和架构开发；建立系统工程流程；利用数字工程创新；策划和执行系统集成和网络安全测试、评估和验证；制定交付系统和能力的时间计划表；支持当前部署的GPS系统并向未来的GPS系统进行过渡等。

此外，美国创企Xona公司将建设可替代GPS的星座。2022年8月3日，美国Xona太空系统公司宣布从洛克希德·马丁公司风险投资部门等几家公司筹集了约1500万美元，拟建设一个低轨道的导航星座，目前总资金已超过2500万美元。Xona公司的导航星座计划部署大约300颗卫星，已于2022年5月发射了第一颗原型卫星Huginn，并计划在2024年部署第二颗原型卫星Muninn，2025年部署第三颗原型卫星Pulsa。该公司的原型卫星将进行在轨测试，展示其相对于GPS和其他全球卫星导航系统的性能优势，如通过在更低的轨道上运行，其提供的定位导航授时（PNT）服务将比标准GNSS的精度高出10倍。

（二）俄罗斯

"格洛纳斯"（GLONASS）卫星是俄罗斯发展的时间测距体制全球卫星导航系统的空间部分。第一颗"格洛纳斯"卫星于1982年10月12日发射升空后，经过多次发射已全面建成"格洛纳斯"系统空间段，之后此系统空间段又历经全面运行、停运、现代化改造、恢复运行等阶段，目前，正大力推动"格洛纳斯"系统现代化。

2022年，俄罗斯新发射1颗"格洛纳斯-M"系列卫星和2颗"格洛纳斯-K"系列卫星，使"格洛纳斯"系统在轨卫星数量达到

31颗（26颗"格洛纳斯-M"、5颗"格洛纳斯-K"），其中，提供导航服务卫星22颗（21颗"格洛纳斯-M"和1颗"格洛纳斯-K"），其余卫星处于测试、备份状态。整个"格洛纳斯"系统的导航定位精度可达3—5米，测速精度优于0.2米/秒，授时精度优于20纳秒。与"格洛纳斯-M"卫星相比，"格洛纳斯-K"卫星增加了4个码分多址（CDMA）信号，其中L1、L3频段民用信号各1个，L1、L2频段军用信号各1个，增强了"格洛纳斯"、GPS和"伽利略"（GALILEO）系统的兼容性与互操作性。2022年7月7日，俄罗斯空天军使用联盟号运载火箭从普列谢茨克航天中心成功发射了一颗"格洛纳斯-K"新型导航卫星。"格洛纳斯-K"卫星共规划11颗，该星是俄方最新格洛纳斯导航卫星系列中的第4颗，前3颗分别于2011年2月、2014年11月和2020年10月发射。新型的"格洛纳斯-K"导航卫星相较于其他型号性能更高、功能更强且使用寿命更长。

从2023年开始，俄罗斯将逐渐部署改进型号"格洛纳斯-K2"系列，计划于2030年前共部署28颗，从而取代前一代的11颗卫星星座，该系列将为用户提供5个导航信号，并将精度从1米提高到0.3—0.5米。俄罗斯航天集团目前正在生产8颗"格洛纳斯-K"卫星和4颗最新的"格洛纳斯-K2"卫星。"格洛纳斯-K2"与上一代导航定位卫星的不同之处在于能够为用户提供更加准确的定位服务，提供的导航信号也更多。

（三）欧洲

欧洲卫星导航领域发展晚于美国、俄罗斯，其自主发展的"伽利略"导航卫星系统仍处于建设、部署与初始运行阶段。"伽利略"系统由30颗卫星组成，其中27颗工作星，3颗备份星。卫星分布在

3个中地球轨道（MEO）上，轨道高度23600千米，轨道倾角56°，轨道面间夹角120°，轨道周期14小时4分钟，地面轨迹重复周期10天，每个轨道上部署9颗工作星和1颗备份星。系统部署完成并投入运行后可为用户提供定位精度4米的服务能力。2021年5月，欧洲航天局授予泰雷兹阿莱尼亚航天公司和空客防务与航天公司各一份合同，以完成第二代"伽利略"（G2）卫星的设计与制造，两份合同总金额14.7亿欧元。现有的"伽利略"卫星导航系统可为用户提供米级定位精度，预计第二代将能够为用户提供分米级定位精度。第二代"伽利略"卫星首次使用电推进技术，并配备增强型导航天线，采用全数字有效载荷的设计方案，可实现在轨重新配置。2022年3月，空客公司成功完成"伽利略"第二代导航卫星系统概念初步设计评审（PDR）；同时正在为目前6颗"伽利略"第二代导航卫星的工业化生产线做准备，卫星集成中心正在全面升级，以满足当前和未来对"伽利略"第二代卫星高效、环保、安全和可靠生产的要求。2022年5月，《"伽利略"高精度服务空间信号接口控制文件（ICD）》发布，欧盟计划通过"伽利略"E6-B信号以及互联网提供免费、高精度精确点定位（PPP）校正信息，让用户可以享受更高的定位体验。2022年9月1日，欧洲航天局宣布2021年底发射的"伽利略-27""伽利略-28"卫星已正式加入星座运营，使得"伽利略"星座有了三项关键服务改进：导航数据采集更快，允许用户更快地建立初始定位；更好的鲁棒性；方便用户在导航信息中获取授时信息。截止到2022年底，"伽利略"系统在轨卫星数量达到28颗，系统中提供导航服务的卫星为22颗，其中包括3颗在轨验证卫星（Galileo-IOV）、17颗完全作战能力卫星（Galileo-FOC），定位精度10米。"伽利略"完全作战能力卫星采用模块化设计，整个卫星分为7个模块，分别为：有效载荷核心模块、时钟系统模块、天线模块、平台核心模块、中心模块、推进模块和太阳电池模块。系统数据接收采用具有 6 个并行信道的 CDMA 接收机，接收到的数据传输至公共安全单元进行解密。

（四）印度

"印度区域导航卫星系统"（IRNSS/NavIC）是印度开发的时间测距体制区域卫星导航系统，其空间段是由 7 颗卫星组成的星座，包括 3 颗 GEO 轨道卫星和 4 颗 IGSO 轨道卫星。3 颗 GEO 轨道卫星分别定位于东经 34°、东经 83°和东经 132°；4 颗 IGSO 轨道卫星部署在 2 个轨道面，轨道倾角均为 29°，升交点分别为东经 55°和东经 111°，地面轨迹在赤道两侧对称分布。上述星座构型实现了印度本土区域内对 7 颗导航卫星的连续可见，从而有效保证了"印度区域导航卫星系统"服务区域内的服务性能。2016 年，"印度区域导航卫星系统"更名为"印度导航星座"（NavIC）。"印度区域导航卫星系统"卫星采用 I-1K 三轴稳定平台、中央承力筒结构，平台根据需要作了适应性改进以降低质量。"印度区域导航卫星系统"卫星发射质量 1425 千克，与 GPS 和"格洛纳斯"系统第一代工作卫星相当，卫星设计寿命 10—12 年。"印度区域导航卫星系统" L5 和 S 频段各播发 1 个授权服务信号和 1 个标准定位服务信号。授权服务信号类似于 GPS 系统军用信号，主要服务于印度政府部门，尤其是军方；标准定位服务信号类似于 GPS 系统民用信号，免费为用户提供服务。印度于 2013—2018 年发射了 7 颗导航卫星，由于部分卫星因原子钟故障失灵，导致该导航卫星系统不能全面运营，无法提供准确实时数据和授时服务。为保障印度区域导航卫星系统（IRNSS）全面运作，印度计划为该系统建造 5 颗更先进的导航新卫星[1]。目

---

[1] 印度区域导航卫星系统将迎来五颗新卫星. 每日经济, 2022 年 12 月 2 日.

前，5颗导航新卫星中的首颗卫星建造工作已接近完成，其携带的4个原子钟包括1个印度研发的Desi原子钟。目前全球仅有俄、中、美、日、法、德等少数国家掌握了原子钟技术。印度空间研究组织（ISRO）2023年5月29日宣布，该组织当日从萨迪什·达万航天中心利用GSLV—F12火箭，将印度区域导航卫星系统第二代卫星系列中的首颗NVS—01卫星送入地球同步转移轨道。NVS—01重约2232千克，定位误差精度20米，携带在L1、L5和S波段运行的定位、导航和授时（PNT）有效载荷，设计寿命为12年，可用于海陆空导航等服务。第二代卫星携带的铷原子钟由印度自主研发。

（五）日本

日本"准天顶卫星系统1号"替代卫星完成在轨初步验证。GPS世界网2022年4月4日报道，日本三菱电机株式会社日前宣布，已经完成了"准天顶卫星系统1号"替代卫星（QZS-1R）在轨功能和性能的初步验证。日本内阁当日宣布，该星将与先前发射的QZS-2、QZS-3和QZS-4在轨卫星一起，共同开展定位以及高精度定位增强服务。三菱电机还将继续推出QZS-5至QZS-7卫星，完善其独立的定位导航和授时（PNT）能力，并增强其系统性能和鲁棒性。2021年10月26日，"准天顶卫星系统1号"替代卫星从鹿儿岛县种子岛太空中心发射，是第一颗准天顶卫星"引路者"（QZS-1）的替代卫星，具有高可靠性，且使用寿命长达15年。

（六）英国

英国正寻求GPS替代品以防俄罗斯"干扰"。俄卫通社2022年5月24日援引英国《泰晤士报》报道，英国正在寻求GPS导航系统的替代品，以应对可能来自俄罗斯的威胁。俄罗斯被指责在乌克兰攻击 GPS，包括通过使用模拟无线电干扰。英国国防部国防采购部长杰里米·奎因表示，政府应该警惕干扰卫星工作的威胁。英国正考虑 GPS 的替代系统，一种方案是使用"一网"公司的低轨互联网星座替代导航系统，另一种方案是英国正与美国 NextNav 公司谈判，计划在伦敦和曼彻斯特部署仅使用地面站信号的导航系统。NexNav 导航公司称，其卫星导航信号比 GPS 信号强 10 万倍，可保证在城市环境中更难被干扰，也更有效。

英国 BAE 系统公司推出最新 M 码 GPS 接收器。2022 年 6 月 6 日至 9 日，美国导航学会军事部为美国国防部和国土安全部主办了 2022 年联合导航会议。本届会议的主题为：加强作战和国土安全 PNT 的优势和弹性。在会议上，英国 BAE 系统公司推出了最新的 M 码 GPS 接收器——"战略性抗干扰波束成形接收器"（SABR－M），用于制导武器和其他小型应用，可在高度竞争的战场上实现精确的定位和打击能力。该接收器可提供准确的位置、速度、高度和定时数据，将接收器技术与先进的天线电子元件集成在一个小型硬化封装中，可满足武器应用的性能要求，是首个用于武器系统的集成式 M 码接收器。

英国将建设自主天基导航能力。"今日航空网"2022 年 6 月 10 日报道，英国国际移动卫星公司正牵头一些公司共同开发太空新业务，以替代欧洲静止轨道导航覆盖服务（EGNOS），帮助英国建设自主天基导航能力，增强和改善该地区的 GPS 服务。国际移动卫星公司称，已将其老化的 I－3 F5 卫星上的转发器重新用于传递 PNT 信号，为替代 EGNOS 生命安全（SoL）服务提供测试平台。这将帮助英国公司和监管机构验证英国天基增强系统（UKSBAS）计划，为提升 GPS 导航能力提供支持。英国于 2016 年退出欧盟，在 2021 年失去了对 EGNOS 卫星和地面站的访问权。

六、砺剑铸盾：太空控制或列新装

太空控制，是为获得、保持太空战场控制权，以各类空间卫星为主要对象，实施进攻性和防御性的军事行动。当前，美国等已将太空作为作战域，在成立太空军、太空司令部的同时，加快太空控制装备部署与技术研发，以体系化提升太空军事能力。

（一）美国

太空控制装备指用于太空进攻和防御作战的装备，包括太空进攻装备和太空防御装备。按部署位置，太空控制对抗装备可分为天基、地基、海基等装备，也可按技术手段分为动能、定向能、电子对抗、太空操控等装备。从 1959 年起，美军逐步形成以地基动能为代表的四类实战化武器和以 X-37B "轨道试验飞行器"为代表的新概念技术平台。目前，美军现役的天基太空控制装备主要包括 X-37B 等。此外，美国还装备有地基进攻性和防御性太空控制装备。美军在关注太空动能战、在轨部署核与激光武器等"硬"攻击的同时，更加关注卫星、太空态势感知以及应对黑客攻击或干扰卫星通信等"软"攻击。美国太空军通过与大学合作开展尖端研究，培训一支以技术为重点的队伍，旨在更好地保护卫星间安全通信，增强太空监视体系，更全面地理解轨道环境。

当前，美国太空军愈加重视太空控制能力建设。据美国"防务邮报网"2023 年 2 月 20 日报道，2 月 18 日，美国太空军作战部长萨尔茨曼①在慕尼黑安全会议期间表示，由于军备竞赛日益加剧，太空作为一个有争议的领域在短短几年内已发生"根本性变化"。他将中国列为"最具挑战性的太空威胁"，俄罗斯位居其次。②萨尔茨曼称，美国的战略竞争对手正在生产反卫星导弹、陆基定向能和轨道拦截等多种武器，中俄均已测试并在特定情况下投入使用此类武器和技术，因此，美国在太空中的作战方式也必须改变。美国国防部网站3月15日报道，萨尔茨曼在参议院军事委员会作证时阐述了美国面临的太空挑战以及太空军如何应对挑战。萨尔茨曼说，太空军要重点考虑两类太空威胁：一是来自太空资产的威胁；二是对太空资产的威胁③。来自太空的威胁是指中俄拥有强大的天基能力，能在陆海空发现、瞄准并攻击美国军队；对太空资产的威胁是指中俄持续开发、部署针对美国太空能力的系列武器，包括网络战、电子攻击平台、定向能激光器、地基导弹、天基轨道作战系统等。萨尔茨曼称，为应对挑战，太空军在2024财年将侧重于三项工作④：（1）部署战备兵力。建设有韧性、战备就绪、战斗力强大的太空军，加速向韧性卫星星座、地面站、网络和数据链路的转变；加强网络安全，发现和挫败针对卫星、地面站、网络和数据链路的网络攻击。（2）弘扬卫士精神。通过采用现代人才管理流程来弘扬卫士精神，包括招募、培养和保留精英队伍，并帮助其取得成功。如关键领域的专业人员可直招入伍、强化军官培训、允许成员在全职和兼职之

---

① 2022年7月27日，美国白宫向参议院提名布拉德利·钱斯·萨尔茨曼中将晋升为四星上将，并接替约翰·雷蒙德将军担任太空军作战部长。雷蒙德从2019年太空军成立后一直担任作战部长，并且是参谋长联席会议成员。如果得到参议院的确认，萨尔茨曼将成为第二任太空军作战部长，雷蒙德将军则正式退休。萨尔茨曼军旅生涯的大部分时间是在美国空军服役，曾在中东指挥过联军的空军部队；他于2020年转入太空军并担任作战副部长，全面负责作战、情报、保障、网络与核行动等。
② 徐秉君. 瞄准中俄，美国太空军加紧为太空战争做准备. 华语智库，2023年7月2日.
③ 张梓阳. 美太空军作战部长参加参议院听证会，谈论太空军三大优先事项. 航天防务，2023年3月18日.
④ 忆竹. 美太空军作战部长发布三项太空军工作线. 战略前沿技术，2023年1月22日.

间转换等。(3)加强伙伴关系。努力消除包括过度保密在内的合作障碍、与合作伙伴建立持久优势、利用盟国和伙伴以及商业合作提升作战能力等。萨尔茨曼称，美国太空军是世界上最出色的军事太空组织，不允许对手试图超越并挑战美国的优势。太空军将全力以赴，不断创新并与对手竞争，确保取得成功。

1. 地基太空控制系统

美国现役地基太空进攻装备可分为专用装备和兼用装备，其中专用装备包括卫星通信对抗系统、导航战系统和地基反卫武器系统，兼用装备包括美军陆基和海基中段反导拦截系统等。地基防御装备主要包括卫星通信干扰识别定位系统、多频段卫星通信干扰识别定位系统、"赏金猎人"系统等。

（1）进攻性太空控制系统

通信对抗系统（CCS）作为美军太空进攻常备手段，具备对敌方地球同步轨道卫星上行链路实施干扰的能力，可全球机动部署。CCS从1999年开始启动预研，2003年转入装备研制阶段。截至目前，美军已经发展了2型CCS，即10.1、10.2，在全球部署至少28台/套。CCS 10.0型共采购7套，于2008年9月完成全部交付；CCS 10.1型共采购7套，于2014年底全部装备部队；CCS 10.2型共采购14套外加2套训练器，分"现役部队型"和"空军国民警卫队型"，第1套"现役部队型"和第1套"空军国民警卫队型"于2017年3月交付，"现役部队型"和"空军国民警卫队型"训练器各1套于2017年6月交付，其余12套10.2型系统（两型数量未知）从2018年2季度开始至2020年9月底完成全部交付。2021年，美国太空军宣布已授予L3哈里斯技术公司（也是CCS 10.1型和10.2型的主要承包商）一份价值1.207亿美元的合同，用于升级

CCS 10.2 型[①]。根据合同公告，截至 2025 年，L3 哈里斯技术公司将完成共 16 套 CCS 10.2 型设备的升级，进一步提高美军远域打击、断链破网的能力。

另外，美国太空军 2020 年又正式启动了 CCS 10.3 型研发工作。CCS 10.3 型，即"草地"系统，比 CCS 10.2 型系统尺寸更小，机动性更强，但并非取代 CCS 10.2 型，将与 CCS 10.2 型系统一起部署，对其进行补充（CCS 10.2 及以前的系统可空运机动部署，但在固定阵地执行任务。CCS 10.3 型系统有可能车载、机载或舰载）。2020 年 10 月，美国太空军启动 CCS 10.3 型研制，首批 4 套于 2023 年下半年开始交付。另外，美国太空军利用 2021 和 2022 财年采购经费又采购了 7 套。CCS 系统目前装备于太空作战司令部第 3 太空三角队第 4 电磁战中队，部署于彼得森太空军基地。

导航战系统是指"协同运用太空、网络空间和电子战能力确保己方使用天基定位导航授时信息，并阻止敌方使用相关信息"的一系列系统的集合。导航战作战样式和装备最早出现在 2003 年伊拉克战争中，当时美军侦测到其 GPS 系统受到干扰，随后使用 GPS 制导炸弹摧毁了伊拉克使用的俄罗斯研制的 GPS 干扰机。综合判断，美军当前已在全球若干作战区域部署了干扰卫星导航系统接收机的装备，可阻止对手使用天基导航能力。

美国太空军正开发可快速部署的电子战工具。据美国"空军杂志网"2022 年 2 月 15 日报道，美国太空军第 3 太空三角队第 16 太空控制中队正依托"三角队创新基金"开发一种移动频谱监测工具，为防御性太空电磁解决方案提供信息。该工具名为实验性"通信环境多波段评估"（MACE）系统，可部署到单架飞机上，采用"千兆

[①] 安德列洛夫. 美国太空军升级"通信对抗系统"（CCS）Block 10.2 系统. 军鹰动态，2021 年 12 月 15 日.

卫星"（Giggasat）FA-150天线检测和识别电磁干扰。该系统部署成功后，操作人员可进行远程操作，实现在相互连接的两个系统间的数据传输。此外，该系统体积小，在缩短部署时间的同时，还提高了访问复杂环境的能力。该系统在操作检查结束后，一天内即可完成部署。

在地基高能激光武器方面，美军从20世纪70年代末就针对太空系统开展了大量地基激光武器的演示验证试验，检验了地基激光瞄准和跟踪太空高速飞行目标的能力、激光穿透大气层的发散程度和大气补偿技术，收集了卫星探测器受激光照射从饱和到被破坏的相关数据信息。美军当前地基激光技术水平已达到致眩、致盲、甚至致毁卫星的技术能力要求。同时，美军在其太空作战指挥机构下特设"定向能处"。2022年6月6日，美国空军研究实验室定向能管理局前局长凯利·哈米特接任太空快速能力办公室主任一职[1]。哈米特曾在空军研究实验室任职20多年，主要负责高功率激光器、高功率微波开发等项目，并负责管理空军毛伊岛光学和超级计算站点。美国太空快速能力办公室位于新墨西哥州科特兰空军基地，是太空军直属单位，专门负责太空能力的快速发展、快速生产和部署，以满足短期的关键需求，也负责为太空军和太空司令部采办商业太空技术并管理保密项目。另据"防务邮报网"2022年6月10日报道，美国空军研究实验室定向能管理局授予蓝光环公司一份为期10年、价值8000万美元的合同，以建立定向能武器建模和仿真虚拟靶场，支持美国国防部对定向能武器的模拟兵棋推演，为美军在未来战争中做好准备[2]。该虚拟靶场将关键系统引入作战环境，让作战人员在模拟环境中直面敌手，熟悉定向能武器，从而帮助军队最大限度地

---

[1] 启智智业. 凯利·哈米特担任美天军太空快速能力办公室主任. 世界军事航天力量发展信息汇编，2022年6月上期.

[2] 暖暖. 美国空军将建造虚拟定向能靶场. 光电防务，2022年6月21日.

缩小能力差距。这也是空军研究实验室在该领域授出的最大金额合同。

在动能反卫装备方面，美国曾在冷战期间发展空基反卫星导弹，并开展5次飞行试验，具备初始运行能力，可摧毁高度1000千米以下的卫星，但该项目在20世纪80年代末被取消，随后开展的地基直升式反卫星导弹项目也于20世纪90年代中期取消。此后美国没有再开展专用于反卫星的导弹计划，主要精力投向兼具反卫星能力的反导系统建设上。目前，美国地基中段拦截器（GMI）和海基宙斯盾系统中的"标准-3"拦截弹，具备直升式动能反卫作战能力。

（2）防御性太空控制系统

"快速攻击识别、探测与报告机动地面系统"（RDGS）可全球机动部署，具备近实时探测、报告C、X、Ku频段卫星通信系统受到的电磁干扰、识别干扰信号特征，并定位干扰源的能力。RDGS的中央处理站位于彼得森太空军基地，现已部署5套，分别位于夏威夷卢阿卢阿莱海军站、佛罗里达州卡纳维拉尔角太空军站、日本三泽空军基地、德国卡彭空军站和中央司令部（未确认地点，可能是卡塔尔乌代德空军基地）。美军计划后续为该系统增加在轨卫星遭受激光攻击的探测、识别和报告功能。

"特高频精灵"其全称为"UHF频段干扰识别和定位标准程序系统"，具备对战区UHF频段卫星通信干扰的有效探测识别和定位能力。

"赏金猎人"系统是一种向作战指挥官提供电磁作战支援，以搜索、拦截、识别和定位有意或无意电磁辐射能量源的系统，用于立即识别威胁，定位、规划并开展未来作战。2011年该系统部署到中央司令部[①]。2020财年新部署一套到印太司令部，2021和2022财年

---

① 美国空军反太空作战项目"赏金猎人"管窥．电波之矛，2021年5月30日．

各采购了一套。目前由美国太空军第3太空三角队下属第16电磁战中队操作，部署于彼得森太空军基地。

2. 天基太空控制系统

美军正在持续推进机动交会、天基动能、在轨维护、天地往返等十余项空间操控技术试验计划，已掌握相关核心技术，战时可迅速转化为战斗力。具有代表性的有：

轨道转移飞行器（OTV）又称"太空拖船"，通常使用运载火箭发射入轨，拥有较强的在轨机动能力及自主运行能力，可进行货物与人员的在轨运输。"轨道转移飞行器"作为一种经济实用的运载方式具有普通航天器不可比拟的优势，如机动能力强、使用方便灵活、可在轨自主运行、节省燃料等。"轨道转移飞行器"的核心能力包括轨道机动能力、自主导航、制导与飞行控制能力等。"轨道转移飞行器"除进行最基本的空间在轨运输服务，提供空间资源配置与协助航天器转移至目标轨道外，还能作为空间武器装备搭载平台，部署反导武器和反卫星武器，在有作战需求时快速投入战斗。此外，"轨道转移飞行器"还有望进行在轨服务，如在轨燃料加注、在轨航天器维修，还可以破坏对手轨道资源，将对方卫星推离工作轨道。

X-37B"轨道试验飞行器"是美国研制建造的一种垂直发射、水平着陆的无人天地往返航天器，也是目前美国军方唯一的可返回航天器[1]。但 X-37B 并非最终的定型机，也不是用于型号定型的试验机，其主要任务是进行可长期在轨运行轨道飞行器的天地往返技术演示验证试验，故而沿用美国"X"系列试验机的编号。X-37B 机身长 8.9 米，高 2.9 米，翼展 4.5 米，发射质量 4990 千克。X-

---

[1] 陈述，彬哥. X-37B 验证飞行器轨道机动能力简析. 航天战略新引擎，2020 年 5 月 14 日。

37B的气动外形源自航天飞机的升力体设计方案，尺寸约为航天飞机的1/4，二者具有相近的升阻比。X-37B"轨道试验飞行器"采用模块化机体设计，背部设载荷舱，机体内部设有GPS/惯性导航系统、自动返回着陆系统、推进系统、轻型起落架等。X-37B最初计划搭载航天飞机发射，由于"哥伦比亚号"发生事故以及航天飞机高昂的发射成本，后改由"改进型一次性运载火箭"（EELV）发射。X-37B"轨道试验飞行器"的目标是，降低可重复使用太空飞行器的技术风险，开发和试验操作概念，以支持长远发展目标。目前，X-37B已装备2架飞行器（OTV-1、OTV-2），成功开展6次飞行试验。2020年5月17日，X-37B飞行器迎来第六次发射任务，即X-37B OTV-6。本次发射首次在尾部加装一个专门进行各种试验的服务模块。X-37B OTV-6搭载了NASA两个试验项目，包括新型材料样板项目（评估选定的材料对空间条件的适应）和太空环境辐射对种子影响研究。X-37B还搭载太阳能发电试验载荷，为美国海军研究实验室（NRL）进行太阳能转换为射频微波能量的试验。据专家推测，本次X-37B项目其他试验包括：先进制导、导航和控制，热防护系统、航电设备、高温结构和密封件、先进电推进系统等。本次飞行试验于2022年11月12日结束，在轨总时长908天。

"任务拓展飞行器"（MEV）项目始于2011年，最初基于美国维维卫星公司提出的"利用新型航天器为在轨卫星进行燃料加注"的创新服务概念[1]。2013—2015年间，轨道ATK公司（目前更名为诺格创新系统公司）从维维卫星公司接手整个项目团队，继续优化MEV项目方案设计工作。2017年诺格创新系统公司宣布MEV项目将研制最少5个MEV系列航天器，为目标客户提供定制在轨操作服

---

[1] 在轨延寿飞行器1号MEV-1俯视下的商业帝国. 太空与网络，2021年2月19日.

务，最初的计划是 2018 年发射 1 个 MEV 航天器，随后于 2019 年和 2020 年每年各发射 2 个。MEV-1 在经历 1 年发射延迟后，于 2019 年 10 月 9 日发射升空，2020 年 2 月成功与国际通信卫星公司的"Intelsat-901"卫星在坟墓轨道交会对接为新卫星组合体，提供 5 年期在轨延寿服务。2020 年 8 月 15 日，MEV-2 卫星发射升空，与"Intelsat-10-02"卫星在地球同步轨道对接后，提供类似延寿服务。MEV-1 基于诺格创新系统公司 GEOStar-3 平台设计制造，发射质量为 2326 千克，设计寿命 15 年。MEV-1 采用 1 箭双星发射配置构型，转移轨道推进选取全电推设计，航天器搭载了可展开太阳帆板、2 部全电推模块、交会对接载荷、视觉和测距辅助载荷等。MEV-2 卫星采用相同平台研制，具有相同的 15 年设计寿命和有效载荷。但与 MEV-1 卫星任务不同的是，MEV-2 与目标卫星抵近、对接采取更为激进的方式。MEV-1 卫星与"Intelsat-901"卫星先在坟墓轨道对接测试后再重新定位到地球同步轨道，而 MEV-2 卫星将直接在同步轨道与"Intelsat-10-02"卫星在轨对接，大幅减少了卫星服务中断的时间。MEV 系列在轨服务航天器的有效载荷包括交会对接载荷、视觉和测距辅助载荷。MEV 系列能够在同步轨道和坟墓轨道执行抓捕和接管操作，但该在轨服务飞行器质量约 2000 千克，目标尺寸庞大，易被发现和识别且自身机动性敏捷性较差，只适用于姿态稳定目标和合作目标抓捕。美军正在研制性能更强的双机械臂的"地球同步轨道卫星自主服务"（RSGS），部署后轨道操控能力将大幅提升。

据美国"防务要闻网"2023 年 3 月 7 日报道，美国创企真近点角公司正在为美国太空军开发"豺狼"（Jackal）高机动性卫星，以追踪试图逃避美国跟踪的敌方卫星。该卫星不仅能监视机动卫星或航天器，而且能追踪对方企图躲避监视的行为。公司首席执行官伊文·罗杰斯说，"豺狼"是一种自主轨道追踪飞行器，能够对"不合作"目标（即企图隐藏的卫星/航天器）执行交会和抵近任务操作。"豺狼"使用人工智能和机器学习工具来优化飞行规划和轨迹，可确保其在机动和拍照时的安全有效性。罗杰斯称"豺狼"不仅可作为"猎人"，也可作为用来攻击有效载荷的"杀手"。首颗"豺狼"将于2023年10月发射。此外，公司还正为太空军开发可用于太空域机动及其他重要能力的人工智能软件，帮助太空军定位太空作战管理人员和轨道战操作人员，使其适应环境并执行任务。该软件结合"豺狼"卫星，可弥补美国、俄罗斯和中国之间存在的不对称太空信息，以可持续的方式为太空军提供保障太空域安全的系统。

在轨服务与在轨制造技术正在改变太空作战的未来，美国空军研究实验室（AFRL）和空军科学研究办公室（AFOSR）与卡耐基梅隆大学、得州农工大学、新墨西哥大学、诺思罗普·格鲁曼公司等研究人员共同组成团队，正在进行太空机器人在轨检测、维护和制造卫星等方面的研究，旨在开发用于在轨卫星智能检测、灵巧维护和敏捷制造的系统。该项目为太空大学研究计划（SURI）的一部分。团队首席研究员豪伊·乔赛特表示，通过延长、增强或提高卫星和其他在轨资产的任务能力，可最大限度地发挥其效用，该研究将开辟一个新的前沿领域，开创卫星能力和配置的新时代，并改变太空作战的未来。诺思罗普·格鲁曼公司工程系统架构师安迪·克瓦斯认为，此次学术界、政府和工业界的三方合作将提高国防部在太空相关能力建设方面的重要地位，在轨卫星服务很快会成为政府与企业合作的重要项目。

美国国防高级研究计划局"地球同步卫星机器人服务"项目完成关键试验。据"航天新闻网"2022年11月8日报道，美国国防高级研究计划局当日发布消息，该局开发的"地球同步卫星机器人服务"（RSGS）项目已完成所有组件级试验，计划2022年底之前完成飞行硬件和软件的测试，2023年开始将机器人有效载荷与航天器平台集成，2024年发射至地球同步轨道，进行在轨演示任务，预计2025年提供在轨卫星服务。RSGS旨在为地球同步轨道上的卫星提供灵活的机器人能力，实现在轨卫星的检查与修复，以延长卫星寿命，扩展现有卫星能力，提高美国太空基础设施的可靠性。

此外，据"航天新闻网"2022年9月26日报道，美国国家航空航天局"双小行星重定向测试"航天器以每秒6.5千米的速度成功撞击了近地双小行星系统中的目标小行星"迪莫弗斯"。国防部高级计划研究局任务是美国国家航空航天局开展的全球首次行星防御技术测试，旨在验证利用动能撞击技术偏转小行星运行轨道的可行性。据悉，撞击后观测活动或将持续六个月，将对小行星轨道变化、质地、撞击陨石坑进行测算，以精准评估其撞击效果[①]。

（二）俄罗斯

俄罗斯在继承苏联反卫星技术的基础上，不断推动太空进攻作战能力的发展。俄罗斯已部署的太空控制专用系统包括地基卫星通信干扰系统、激光反卫系统和GPS干扰系统，兼具反卫能力的系统包括直升式地基弹道导弹系统、卫星激光测距（SLR）系统等。

在动能反卫方面，近年来，俄罗斯密集开展了陆基直升式反卫星试验。值得一提的是，俄军已经建成部署的新一代防空系统S-500具备打击近地轨道空间目标能力。《现代防御技术》2022年1月5日消息，俄罗斯S-550防空系统也已通过国家测试，并开始战斗

---

① Globalspace Event. NASA双小行星重定向测试任务的成功，标志着人类行星防御体系进入了新纪元．全球航天事件，2022年9月7日．

值班。据悉，S-550系统是全新的机动式战略导弹防御系统，能够击落航天器、弹道导弹弹头和高超声速目标[1]。随着S-550系统投入战斗值班，俄罗斯空天军已建立起一个从低空作战的"铠甲"武器系统扩展到S-550空间拦截系统的纵深分层防空反导系统。另据外媒报道，2021年11月15日，俄罗斯利用A-235"努多利"（Nudol）导弹击中并摧毁了已失效电子侦察卫星——"宇宙-1408"。俄罗斯官方从未对外公开过"努多利"导弹的战技指标，外界推测其有效射程约为1500千米，飞行速度超过10马赫，主要任务是拦截洲际弹道导弹，可兼用于陆基反卫打击。

2022年8月，俄媒报道称俄罗斯已成功研制出新型"卡琳娜"激光反卫星系统，并计划借助该系统阻止他国卫星对俄领土进行监视。"卡琳娜"是俄罗斯为太空巡逻打造的激光武器，能发现和识别在轨卫星并使其临时致盲或永久毁瘫。"卡琳娜"是"科罗纳"综合系统的一部分。"科罗纳"由1个用于识别卫星并对其分类的雷达装置和1个激光光学定位仪（LOL）组成。激光光学定位仪包括：1个0.4米广角望远镜，用于探测高轨卫星；1个1.3米窄角望远镜并配有自适应光学器件，用于对低轨卫星进行高分辨率成像；1部激光雷达（即"发射-接收信道"），用于精确测量到卫星的距离。俄罗斯专利和采购文件显示，"卡琳娜"具有独立的跟踪系统和自适应光学系统，可帮助其更好地减轻大气干扰；此外，该激光器本身也有一套收发系统，用于测量从目标反射回的激光，以便能够更准确地直接瞄准目标物体上的光学系统。

在天基太空控制系统方面，俄罗斯未部署专用武器装备，曾通过试验系统演示验证了一定的共轨式反卫能力。

据"美国防务新闻网"2022年2月25日报道，美国太空司令

---

[1] S-550：俄空天防御再添利器. 青年参考，2022年1月8日.

部司令詹姆斯·迪金森表示，俄罗斯入侵乌克兰的战争很可能会延伸至太空，俄将持续进行 GPS 干扰和欺骗，并敦促军方和商业太空运营商为可能发生的网络攻击做好准备。迪金森称，美国太空司令部将与美国欧洲司令部密切合作，提供导弹预警和 GPS 跟踪能力，以确保其拥有应对乌局势所需的太空能力。报道称，俄罗斯近年来在乌克兰使用非动能武器欺骗、干扰和网络攻击太空。此外，俄罗斯还进行了动能武器试验，部署定向能武器，研制探测和跟踪低轨卫星的飞机。

据俄罗斯"消息报网"4 月 12 日报道，俄罗斯研制了基于人工智能的软件系统，该系统可为航天器提供可靠的防碰撞保护。该系统提供的解决方案基于可训练的人工智能，负责处理两项复杂任务：一是修正对太空物体运动的预测，降低出错的可能性；二是对航天器轨道上可能发生的情况进行预测分析。人工智能根据不同情境寻找最好的机动选项：一是节约燃料；二是完成目标任务；三是百分之百确保不碰撞；四是把信息传回地球。通过机器学习技术，将实现根据情境自动设置任务。该软件可以植入到任何航天器的地面或机载控制系统。目前俄罗斯正在运行的防碰撞系统是"近地外层空间危险情况自动预警系统"，可跟踪和预测物体的运动，并及时发出危险警报，操作员在得到警报之后，只能先逐项处理警报，再决定是否采取行动。

另据俄罗斯塔斯社 2023 年 3 月 14 日报道，俄罗斯卫星通信公司总经理阿列克谢·沃林当日在数字转型论坛"俄罗斯经济的现代 IT 形势"会议上称，针对俄罗斯卫星的攻击事件近期有所增加，俄罗斯已观察到邻国在不断试图干扰或篡改其卫星信号。他指出，俄罗斯有望在年底前建成一个软硬件综合体，可确定是否存在针对卫星的恶意干扰。沃林还表示，此前确定的针对性干扰并未针对民用航天器，但现在情况发生了变化。

俄罗斯卫星杀手"Tirada"和"Rudolf"受到关注。"艾普瑞菲德网"2022年10月15日报道，西方媒体上周报道了"星链"卫星互联网运行故障，并导致乌克兰军队受损的消息，军事专家随后推测俄罗斯启用了最新的电子战综合设施"提拉达－2S"（Tirada－2S）。该系统公开信息非常少，俄罗斯国防部第46中央研究所于2017年首次声称，俄罗斯2018—2027年武器现代化计划正在开发用于电子摧毁通信卫星的"提拉达－2S"。俄罗斯国防部称，"提拉达"设施致力于侦察为飞机提供战斗控制和数据传输的卫星通信信道，在确定信道所属卫星后，进行通信压制、实施受控干扰以阻止信号传输。这表明，"提拉达"电子战综合设施具备压制卫星通信并使卫星瘫痪的能力。在2018—2027年武器现代化计划框架内，俄罗斯还在开发"鲁道夫"移动攻击反卫星综合设施。该系统透露信息更少，据称旨在从物理上摧毁航天器，预计于2027年完成。

（三）其他

2022年4月6日，日本创企宇宙尺度公司发布消息称，其1月26日暂停的"宇宙尺度送终服务—验证"（ELSA－d）任务的问题大都得到缓解或解决，将重启碎片清除试验。该星的8台推进器中有4台出现了技术问题，虽尚未完全解决，仍计划对模仿太空碎片的另一颗卫星实施捕获试验。该公司表示将在安全前提下，用其余推进器开展点火机动，将把服务星移至距客户星160米之内。

澳大利亚太空司令部寻求电子战类技术用于保护卫星。[①] 据美国"防务要闻网"2023年3月2日报道，澳大利亚国防太空司令部司

---

① 秋天的熊. 澳大利亚太空司令部寻求电子战和其他技术来阻止对卫星的攻击. 东联防务天天报，2023年3月3日.

令凯斯·罗伯茨当日接受采访时表示,太空是重要的战略环境,但也非常脆弱,澳方正寻求阻止他国可能的延迟、干扰、撞击或移动澳卫星行动的技术。罗伯茨表示,电子战是解决该问题的重要手段,澳方正在研究采用电子战类能力,通过非动能手段阻止敌方攻击或直接干扰本国卫星,并表示澳大利亚将很快拥有威慑他国的电子战能力。报道称,澳大利亚由于大气层没有受到光污染,加上其独特的地理位置,是一个高效的卫星观测基地,这也成为其威慑能力的重要组成部分。

七、以快制慢:高超声速技术快速发展

近年来,高超声速技术快速发展,已成为空天进攻与防御作战的焦点。高超声速飞行器,主要指飞行速度大于 5 马赫、能穿越大气层飞行的飞行器,一般位于低轨卫星和飞机飞行高度之间的临近空间区域(20—100 千米)。航天工程,动力先行,实现高超声速飞行的关键是突破先进动力技术。同时,高超声速技术的发展,也使空天防御面临新的挑战,高超声速导弹防御已经成为空天防御的前沿[1]。

(一)先进动力

2021 年 9 月 27 日,美国国防部宣布"吸气式高超声速武器概念"(HAWC)高超声速巡航导弹成功完成首飞测试[2]。2021 年 10

---

[1] 丰松江. 经略临近空间. 时事出版社,2019.
[2] 王楠. 美成功试射此款武器,取得高超声速领域"零"的突破. 光明军事,2021 年 10 月 15 日.

月4日，俄罗斯国防部宣布成功从核潜艇上完成了"锆石"高超声速导弹的首次试射。美俄公布这两款武器最新进展，意味着以超燃冲压发动机为动力的高超声速武器进入新的发展阶段。目前，美俄高超声速武器发展的动力技术主要有四类。

火箭动力技术是发展最早且应用最多的高超声速武器动力技术，高超声速助推滑翔弹在进入滑翔阶段之前使用火箭动力，高超声速巡航弹在冲压发动机工作之前部分使用火箭动力，高超声速飞机的组合动力也有很多以火箭动力为基础，垂直起飞的天地往返飞行器也依赖火箭动力。

吸气式超燃冲压发动机技术大致经历了五个阶段[①]。一是原理验证阶段，研究超燃冲压发动机的基础问题；二是关键技术研究阶段，研究氢燃料超燃冲压发动机的多项关键技术；三是地面试验验证阶段，开展了包括碳氢燃料在内的超燃冲压发动机大量地面演示验证试验；四是飞行演示验证阶段；五是工程武器化阶段（2015年至今）。以美国空军的吸气式高超声速武器概念计划和海军的HyFly-2计划为代表，尝试从双模态和双燃烧室两种方案入手解决工程型号应用中超燃冲压发动机的关键技术问题。

组合动力技术是最具潜力且发展势头最强劲的高超声速武器动力技术。组合动力主要是为了满足高超声速巡航弹、高超声速飞机和天地往返飞行器的需求，结合高超声速武器不同飞行阶段的特点，充分利用火箭发动机、涡轮发动机和冲压发动机（含超燃冲压发动机）的优势，实现效率与经济最优化，是高超声速飞机和天地往返飞行器优先考虑的动力。

---

① 岳连捷等. 高马赫数超燃冲压发动机技术研究进展. 力学学报, 2022 (2).

表 3.1 美国高超声速导弹计划基本情况表

计划名称	主管单位	性能参数	动力形式	2022 财年经费 预算/亿美元	进度
常规快速打击计划（CPS）	海军	速度：Ma=6.0 高度：90km 射程：4000–5000km	助推滑翔：两级固体火箭发动机＋无动力滑翔	13.74（3.66↑）	2025 财年部署于驱逐舰，2028 财年部署于潜艇
进攻型反海面战武器系统升级计划（OASuW-2）	海军	—	双燃室固体冲压发动机	0.57（0.57↑）	2023 财年第二季度进入 EMD 阶段
远程高超声速武器计划（LRHW）	陆军	速度：Ma=15.0 射程：2775km	两级固体火箭发动机＋无动力滑翔	3.01（5.00↓）	2023 财年原型机部署
空射型快速响应武器计划（ARRW）	空军	速度：Ma=6.5–8.0 射程：1609km	助推滑翔：火箭发动机＋无动力滑翔	2.38（1.44↓）	2022 财年具备早期作战能力
高超声速攻击巡航导弹计划	空军	—	吸气式巡航：固体火箭发动机助推＋超燃发动机	2.00（2.00↑）	2023 财年完成关键设计评估
战术助推滑翔计划（TBG）	DARPA	速度：Ma=9.0–10.0 射程：1000–2000km	助推滑翔：火箭发动机＋无动力滑翔	0.50（0.67↓）	2022 财年继续测试
作战火力计划（OpFires）	DARPA	速度：Ma=9.0 射程：1000–1800km	助推滑翔：第一级为火箭发动机，第二级为推力可调火箭发动机＋无动力滑翔	0.45（0.05↑）	2022 财年完成关键设计评估
高超声速吸气式武器概念计划（HAWC）	DARPA	速度：Ma=5.0–6.0 射程：1000km	吸气式巡航：碳氢燃料超燃发动机	0.10（0.10↓）	2022 财年完成最终评估
南十字星综合飞行研究试验计划（SCIFiRE）	国防部 （澳大利亚）	速度：Ma=5.0	吸气式超燃冲压发动机	0.45（0.075↑）	2022 财年完成第一阶段初步设计评估

注：表中 "↑" 和 "↓" 分别代表与 2021 财年相比较增加和减少的预算经费

表3.2 美国其他高超声速武器计划基本情况表

计划名称		主管单位	承研单位	用途	动力形式	备注
高超声速飞机	SR-72	空军	洛马公司	执行侦察和打击任务	并联式TBCC	两者气动布局较接近，只是发动机以上下和左右并联形式不同而已
	曼塔（Manta）	空军	波音公司	执行侦察和打击任务	并联式TBCC	
	夸特马	空军	赫米尔斯公司	执行总统要员运输、监视-侦察和其他可能的作战任务	采用航空燃料的新型TBCC	空军近十年来认可的首款高超声速飞行验证项目
天地往返可复用空天武器	X-37B	空军	波音公司	探索研究空间快速响应作战能力	火箭发动机	人类首架太空战斗机
	试验性空天飞机（XSP）	DARPA	波音公司	以低发射成本将商用和军用相关的有效载荷送入近地轨道和亚轨道	液体火箭发动机	受"猎鹰-9"号火箭为代表的可复用火箭技术进步的影响，2020财年后未获得军方预算支持
	X-60A	空军	美国时代轨道发射服务公司	满足军方对高超声速器开展低成本多频次飞行试验的需求	液体火箭发动机	该领域首个获得X系列验证机编号的项目
高超声速飞行试验平台	Talon-A/Z	平流层发射系统公司	平流层发射系统公司	瞄准美国军方需求，针对高超声速飞行试验市场提前布局的项目	吸气式液体火箭发动机	在之前的Hyper-A/Z研制计划的基础上提出
	高频次低成本高超声速飞行试验平台（HyHAX）	空军	空军研究实验室	开展高频次、低成本、长航时的高超声速飞行试验		2016年发布

表 3.3 俄罗斯高超声速武器计划基本情况表

计划名称		特点	性能参数	用途	动力形式	备注
高超声速导弹	先锋	助推滑翔飞行	速度：Ma = 20.0 射程：6000km	突破世界上所有防空反导系统，对目标实施精确打击	两级火箭发动机	已处于战备值班状态，但其最终使用的萨尔玛特国家载具尚未正式投入使用
	锆石	潜射或空基巡航飞行	速度：Ma = 9.0 高度：30 - 40km 射程：1000km	摧毁航母群和打击陆基目标	固体燃料火箭发动机 + 超燃冲压发动机	2021年完成所有海基国家测试，后续还将进行空中平台测试
	匕首	空射型弹道导弹	速度：Ma = 10.0 高度：18km 射程：2000 - 3000km	摧毁导弹防御系统，攻击地面目标和海上舰船目标	固体火箭发动机	由伊斯坎德尔导弹改型而来，已完成部署
高超声速飞机	图 - 2000					苏联解体后停止
	鳊鱼		无人驾驶	针对 NASP 计划提出	TBCC	六代机考虑高超声速无人作战，待证实
	鹰			技术验证机		启动较早，在飞行器总体、气动、材料与结构等方面取得较大进展，无后续消息
空天往返可复用空天武器	铁锤		高超声速无人飞行器	对轨道级飞发动机膨胀喷管推力特性进行研究		近几年披露，第二阶段工作针对天地往返可复用空天武器

新概念发动机技术是处于原理探索和初期技术验证阶段的技术，在高超声速武器发展上具有潜在价值。美俄提出了爆震发动机、磁流体发动机等一些新概念发动机技术（有些概念提出较早，但未进入工程应用阶段，所以将其归为新概念类别[①]）。爆震发动机是一种基于超声速爆震燃烧的发动机，爆震燃烧过程具有很高的燃烧速度和反应物转换速率，可近似为等容燃烧过程，其热循环效率远高于常规等压燃烧。目前，爆震发动机主要有脉冲爆震发动机（PDE）、旋转爆震发动机（RDE）和斜爆震发动机（ODE）三种类型。磁流体发动机是采用磁流体能量旁路技术扩展发动机工作范围的发动机，主要有磁流体冲压组合发动机和磁流体涡轮组合发动机两种形式，其关键都在于磁流体发电[②]。目前磁流体能量旁路技术在组合发动机中应用的相关研究主要集中在理论分析、数值模拟和相关原理试验验证方面。

美国"航天新闻网"2022年5月23日报道，美国火箭推进创企大熊星座公司当日宣布，其获得美国空军研究实验室（AFRL）数千万美元合同，将研发两型火箭发动机，以减少对国外推进系统的依赖。（1）德雷珀（Draper）发动机。该发动机为闭合循环过氧化氢发动机，用于高超声速飞行器，可提供快速响应能力，设计推力为1.81吨，计划12个月内开展热试。（2）阿洛薇发动机。该发动机为可复用的液氧和甲烷分级燃烧火箭发动机，主要用于航天发射，许多部件采用3D打印技术，适用于中型与重型运载火箭，预计2025年进行热试[③]。俄罗斯的高超声速武器计划则在继承苏联相关技术力量的基础上重点发展高超声速导弹，稳步推进高超声速飞机，

[①] 新概念航空发动机推进技术概述. 豆丁网, 2012年8月13日.
[②] 磁流体冲压发动机助力高超音速，能否成为游戏规则改变者. 网易号, 2022年7月15日.
[③] 刘晓波, 罗月培, 孙杭义. 美俄高超声速武器动力技术发展趋势研究. 战术导弹技术, 2022年1月.

择机发展天地往返可复用空天武器。

（二）前沿防御

2022年2月22日，美国导弹防御局局长乔恩·希尔称，为实现在2023财年前进行高超声速与弹道导弹跟踪太空传感器能力演示，该局未来的工作重点是"高度关注打击高超声速"，探索如何防御高超声速导弹系统。其主要观点如下：高超声速武器正成为导弹防御局战略领域和财政支出的主要部分，该局已有能力为美军提供威慑能力，应对来自对手的高超声速导弹威胁和其他扩散技术；未来还将不断增进了解各国高超声速能力，评估确定美国导弹防御系统需改进的能力；该局已转型为能力开发机构，向作战人员提供科技、开发、生产、测试和服务支持；强调杀伤评估概念对作战人员的重要性，以及与太空发展局和工业界在导弹防御能力方面进行合作。

超高声速和弹道跟踪传感器（HTBSS）是一种基于空间传感器的概念，它能够对超高声速威胁目标进行连续跟踪与切换，以便能够瞄准从海陆空发射的敌方导弹，对于导弹发射的探测可以起到至关重要的作用[①]。2022年4月，美国导弹防御局已在其2023财年预算中申请了8900万美元，用于发射两颗超高声速和弹道跟踪传感器原型卫星，按计划于2023财年第二季度发射。L3哈里斯公司和诺·格公司于2021年1月分别获得了导弹防御局合同，各开发一个原型传感器，两家企业一直在进行地面测试，以保障即将开展的在轨测试。2022年5月11日，导弹防御局局长乔恩·希尔在国会小组会议上表示，希望将该局加入美国太空发展局导弹跟踪和预警卫星计划。导弹防御局正在开发超高声和弹道跟踪传感器，旨在与太空发展局合

[①] 美军融合GPI与HBTSS系统提升反高超声速能力分析. 兰德信息，2022年10月17日.

作研制跟踪高超声速和弹道导弹的卫星。与此同时，太空发展局正在开发和部署下一代"国防太空体系"的"跟踪层"，最早可能在2025年入轨。"跟踪层"和超高声速和弹道跟踪传感器都计划运行于近地轨道。随着太空发展局并入太空军，三方将深度合作推进导弹跟踪任务。美国国防部已将该传感器作为优先投资项目，不仅仅是因为它优秀的性能，还因为它能够与多方导弹防御措施互相联动，形成一套完整的体系。

美国太空发展局也计划在低地球轨道（LEO）部署大量低成本小型卫星，以避免遭对手反卫星武器的摧毁，为美军探测对手高超声速滑翔飞行器能力创造冗余。太空发展局计划到2024年9月，发射144颗传输层卫星，形成网状网络，达到初始作战能力；在2024年或2025年，发射28颗跟踪层卫星，实现全球网络覆盖[①]。太空发展局正以两年为周期，利用新技术的螺旋式发展以及商业机构的创新能力，分批发射更多卫星，加快推进该计划实施。

此外，美国国防高级研究计划局在2022年4月15日发表公告称，国防高级研究计划局正在为"滑翔破坏者"项目第二阶段工作寻求创新提案，目前已发布广泛机构公告（BAA），以进行射流相互作用的风洞和飞行测试，用以研究转向和姿态控制系统与高超声速横流之间的气流相互作用的影响，以及对控制和操纵杀伤性飞行器的影响[②]。国防高级研究计划局表示，该项目第一和第二阶段工作将有效填补美国提升高超声速威胁防御能力所需的技术空白。"滑翔破坏者"项目旨在提升美国对抗新兴高超声速威胁的防御能力。该项目第一阶段的目标是开发和演示转向及姿态控制系统（DACS），使

---

① 曲卫. 美新一代太空架构跟踪层导弹预警卫星计划2024年底开始大规模部署. 天驰航宇，2022年12月9日.

② 贾雨萌. DARPA提出"滑翔破坏者"拦截器概念，以应对中俄高超声速武器. 国防科技要闻，2018年9月13日.

杀伤性飞行器能够在滑翔阶段拦截高超声速威胁目标。通过研发推进技术，实现对高速机动的高超声速威胁目标的有效打击。第二阶段的目标是量化射流相互作用，测定拦截杀伤飞行器周围产生的DACS卷流和高超声速气流。第二阶段相关工作，有助于对射流相互作用技术加深理解，以有效支撑未来实用型滑翔阶段拦截杀伤飞行器的推进控制系统设计。

美国太空军2023财年启动"弹性导弹预警与跟踪—中地球轨道"计划，以在地球同步轨道、大椭圆极地轨道、低地球轨道、中地球轨道部署多层卫星网，实现全面预警跟踪弹道和高超声速导弹。美国导弹防御局将于2023年向美国太空军交付"远程识别雷达"，以在连续运行的情况下同时搜索和跟踪多个极远距离外的小型目标，帮助引导地基拦截器摧毁敌方再入飞行器。一些地面装备技术可将应用于太空军事行动，以色列的"铁穹""大卫投石索"等防御系统中的激光武器，或将进入应用层面或实际列装。

八、人工智能："黑杰克"项目加快推进

（一）研制背景

2018年，美国国防高级研究计划局发起"黑杰克"研究和开发项目，旨在探索利用新兴商业低轨宽带星座发展经验和成果，在低轨演示验证一个提供全球持续覆盖、低成本的星座，该星座将通过多个通用的卫星平台搭载军事通信、导航、侦察、预警等多类任务载荷，同时具备自主智能运行能力[①]。项目目标是建立由60—200颗

[①] 余晓琼. DARPA推进"黑杰克"项目演示验证. 国防科技要闻，2020年2月14日.

卫星组成的 LEO 星座，用以实现或超过现有 GEO 军用卫星系统的功能。该星座具有高度的自主性和网络弹性，能够在没有运营中心管理的情况下独立运行 30 天。每颗"黑杰克"卫星成本可低至 600 万美元以下，主要由一个商品化的通信平台、一个"赌区经理"控制单元以及一个或多个可自主运行的军事有效载荷组成，并搭配任务级自主软件，支持在轨进行数据处理和自主操作。

（二）研制进展

目前，"黑杰克"项目尚未开展军事应用，但其构想是实现所有卫星网络化连接，构建全球高速天基网络，具备体系弹性，卫星装载遥感、信号情报、通信等各种有效载荷，为陆海空天域提供持续覆盖和服务。该项目所体现出的"一星多用、多星协同、天基组网、智能自主"等技术优势特点，已逐步被美军所认可，特别是基于人工智能的卫星系统自主任务控制和切换，将成为重要趋势。未来，"黑杰克"项目将发展成利用低轨星座提供太空作战云服务的关键技术，支撑美国太空军的太空作战云、美国导弹防御局的"高超声速和弹道导弹跟踪监视系统"、美国国家航空航天局的下一代"国防太空体系"的发展[1]。

2022 年，"黑杰克"项目通过 2 颗"曼德拉-2"卫星建立了星间激光通信链路，并进行数据传输[2]。两星部署在 525 千米的低地球轨道，试验中相距约 100 千米，近 40 分钟接收和传输数据量达 200Gbps。"曼德拉-2"卫星于 2021 年 6 月发射，主承包商为 SEAKR 工程公司，采用天文数字（Aetro Didital）公司的平台，搭载

---

[1] 廖小刚. DARPA"黑杰克"计划将进行天地激光通信. 国防科技要闻，2022 年 9 月 2 日.
[2] 陶蔓茜. 美国 DARPA 成功演示近地轨道卫星间激光通信技术，实现建立网状网络的目标. 互联网天地杂志，2022 年 8 月 2 日.

SA原子公司（已被CACI国际公司收购）根据军事需求升级的"交叉光束"星间激光通信载荷。此次试验验证了利用商业现货平台和星间激光通信载荷构建天基通信网的可行性，为低成本建设"黑杰克"和下一代"国防太空体系"，以及实现超视距、低延时的星间互联奠定了基础。SA原子公司2022年1月表示，还将为"黑杰克"生产40个星间激光通信载荷用于后续卫星。

美国国防高级研究计划局在"黑杰克"项目中，持续研发"赌台官"自主控制系统，利用人工智能等技术实现低轨星座的快速自主数据处理、任务规划和战术信息分发。2022年2月，太空发展局基于"赌台官"系统研制的"轨道实验平台样机"卫星已完成在轨验证，实现了完整的程序调用、传感器控制、数据处理流程。此次试验为"黑杰克"实现星上自主控制，以及为下一代"国防太空体系"监视层、作战管理层实现多源情报数据自主融合处理奠定了基础，将及时、快速地响应作战人员战术信息需求，缩短"杀伤链"闭合时间。

美国原太空与导弹系统中心（现为美国太空军太空系统司令部）2018年启动"商业增强太空互联网络操作"（CASINO）项目，为"黑杰克"项目提供方案和技术支持。该项目2021年投资200万美元，通过在PredaSAR公司的雷达成像卫星上搭载"黑杰克"星座的星间激光通信载荷，演示两星座间互联互通的可行性，用于验证军商混合的天基信息获取和传输系统，使军方可以更快、更多地获取情报、监视、侦察数据。

美国国防高级研究计划局2021年12月授予帕森斯公司价值1080万美元的合同，用于规划、建设"黑杰克"星座的地面运控中心，要求在2024年6月前完成地面运控中心原型建设。地面运控中心将与商业星座的地面站实现"端到端"连接，联通多个商业星座实现"黑杰克"全球覆盖的目标。该公司还是美国太空军"一体化地面服务"（EGS）地面系统的主承包商，将使用开放标准和通用平台运控不同类型的卫星。

"黑杰克"利用商业力量建设与当前军用卫星性能相当的低轨星座，是美军的一次前瞻性尝试，将创新军事卫星的研制、运用和服务模式。利用商业生产线，实现军用卫星快速低成本批量生产，是"黑杰克"的特点之一。"黑杰克"项目通过开放接口，使商业现货平台能适配不同功能军用载荷，并将单星研制、发射成本控制在600万美元以内，以降低星座建设成本。"黑杰克"项目从开始至今，大量利用先进商业技术力量低成本、快速生成作战能力，为美军建设弹性、低成本、大规模的低轨卫星星座提供了发展思路与模板，未来将融合商业卫星系统，以军商混用、商为军用的形式共同服务战区用户。"黑杰克"项目体现了美军正从"高、精、尖"太空装备建设模式，向"弹性、大规模、军商联动"的建设模式转变，大规模小卫星星座可媲美大型精密卫星系统。在该思路的指导下，美国军方与工业界在太空能力建设上各有分工，协作推动未来美军商联合的"混合太空体系架构"的发展与建设。一方面，军事太空装备建设主要由美太空军下辖太空系统司令部和太空发展局负责，太空系统司令部负责美军太空装备的统筹建设与计划安排，太空发展局负责通过建设下一代"国防太空体系"探索美军太空能力生成新思路。另一方面，国防高级研究计划局以及空军研究试验室等机构主要负责高新技术攻关和试验验证，为美军未来太空能力建设提供关键技术支持，并降低运行风险。此外，商业公司凭借其批量生产卫星、快速发射卫星等优势，支持相关装备的建设及能力验证，补充美军太空作战能力。

九、天基快联：星间光通信终端技术验证

（一）研制背景

2022年8月，美国国防高级研究计划局的"天基自适应通信节点"星间光通信终端进入技术验证阶段。该终端计划搭载在低轨卫星上，可通过星间光通信链路连接不同的军民商卫星系统，形成跨系统的天基信息传输枢纽，加速数据回传，提升太空系统弹性抗毁能力，支撑美军联合全域作战。

该计划的研制背景是，为应对强对抗环境降级威胁，满足全域作战体系需求，美军致力于建设军民商盟混合太空体系架构，联通"烟囱"式的孤立星座是其建设关键。美军认为，过去其航天系统建设以保障系统功能为导向，在应对威胁方面能力不足，在世界航天大国航天能力迅速发展的强对抗环境下，现役星座无法应对降级威胁。美军认为，信息时代的全域作战行动越来越分散，数据越来越密集，现役星座未能按所需速度、规模和复杂性来设计，无法满足众多分散用户间跨多域的快速信息交互、信息共享和信息处理等需求。自太空军组建以来，美军极力推进军民商盟混合航天体系架构建设。2022年5月，美国太空军计划使更具弹性的混合太空体系架构于2027年具备初始作战能力。2022年8月，美国国防创新小组、太空军和空军研究实验室联合发布《2022年航天工业基础状况报告》，对混合航天通信等领域提出具体评估建议。美国计划将多个在研/初步应用的小卫星星座纳入体系，例如，太空发展局"国防太空体系架构"、国防高级研究计划局"黑杰克"、太空探索技术公司"星链"，这些星座都将采用星间激光通信技术实现低轨小卫星大规

模组网。如何联通这些星座，进而支撑联合全域指挥控制，成为军民商盟混合太空体系架构需要迫切解决的重要问题。多路径通信、可变信任协议、联通低轨小卫星的光通信终端等是其技术研发重点。由于在混合太空体系架构中充当重要角色的"国防太空体系架构""黑杰克"和"星链"均采用激光通信，光通信终端技术是重中之重。

（二）研制进展

在上述背景下，国防高级研究计划局于2021年9月开始为"天基自适应通信节点"项目征集技术方案，旨在研发一型可重新配置的、支持多种光通信协议的小型星间光通信终端。该终端可与执行各种任务的卫星集成，也可作为通信和数据共享网关专用卫星载荷，用于解决低轨卫星星座通信缺乏互操作性的问题，从而实现无缝通信。国防高级研究计划局计划将其集成在"黑杰克""国防太空体系架构"等新型星座上，使其可接收美军其他航天系统以及民商用卫星系统的数据，且明确提出其最终目标是消除"烟囱"式星座和"联接太空"，以支撑联合全域作战。

该终端的研发周期分3个阶段，当前处于第一阶段，即硬件风险降低验证和软件设计仿真。

第0阶段——初始架构设计。该阶段主要对光学模块、可重构调制解调器这两个核心部件进行初始架构设计。该阶段结束后进行设计评审，对参与者提供系统架构的演示文稿和书面材料进行评估，以确定入围第一阶段名单。2021年12月，国防高级研究计划局分别为光学模块、可重构调制解调器这两个核心部件选择了7个研发团队。

第一阶段——硬件风险降低验证和软件设计仿真。该阶段主要进行光学模块和可重构调制解调器的系统设计并在试验台开展风险降低验证，使其满足阶段性指标要求，同时开展跨星座指挥控制软件设计和场景仿真。对于光学模块，要求在高热、冲击和振动环境中，将光耦合到单模光纤的损耗低于 10 分贝；验证不同捕获模式（无信标、带内信标、带外信标）。对于可重构调制解调器，要求运行（或有路径支持）在 100Gbps；可重构以支持新波形。对于跨星座指挥控制软件，要求在基准场景下验证跨星座联接；进行初始设置；仿真条件下的重构时间为 300 秒。2022 年 8 月，国防高级研究计划局从商业界和学术界选出入围该阶段的 11 个研发团队，其中 6 个团队继续核心部件研发，如 CACI 公司、亚利桑那州立大学等，其他 5 个团队负责软件设计，如太空探索技术公司、亚马逊子公司等。此外，该阶段还将对终端软硬件交付的基本功能进行网络加固设计，对两个核心部件间的控制和数据接口进行定义。

第二阶段——样机制造与测试。该阶段将完成两个核心部件的工程样机制造，并实现终端工程样机的集成和测试，同时在更复杂场景下对跨星座指挥控制软件进行验证。对于光学模块样机，要求在高热、冲击和振动环境中将光耦合到单模光纤的损耗低于 6 分贝，功率小于 60 瓦。对于可重构调制解调器样机，要求其支持波形数大于 5 个，功率最大 40 瓦。同时，两者均需开展满足太空环境设计的关键设计评审，达到设计指标对成本和质量的要求，通过接口集成为终端，还将进行网络加固。对于跨星座指控软件，要求 2030 年在和平、冲突和战争的想定场景下开展验证；进行成熟信息设置；仿真条件下的重构时间为 60 秒；同时进行网络加固。

十、数智太空：数字太空军建设加快推进

2023 年 1 月，美国太空军技术与创新副首席官罗伊·罗克韦尔

在政府合同网主办的国防部数字现代化论坛中表示，美国太空军需要 7 年时间转变成一支完全数字化的部队。罗克韦尔强调数字化是美国太空军的基础，数据对太空军未来太空作战非常重要，需利用数据信息创造所有领域的联合优势和效果，提高作战人员的决策优势。罗克韦尔表示，技术与创新办公室 2023 年有三个主要任务：(1) 创建具备必要网络和数据连接能力的综合作战任务网络能力；(2) 创建"数字化"的太空军人才队伍，可通过数字和技术创新、伙伴关系和分析，为作战人员提供不对称的效果和决策优势；(3) 用 2—3 年来创建军事专用"元宇宙"，为太空作战提供虚拟演习环境，既可用于训练，也可用于系统开发和试验协作。罗克韦尔表示，美国太空军正将太空作战司令部、太空训练与战备司令部，以及太空系统司令部和其他下辖单位，与通用传输层、通用数据标准和互操作性进行整合，以确保太空军数字化进程保持一致。

（一）太空元宇宙

近年来，美国太空军重点关注数字大学与元宇宙。2022 年 2 月 8 日，美国太空军官网刊文认为：保持美国太空军在太空领域的战略优势，需要尖端技术和有效使用尖端技术的人才。目前，太空军正与业界开展合作，通过其数字大学提供数据科学、人工智能、软件开发、产品管理、设计、网络安全和云架构等主题的教育资源，从而实现提升部队人员能力的目标。数字大学设有丰富的专业知识内容，采用动态调整的学习课程和聚焦实操的学习模式，训练学员熟练掌握和使用数据。现已与 6 家网络教学平台合作，提供 10 余个网络学校的课程学习。美国太空军作战部长约翰·雷蒙德表示，太空军人员大部分都是通过数据感知太空的，每个人都必须参与建设数字化服务，以驾驭和熟练利用数据，确保太空域的安全、稳定和可访问性。美国太空军首席技术和创新官丽莎·科斯塔称，正与人力资源部门研究，将数字大学获得的认证和电子徽章加入到人力资源管理系统；同时与太空军第13三角队合作，将数字大学的学习课程计入学分，为学习人员未来的工作和职业发展提供机会。

同时，美国太空军正考虑开发太空军专用军事元宇宙。2022年2月10日，丽莎·科斯塔在美国军队通信和电子协会（AFCEA）太空军信息技术会议上表示，太空军应利用元宇宙行业在沉浸式数字技术方面的大量投资，开发专属军事元宇宙，以便太空军进行协作、训练以及开展任何想定的活动。科斯塔称，太空军在现实中很难进入太空进行实战演练，体验作战域的唯一方法是基于视觉数据显示，创建太空军元宇宙，通过交互式3D虚拟现实环境提供态势感知，进入虚拟太空的作战人员在对比和权衡多种选择方案的利弊后做出决策。科斯塔指出，太空军下一步的愿景是利用元宇宙行业正在进行的投资进行人员培训，包括利用其增强现实技术帮助太空军人员进行卫星的数字化设计，为太空作战开发新的能力等。她表示，太空军由于规模小，可先进行试点，积累经验后再衡量是否可扩展到全军使用。

2022年6月8日，美国太空军集成信息技术负责人迈克尔·托雷斯在出席由美军通信与电子协会和乔治·梅森大学联合举办的"C^4ISRNET网"2022线上研讨会时表示，以数字化军种为建设目标的太空军，正加速推进未来作战平台"太空元宇宙"的建设，希望将其建成可强化太空作战效能的"力量倍增器"。太空军将"太空元宇宙"定义为一个"融合物理与数字领域，通过共享平台拓展现实工作环境，可组织培养美盟太空作战人员实战能力，实现沉浸式体验并鼓励共创文化"的安全数字环境，由数字工作环境、核心能力、合作伙伴生态系统和太空军人员文化四个层次构成。托雷斯称，美国太空军计划在2023财年开展"太空元宇宙"前期试点项目，为

2024财年启动"太空元宇宙"的建设实施奠定基础。"太空元宇宙"建成后，将首先为太空训练与战备司令部、太空战争分析中心和太空系统司令部等提供一个更具交互性、覆盖从非涉密到绝密等全部密级的太空作战数字环境，之后，它还将成为太空军与美国政府其他部门、盟国以及学术界、企业界等进行交流合作的新平台。

美国"航天新闻网"2022年9月6日报道，美国空天公司成立太空行动中心，以支持美方开展军事太空活动。据称，该中心占地8361平方米，将配备价值1亿美元的设施，包括数字工程和模拟实验室，可为军事太空机构提供数字工具与工作场所。据报道，该设施建设的初衷是帮助美国评估太空新兴概念，并满足美军对航天技术设计和专业培训的需求。"C^{4}ISRNET网"2022年10月5日报道，美太空军首席技术与创新官丽莎·科斯塔近日在接受采访时再次表示，为实现太空军数字化愿景，太空军重点关注3个关键领域：（1）创建太空军"元宇宙"。建立沉浸式虚拟环境，可获取信息并进行信息交互，以训练太空军，并可用于开发和采办卫星与其他系统，实现数字工程，创建数字生态系统。（2）构建数字基础设施。一是与工业界合作，采办计算和数据存储等数字化基础设施，加强数据处理与存储能力。二是充分利用财年预算资金，建设数字工程互连和相关支持系统。（3）预测未来挑战。确定未来问题，为技术和研究投资提供信息，预先投资前沿技术以缓解未来挑战。

美国"联邦科技杂志网"2022年12月9日报道，从现实太空到元宇宙环境，美国太空军正努力保持太空优势。在太空军3周岁生日之际，《联邦科技》杂志对太空军首席技术与创新官丽莎·科斯塔进行了专访。采访主要内容总结如下：

（1）太空军信息技术目前的优先事项是为太空军成员配备合适的工具和技术，确保决策优势并提高联合杀伤能力，包括支持美国太空司令部与太空联合作战司令部的太空战争人员。

（2）太空军面临的挑战主要是成员目前使用的工具、技能和技术已过时，限制了太空军支持全谱多域行动能力。太空军正专注于利用商业技术创建和运营太空元宇宙任务环境，包括韧性网络、高吞吐量终端设备和基础设施等，使太空军成员能通过多种感官体验太空域。

（3）太空军继承了需进行现代化改造和升级的技术，但也将借助太空元宇宙实现跨越式发展，在技术的下一次迭代中保持领先，利用增强现实和虚拟现实加深数据理解、加快响应时间以获得决策优势。

（4）在与其他军种的技术整合方面，太空军不仅希望与空军进行某种程度的整合，也希望与其他军种进行某种程度的整合，以实现联合效果。太空军的信息技术系统与方法对空军部仍有依赖，但正开展自主建设与能力整合研究。

（5）太空作为独立战争域具有特殊性，需要用不同方法研究包括信息技术在内的所有因素，太空军成员主要通过数据体验太空域。先进的信息技术能力将提供太空系统数据，以增强太空军的技能组合、态势感知和决策质量。

（6）太空军必须借助人工智能和机器学习等工具，使用数据做决策。太空军正在扩大"超级编码员"规模，研发支持武器系统和任务应用的"沉浸式软件开发"（SDI）项目。

（7）太空军面临多种不同的网络安全问题，目前正在继续开展网络安全研究，主要由太空军第6太空三角队分队负责。但越来越多的网络防御团队和任务防御团队正在被整合到其他太空三角队分队和任务中。

2023年4月，科斯塔在米切尔研究所的太空实力安全论坛上表示，太空军将建成美军首个数字化军种。科斯塔建议采取IT界公认的"绿地"方式，从零开始建设，而不是更新过时设施。科斯塔在讲话中透露了太空军数字基础设施建设的三个重点项目：（1）建设一体化作战网络（ION），确保组织结构实现数字化整合。一是将太空系统司令部以高带宽、低延迟的方式连接到太空战争分析中心；二是将网络与太空训练与战备司令部连接。太空军可在该网运行人工智能和深度学习算法等。（2）建设增强型统一数据存储库（UDL）。（3）建设太空元宇宙，连接太空军各司令部和单位的数字环境，提供身临其境的训练和作战体验。

2022年5月21日，英伟达公司联邦业务负责人詹妮弗·阿诺德在GEOINT 2023研讨会上表示，卡纳维拉尔角太空军站是美国最繁忙的航天港，美国太空军近日利用元宇宙技术，在融合了虚拟与现实的数字3D"虚拟世界"里模拟了航天发射。演示由美国太空军航天港综合办公室出资，数据通过铯星公司的可视化软件、虚幻引擎公司的计算机图形游戏引擎和英伟达公司的Omniverse平台进行整合，使用商业火箭的真实遥测数据和卡纳维拉尔角高分辨率卫星图像模拟发射。负责佛罗里达航天发射场的第45太空发射三角队将使用该技术帮助规划未来行动，以应对日益严重的拥堵并不断提高发射率。

（二）太空可视化

2022年9月5日，澳大利亚军刀航天公司宣布获得美国太空军价值54万美元的小型企业合同，旨在为其"太空驾驶舱"可视化软件增加新功能，本合同为战术资金补充合同（TACFI）。双方于2019年签署合同，在"空军一号平台"企业系统上使用DevSecOps（开发、安全和运营）标准开发"太空驾驶舱"软件，该软件已被太空军用于保密与非保密系统，以加强太空态势感知能力。"太空驾驶舱"使用3D图形和类似游戏的控制方法，为军事人员提供视觉辅助工具。此次合同将升级轨道分发算法，增加该公司开发的太空碰撞预警系统

"哨兵"，为地月空间飞行提供支持。

（三）太空军软件专家

美国"防务要闻网"2022年9月20日报道，时任美国太空军作战部长的约翰·雷蒙德当日在航空、航天与网络会议（ASC）上表示，太空军正通过"超级编码员"等计划培养具有编程能力的"本军种软件专家"，力争使太空军成为以数字和数据为中心的军种。为期3个月的"超级编码员"计划，将参与人员放在软件工厂或者太空三角队的创新单位等部门，赋予其特殊任务，对其进行沉浸式编程训练。目前有约100人加入该计划，在兵力设计、采办需求等与作战部队结合方面已取得初步进展。

第四章 太空演习演训活动

随着太空军事化、武器化进程愈演愈烈，世界各国都非常重视通过太空演习演训活动推动太空力量加快发展。美国为维持其太空军事优势，不断开展多样化的太空演习演训活动，演示联合太空作战技战术，评估太空能力建设要求。法国、印度等也在积极通过太空演习演训活动，为太空军事力量建设与运用提供支撑。

一、美军

美军日益重视太空军事领域演习演训活动的重要作用，除传统的"施里弗""太空旗""全球哨兵"等太空演习活动外，还围绕太空网络战、电子战、轨道战等拓展开展"黑一颗卫星""天空"等系列活动。此外，美军积极参与联合及其他军种演习活动，以持续推动太空战演习从战略层面逐步向战术战役层面聚焦，进一步引领与提升太空作战能力。

（一）"施里弗"演习

20世纪50年代时任美国空军西部发展部主任伯纳德·施里弗表示："从长远看，美国的国家安全取决于能否夺取太空优势，因为未来决定性战争不是海战，也不是空战，而是夺取制天权的太空战争。"① 美国"施里弗"太空战演习是一种以太空作战为中心的计算机模拟演习，始于2001年，每两年在美国科罗拉多州施里弗空军基地举行一次，为期4—8天。随着太空领域重要性的不断提高，从2014年开始改为每年举行。该演习的主要目的是，想定10年后，以主要战略对手为假想敌，以兵棋推演及相互博弈的方式，模拟太空作战组织、太空攻击及防御，重点验证创新航天概念和作战理论，完善并简化太空作战流程，找出太空力量运用的薄弱点，提出后续优化方法及措施。该演习旨在将太空作战能力融入到陆、海、空、网等领域或联合军事训练中，验证其参与作战的模式与效能，并提出作战新概念与交战规则、指挥控制、装备与技术的需求与发展等，全面评估作战效能。

"施里弗-2020"首次由美国太空军主持，主题为太空战略信息在联盟间相互传递，以帮助提高联盟的太空能力。来自美国、英国、新西兰、加拿大、澳大利亚、法国、德国、日本8个国家的200余人参加。据报道，在本次演习中，美方设置了一个反卫星的设定：假想敌对美方和盟友的卫星发动攻击，并试图破坏其太空优势。美方则利用其多层次的反卫星能力进行反击，并试图保护其关键卫星系统。2020年9月为"深潜"阶段，重点研究如何通过协调与整合战略信息相互传输，获得并保持作战和战略优势。2020年11月3日至4日为"顶层设计联盟委员会"阶段，重点是利用"战地信息利用与收集系统"，采取虚拟形式进行，对"深潜"阶段形成的建议进行演练验证，以制定可用于推进和加强联盟在太空领域能力的路线图。时任美国太空军作战部长的雷蒙德表示："施里弗兵棋推演是联合部队、国际、民间和商业合作伙伴探索新的作战概念的首要论坛，以加强太空领域的安全和稳定，我们独特的优势是能够无缝整

---

① 国际网络观察员. 美国"太空军事派"的五个重要手段. 学术 pus. 2021. 10. 16.

合来自多个盟国和伙伴的多领域能力，以创造协同效应。"

2023年3月20—31日，美国太空军太空训练与战备司令部在阿拉巴马州麦克斯韦空军基地的空军兵棋推演研究所开展了"施里弗-2023"演习，英、加、澳、新、法、德、日7个盟国，共约350名军民专家参加，涵盖全球27个司令部和机构。其中，美国国内主要参演单位包括：美国太空司令部、美国印太司令部、美国网络司令部、美国特种作战司令部、美国战略司令部、空战司令部、陆军未来司令部、北美航空航天防御司令部和美国北方司令部、联合参谋部、国务院、商务部、国家侦察办公室、国家地理太空情报局和其他情报共同体（IC）组织、国家航空航天局、陆军和海军战争学院。这是2001年以来美国举行的第16次"施里弗"系列太空战演习，演习以2023年全球重点区域发生冲突为背景，围绕重点区域的太空威胁分析及多域作战问题展开演练与研究，以解决全球环境下重点区域的一体化联合作战问题。演习包含以下五大目标：一是探索多域环境中的太空和网络空间问题，通过多域作战实现战略目标；二是协调促进参演各方对太空系统、网络能力和条令概念的共同理解，在实现作战目标的同时维持安全稳定的太空环境；三是为国际参与者建立共同理念，协调盟国活动以达成同步行动，并提供有弹性的太空架构；四是创新作战概念，以增强有争议的太空领域的安全性和稳定性；五是改善战略和战役决策，无缝衔接盟友和合作伙伴的多域能力，以产生协同效应。

（二）"太空旗"演习

2017年，美国空军首次开展"太空旗"演习，"太空旗"演习是仿照空军的"红旗"演习举行的太空战役战术演习，旨在提升对抗条件下太空作战人员的技战术水平，为应对可能的太空冲突做好准备。演习采取红蓝对抗、虚实结合的方式开展①。参加演习的人员首先进行为期两天的学习，内容涉及任务规划、攻击确认标准、对手能力、合成部队的任务领域概况等。随后，红蓝双方在一个由实装、模拟器和仿真模型共同构成的虚拟战场空间中进行对抗训练。

"太空旗"演习的参演单位均为一线太空作战指挥机构和太空任务部队。第460太空联队作战大队、第50太空联队作战大队扮演蓝方。第527和第26太空侵略者攻击中队扮演红方，模拟潜在对手的敌方能力和战术。战略司令部下辖的国家太空防御中心、联合太空作战中心，空军第137太空预警中队，以及陆军第53信号营的代表作为白方，为演习想定提供真实的背景，并为参演人员提供指导。演习的主要培训对象包括第50作战大队、第50网络作战大队、第460作战大队和第310作战大队的成员。2019年太空军成立后，从2020年8月开始改为由太空军主办。

2022年6月28日，美国太空军的"太空旗"演习获得美军联合参谋部联合国家训练能力认证，是太空军组织的首个跨入联合演习门槛的军种演习，这也意味着"太空旗"演习可获得联合经费和支持，确保太空军在演习中能与其他军种进行更好的整合。位于科罗拉多州施里弗太空军基地的太空军第1三角队第392作战训练中队成为"太空旗"演习的承办方。

2022年8月8—19日和12月5—16日，太空军主导两次"太空旗"演习（"太空旗22-3""太空旗23-1"）。"太空旗22-3"演习由太空军中尉德肖娜·摩尔导演，模拟了太空军在现实冲突中开展的军事行动。本次演习目的包括：训练卫星操作人员独立思考和灵活应变的能力；培训卫星操作人员科学规划、决策、评估风险的能力；学习与其他军种融合的方法；使卫星操作人员更好地了解卫

---

① 刘石. 美"太空旗帜"演习——强化太空实战能力. 军鹰动态，2022年9月23日.

星在作战行动中的价值[①]。"太空旗 23-1"演习以美军欧洲司令部所辖区域爆发冲突为背景,为参演人员设置多种想定来提高他们打赢战争的能力,演习内容包括轨道战技术、电子战技术、太空域感知技术与情报指挥等。"太空旗 23-1"是有史以来最大规模的"太空旗"演习,共有 165 名人员参演,每支太空军三角队均派代表参演,而且由于演习在 2022 年 6 月通过了联合国家训练能力认证,获得邀请其他军种参加演习的资格,所以美国国家侦察局涉太空部门、美空军也都派出人员参演。另外,澳大利亚、加拿大和英国派遣军人参加"太空旗 23-1"。澳、加、英是首批和美国一同加入国家安全联合太空作战倡议的国际合作伙伴,也是 7 个联合发布"2031 年联合太空作战愿景"的成员国。

(三)"全球哨兵"演习

2022 年 7 月 25 日—8 月 3 日,美国太空司令部在加利福尼亚州范登堡太空军基地举办了"全球哨兵 2022"年度演习,这是第 9 次举行该系列演习。这次演习创造了多个首次:首次设立多国地区性太空作战中心、首次使用国家级太空作战工具、首次由非美军人员担任"白军"负责人(美军演习中的白方主要工作是筹划、场景想定、导演、监控和评判红蓝双方对抗等)、首次在范登堡太空军基地举办等[②]。

"全球哨兵"演习始于 2014 年,每年 1 次,是美国主导的战术层面的太空态势感知演习。目前,演习规模不断扩大,参演国已由

[①] 黄梦成. 美举行"太空旗 22-3"联合训练演习谋求太空作战主导地位. 航天防务,2022 年 9 月 7 日.
[②] 三目人. 星球大战:美军"全球哨兵 2022"太空演习. 前沿深度解码,2022 年 12 月 6 日.

当初的 7 个发展到 25 个。演习主要通过"桌面太空态势感知推演"来加强美盟之间的联合太空态势感知能力，旨在密切和发展国际伙伴关系，改进作战协同，促进太空领域负责任的行为，重点是探测、监测和跟踪轨道上的物体，鼓励国际合作，以确保安全、可信的太空行动。鉴于太空战爆发突然、难以实时确认太空战攻击对手、太空态势感知技术能力不足、人工智能技术应用还存在一定困难等问题，西方主要航天国家期望通过改善太空态势感知能力，谋求共同的太空安全目标。

"全球哨兵 2022"年度演习聚焦提升太空监视与跟踪的互操作性，模拟了多个具体任务，如再入地球大气层、空间物体碰撞、解体、机动和反卫星武器测试。演习中，每个参演国都模拟建立 1 个太空作战中心，指挥和控制本国太空态势感知装备，同时合作建立了 8 个地区性太空作战中心。美国为 8 个地区性太空作战中心都配备了顾问，手把手对参演国官兵进行帮带，指导官兵使用系统工作组件、帮助制定作战流程、确定数据共享方法、分析查找各国优势和劣势，并协助地区性太空作战中心完成演习任务。顾问可以是军官、士兵和文职，主要是依据其专业知识、外语能力、技能和地理区域知识来选择。

"全球哨兵 2022"年度演习由时任美军联合部队太空军分部司令部司令迪安纳·伯特少将主持。参演者包括来自美国、澳大利亚、比利时、巴西、加拿大、德国、以色列、西班牙、芬兰、法国、英国、希腊、意大利、日本、韩国、荷兰、挪威、新西兰、秘鲁、波兰、葡萄牙、罗马尼亚、瑞典、泰国和乌克兰等 25 个国家的 150 余人。各国参与者既有军方，也有民用部门，如罗马尼亚的参与单位包括罗马尼亚航天局、罗马尼亚科学院天文研究所、空间科学研究所以及国防部。

演习以想定场景和太空真实在轨情况，针对太空安全行为规范、卫星交会抵近操作、太空态势感知等课题展开演训活动，多国联合利用太空和地面传感器追踪、监测太空在轨物体，建立跨国情报信息共享机制，强化美盟太空安全合作，提升各国军方的太空域感知能力和作战互通性。

（四）"黑一颗卫星"挑战赛

近年来，美国持续开展"黑一颗卫星"挑战赛，不断提升其太空网络进攻和防御能力，同时识别拢络太空网络战人才。"黑一颗卫星"挑战赛旨在为全球安全研究人员提供一个开放协作的在线环境，用于开展黑客攻击和学习研究，以提高太空系统的安全性和弹性。该项比赛也在不断完善赛制，第一届挑战赛由空军和国防部数字服务部门主办，第二届由空军和太空军以及安全研究界共同主办，第三届增加了个人身份参赛模式。2022年5月21—22日，美国空军研究实验室、太空军太空系统司令部及安全研究机构举行第三届实时捕获卫星黑客的"黑一颗卫星"挑战赛资格赛，参赛人员在模拟太空环境中进行开放和协作的黑客攻击；来自世界各地的800余支队伍和约2500名未组队的安全研究人员参加了比赛。经过角逐，共有8支队伍进入决赛。

2022年10月22—23日，第三届实时捕获卫星黑客挑战赛"黑一颗卫星"决赛如期举行，比赛为网络安全研究人员提供了在开放协作的在线环境中进行黑客攻击和学习的机会，提升了太空系统的安全性和弹性。参加决赛的8支队伍首先在卫星操作、地面站接入和逆向工程等方面展开了激烈的竞争，最后在使用数字孪生技术模拟的太空环境中进行攻防夺旗挑战，最终前3名获得奖金。

美国空军计划在2023年举办第四届挑战赛，赛前将发射一颗专门用于网络安全培训和研究的卫星——"Moonlighter"，也将使用该卫星进行真实的在轨夺旗比赛，以取代前三届比赛时使用的平板卫星和虚拟数字孪生卫星。

（五）"黑色天空"电磁战演习

美军面向太空实战，2022年显著加大太空作战演习演训力度，在常态化"太空旗"等演习基础上，开启新的"天空"系列太空实战演习，拓展开展聚焦太空电磁战的"黑色天空"演习以及聚焦轨道战的"红色天空"演习、聚焦优化流程快速生成战术响应太空能力的"视差上升"桌面推演。2022年9月19—23日，美军太空训练与战备司令部完成首次"黑色天空2022"实战演习。演习由第1三角队部队所属的392战斗训练中队主导，太空作战司令部第3、4、5三角队部队、国民警卫队和空军预备役的多个战斗中队参演，演习范围横跨加利福尼亚州和科罗拉多州，并上延至3.5万千米空间轨道，旨在保障太空军能够在安全的环境中启动武器系统[1]。演习设定美国欧洲司令部在空中、地面以及网络空间的多域战行动中面临敌方多方面威胁场景，租用商业卫星作为靶星，通过实兵和模拟训练对多个目标进行电磁效果分层，主要演习实战条件下的卫星干扰，同时还演练作战指挥规划和执行综合作战的过程，细化多种战术行动以及指挥控制关系，是太空军第一次全面而创新的演习。

（六）"红色天空"轨道战演习

2022年10月31日—11月4日，美国太空训练与战备司令部举办了"进攻者红影天空"演习首次进攻行动，也称为"红色天空"

---

[1] 望海. 从美军"黑色天空"演习看联合电磁战指控. 防务快讯，2023年1月12日.

演习。演习由第 527 太空攻击中队主办和领导，重点是训练宽带军事卫星通信操作员和机组人员识别、反应和解除敌人对宽带全球卫星通信星座的干扰。演习模拟了特定的敌方侵略者故意干扰 WGS 通信，由第 26 太空攻击中队预备队扮演攻击者系统的操作员，对第 8 太空三角队第 53 太空作战中队 A 分队负责的宽带卫星通信作战中心太空操作员进行干扰。第 11 太空三角队部队指挥官凯尔·彭罗伊上校说，"红色天空"系列演习与"天空"系列演习没有直接关系，旨在缩小太空军已确定对手为重点的训练差距，保证在有争议环境中执行太空军任务的能力，并提供战备建设和战备验证的机会。第 527 太空攻击中队凯尔·施罗德上尉称，太空军正加大针对对手的训练：一是将演习任务拓展至受到威胁的全部战术任务；二是将演习范围扩大到其他三角队部队，为大国冲突做好准备。

（七）"视差上升"桌面演习

美国太空系统司令部于 2022 年 9 月 7—9 日在佛罗里达州卡纳维拉尔角太空军站进行了首次联合作战桌面演习——"视差上升"。此次演习为期 3 天，侧重于简化跨部门职责，演习对战术响应太空（TacRS）各流程进行了探讨，以研究如何加快响应时间、更快速生成 TacRS 的能力[①]。"视差上升"是一个系列演习，旨在研究和确定可能采用的策略与流程，以使 SSC 与其合作伙伴之间形成合力，最大限度提供在轨作战能力。该系列演习为 TacRS 的能力相关各方提供了交流平台，将确保 SSC 所提供技术的成功及可靠性，确保未来实现太空优势。

---

① 花朝. 美太空系统司令部举行首次联合作战桌面演习. 微视航天，2022 年 9 月 17 日.

（八）"今夜就战"竞赛

"卫星新闻网"2022年10月26日报道，美国太空军太空系统司令部10月12日在加利福尼亚州洛杉矶空军基地举行了首届"今夜就战"竞赛，以研究太空军成员在面对太空威胁时的第一反应，提高太空军对抗太空威胁的意识。竞赛要求演示者们就当前的太空能力开展讨论，通过设想展示其创新，然后对有前景的解决方案进行整合。竞赛收到80多个创新提案，并选出21个团队在评委小组前展示解决方案。获奖名单定于11月18日在洛杉矶宣布，优胜者可获得600—800万美元用于实施其解决方案。太空系统司令部司令迈克尔·盖特林中将和太空作战部副部长特别助理迪安娜·伯特少将担任了此次竞赛评委小组的领导。伯特肯定了竞赛的创新性，盖特林称竞赛与太空军实施的"卫士理念"一致，可使太空军成员了解军事行动并掌握联合作战，培养现代作战人员的心态。

（九）参与的联合及其他军种演习

2022年6月29日—8月4日，美军在夏威夷群岛、南加州及周边海域举办了"环太平洋—2022"联合军事演习，旨在加强与盟友的海上合作，提升联合作战能力，巩固并维持美军印太前沿存在。①"环太平洋"系列联合军演始于1971年，由美国海军太平洋舰队领导，第3舰队与盟友共同开展，1974年后调整为2年一次，"环太平洋—2022"是系列演习的第28次。"环太平洋—2022"演习期间，首次进行无人驾驶试验，"海上猎人"号和"海鹰"号中型无人水

---

① 马俊. 多国航母云集"环太平洋2022"联合演习. 环球时报，2022年6月30日.

面艇各自与一艘驱逐舰组队，展示了海上有人—无人编队的威力。美国海军作战部长麦克·吉尔戴表示，海军在此次演习期间，派出约 30 个无人平台，凸显了海军未来"分布式海上作战、联合全域作战、传感器到射手、有人—无人协同作战"的发展方向。此外，据美国海军学会网站 8 月 8 日报道，美国海军陆战队第三近海战斗团在"环太平洋—2022"演习期间，探索了近地轨道卫星通信的作战应用，目的是通过为多国部队建立超视距无线电和宽带通信、军事和商业卫星混合通信、舰载通信等可靠的通信途径，在被拒止、降级等复杂作战环境中实现指挥控制，并增强与联盟伙伴的互操作性。

2022 年，美国开展"融合项目—2022"演习，演习从 10 月开始，一直持续到 11 月。本次演习专注于印太和欧洲战区，演示和探索联合部队与国际伙伴国如何开展完全互联的联合行动[①]。"融合项目"是美国陆军开展的年度演习，对陆军联合作战的相关先进技术进行演示和验证。2022 年，"融合项目—2022"演习演示评估了 200 余项技术，其中与天基系统有关的主要是"战术情报瞄准接入节点"（TITAN）系统。该系统旨在将传感器与作战单元联接，以支持远程瞄准。雷声公司和帕兰蒂尔公司正在开发系统原型，而诺格公司则正在开发该系统的太空套件，实现该系统从天基传感器获取数据。

"红旗"演习是美国空军开展的年度演习，主要聚焦空战中空中作战力量的联合运用，以及与其他先进技术的结合，太空力量及相关技术是其中重要的参与部分，2022 年共举行 3 次。2022 年 1 月 24 日—2 月 11 日，美国空军 2022 年首场"红旗 22-1"军事演习在内华达州内利斯空军基地拉开帷幕，演习旨在提供高仿真的训练环境，以红蓝对抗的形式，提升参演人员应对高端空战的能力[②]。2022 年 3

[①] 解析美陆军"融合项目"最新进展. 渊亭防务，2023 年 4 月 10 日.
[②] 赵霄. 美空军开展"红旗 22-3"军演. 国防科技要闻，2022 年 8 月 5 日.

月4日—18日,"红旗22-2"军事演习在内利斯空军基地举行,主要演练进攻性制空作战和防御性制空作战任务。2022年7月9日—7月29日,"红旗22-3"军事演习在内利斯空军基地邻近的内华达试验和训练靶场举行,空军第805战斗训练中队的"内利斯影子作战中心"在此次演习中,为参演的多域作战人员演示了先进的太空与网络技术,演示的多域感知手段包括了对太空域的感知,综合集成多源传感器获得的战场信息实现对作战指挥与控制的支持。

二、其他

(一) 法国"AsterX"演习

法国跨军种太空司令部成立于2019年,预定2025年编制人员扩大至500人,在2019年至2025年的六年财政预算期内,法国预计对太空项目投资43亿欧元。值得注意的是,法国在2021年3月8日—12日举行了首次代号为"AsterX-2021"太空军事演习[①]。"AsterX-2021"是一项旨在训练和准备太空战斗人员的战术演习,模拟了一场国际危机,创设了不少于18种不同的太空事件和情景,从袭击法国卫星到威胁平民的太空碎片到对敌通信卫星的干扰。法国太空司令部负责人米歇尔·弗里德林将军将其描述为对该国太空司令部流程和系统的"压力测试"。为了解法国太空司令部的未来需要,这次演习旨在评估法国保护其太空资产并监测日益军事化的太空能力。此次演习体现出法国为应对21世纪的威胁而改组部队和行动的努力,同时也标志着法国政府有意争取成为主权国家更高的

---

① 蓝顺正. 举办首次太空军演,法国意图何在. 解放军报, 2021年3月17日.

"轨道"，以便能够面对未来的任何太空冲突。

2022年2月24日—3月4日，第二届太空军事演习于法国如期举办，演习以虚构的地缘政治冲突为背景，设计的太空环境包含1万多个目标，威胁场景涵盖16个天基事件。演习设计了6个演习日，完成了"24个虚拟日"的演习内容。与首届太空军事演习相比，第二届太空军事演习扩充了演习范围，整合了武装力量部的"全网络防御链"，涉及更多的情报功能。德国和意大利的太空态势感知中心参与了此次演习。欧盟、北约和欧盟成员国的高级代表受邀在演习期间观察并参与讨论。总的来说，法国军方正争取保持在竞争日益激烈的国际俱乐部中成为第三太空大国。

"抛物线网"2022年5月19日报道，法国国防部国防创新局与法国创企Exotrail公司签署了一份开发周期为两年的合同，为法国太空司令部研发定制增强版的ExoOPS任务设计软件，该软件可提供模拟和表征复杂卫星演习的能力，帮助法国太空司令部作战人员对太空作战环境有更全面的了解。

（二）印度"天窗"演习

2022年7月25—29日，印度陆军进行了一场代号为"天窗"的大型军事演习，模拟卫星通信对抗作战。此次演习的目的是持续完善陆军卫星通信能力，以发展更加安全的语音和高速数据卫星通信系统，确保在未来战争中作战并获胜。该演习模拟了未来印度在太空、网络空间和电子对抗下作战的情景，对其卫星通信系统在对抗和干扰条件下的作战能力进行了测试。据印度国防部门人士透露，在"天窗"演习期间，印度陆军激活了从拉达克到安达曼和尼科巴群岛的所有卫星通信资产，此外还模拟了各种技术和作战场景，包括破坏地面通联设施等。目前，印度陆军有数百个使用印度空间研究组织卫星的终端，包括固定终端、车载终端和便携式终端。

（三）美泰"金色眼镜蛇2023"联合演习

据越南"越通社"2月15日报道，泰国和美国主办的"金色眼镜蛇2023"联合演习在2月27日—3月10日举行。演习包括如何应对陆地、海洋、空中、网络和太空领域的威胁，这是该演习首次将太空安全演习纳入其中。作为太空活动训练的一部分，太空安全演习参演人员将学习太空现象影响军事行动时的应对方法，如太阳风暴或地磁场干扰通信和卫星信号。"金色眼镜蛇"演习是亚太地区规模最大的多边联合演习，参演人员包括30个国家的7394名军人。日本、美国、泰国、韩国、印度尼西亚、马来西亚和新加坡等7个国家正式参加演习。中国、印度和澳大利亚三国仅参加人道主义救援演习。此外，柬埔寨、老挝、巴西、巴基斯坦、越南、德国、瑞士、希腊、科威特和斯里兰卡等10国以观察员的身份参演。

第五章　太空作战能力生成运用

作战能力生成与运用是检验太空力量体系优劣的试金石。美国以获得太空实战能力为目标，在加快提升太空实战化能力、加快太空作战人才培养、加快太空作战力量生成的过程中，高度重视太空力量实战运用，检验提升太空作战能力。

一、太空实战化潘多拉魔盒缓缓开启

美国"国防杂志网"2022年2月22日报道，时任美国太空军作战部长的约翰·雷蒙德近日在米切尔研究所主办的在线活动中发表讲话认为，成立两年来太空军发展迅猛，建成了基本的组织架构，发布了新的理论，吸收了新的成员，为进一步发展做好了准备。雷蒙德提出，2022年的工作目标具体包括：（1）改进卫星架构，寻求更具弹性的太空架构，增强抵御对手攻击/干扰的能力；（2）在严谨分析的基础上，细化太空军兵力设计；（3）增加太空军人员，从1.35万增至1.5万；（4）拓展太空战争分析中心（SWAC）职能，调整采办流程，加快采办速度，尽快建立行业合作伙伴关系；（5）利用太空军创新工场（SpaceWERX）与太空推介日（Space Pitch Day）推动太空商业新技术的军事应用，降低成本；（6）整合太空发展局，推进太空传输层的设计工作，为美军提供可靠、弹性、低时延的数据连接；（7）启动跟踪层卫星的设计与建设工作，该层由

28颗卫星组成，预计2024—2025年发射，为作战人员提供任务追踪能力。2022年4月5日，美国空军部长弗兰克·肯德尔在第37届太空研讨会上表示，太空军的重点是支持联合部队与美国盟友，而不是"独立作战"。肯德尔表示，太空是一个作战域，其作用主要向联合部队提供服务，一旦失去对太空的控制，将给地面部队的生存和执行任务能力带来破坏性影响。针对太空军的核心角色，肯德尔提及未来优先事项主要包括：情报、监视与侦察，特别是相关的作战响应能力；定位、导航与授时能力；太空态势感知能力。

（一）推进太空作战力量迭代升级

美国太空军2024财年预算直接转向应对所谓"中国挑战"，进一步完善美国太空军事手段和能力[1]。2022年2月23日，美国太空军太空系统司令部司令迈克尔·盖特林在美国国家安全太空协会举办的太空会议上称，美国空军正在对2024财年预算的"五年计划目标备忘录"做出重大调整，此次重大调整包括太空军预算部分，以应对"中国挑战"[2]。盖特林指出，美国在应对中俄太空威胁方面处于落后状态，2026年是太空军应对"中国挑战"的关键年，也是太空军需具备支持太空作战新秩序相应能力的年份。在此次会议上，盖特林宣布任命波音前高管克莱尔·莱昂为太空系统集成办公室主任，负责协调多个组织的军事太空计划。盖特林称，太空系统司令部的核心职能是加快采办计划的速度，加快美国和盟国太空新技术进入战场的速度，但是太空利益相关方众多，不仅涉及太空军、空军和国防部门的多家机构，而且涉及到多家太空企业，希望SSIO能

---

[1] 廖小刚. 太空军2024年财年预算增长15%. 国防科技要闻，2023年3月16日.
[2] 徐秉君. 美空军部长肯德尔：中国仍然是美国最大的战略性国家安全挑战. 华语智库，2022年3月9日.

跨系统进行横向集成、打通边界，减少内耗，为军事太空计划形成合力。

2022年3月3日，美国空军部长弗兰克·肯德尔在空军协会战争研讨会上发表了主题讲话，阐述了空军和太空军必须进行现代化改造，以应对新出现的威胁和挑战，并再次强调通过军队建设思路的7项"优先事项"，可使空军和太空军具有威慑能力，具备击败对手的新技术、新思维和文化。这7项"优先事项"包括：（1）定义具有弹性、高效的太空作战秩序和架构。这是所有事项中影响最大的一项，空军部计划在太空战争分析中心和太空发展局已开展的工作基础上展开研发，将继续与国家侦察办公室等情报界展开合作。（2）完善联合全域指挥控制，实现作战优化的先进战斗管理系统，利用现代网络和通信能力以及人工智能等新技术，改进空军收集、分析、共享数据能力，形成全网络化、多领域、联合和通用的指控系统。（3）定义下一代空中优势体系，将有人机与低成本自主无人战斗机组合，将采用分布式、可定制的传感器、武器和其他任务设备组合，进行编队作战。（4）在具有挑战性的作战环境中，大规模捕获移动目标。（5）根据敏捷作战运用，在竞争激烈的环境中，定义弹性基地、维持保障和通信。（6）定义B-21远程打击系统，包括可使用更低成本的无人自主战斗机。B-21系统可提供一系列传感器、其他任务有效载荷、武器或设备。（7）空军部做好向战时态势过渡的准备，以对抗同级别对手。从休息状态到动员兵力，将兵力机动到战区，再支持完成任务，需要大量信息系统、后勤保障和工业基础设施的支持。肯德尔称，虽然俄乌冲突对美国及盟友构成威胁，但中国仍然是美国国防部最关心的问题；应对中国先进军事能力是拜登政府国家安全战略和国防战略的重要组成部分；中国拥有地区和全球"野心"、拥有追求"野心"的资源和体制，将对美国国家安全形成最大的战略挑战；美国空军和太空军迫切需要实现现代化以应对中国威胁。

2022年9月21日，美国太空军参谋部主任尼娜·阿曼诺中将在空军太空军协会主办的航空、航天和网络（ASC）会议闭幕式上，简述了"太空优势"愿景，首次公开谈及太空军作战进攻能力。阿曼诺称，俄中在太空的影响越来越大，对美国卫星的威胁能力也越来越强，太空军必须站在对抗敌人的前沿。这意味着太空军需要具备承受攻击的能力，同时也需要具备反击能力。战争一旦打响，战斗将不仅仅局限于太空，而是包括空、陆、海上、海下、太空及网络在内的一体化全域作战，同时她强调这就是美国在战斗中要具备的对抗能力。阿曼诺指出，太空军已将自己设定为联合部队关键推动者的角色，既要有保证世界秩序正常运行的能力，也要有威慑对手的能力。她补充说，太空军正在整合相关能力，稳扎稳打，逐步实现太空优势，从而慑止敌方进攻，抵御任何可能出现的威胁。

（二）加快构建弹性太空作战体系

据"防务新闻网"2022年2月18日报道，美国太空系统司令部执行主任乔伊·怀特在出席新一届太空研讨会时表示，为应对不断增加的在轨威胁，太空军计划到2026年实现更具弹性的太空架构，并且具备"最大作战能力"。近期美国空军部长、太空军作战部长、前国家侦查局官员、太空军采办和规划负责人均表示太空军2022年的工作重心将转向弹性太空架构。基于此项目标，太空系统司令部将在未来几周进行机构调整，旨在减少繁琐管理流程，增加各行业参与度，并加强对关键任务领域的关注。另外，太空系统司令部要求所有采办人员每月召开威胁简报会，并向行业提供简报会的内容。在行业合作方面，太空系统司令部讨论了一项名为"太空系统司令部前门"的利用商业创新的新举措；在需求生成方面，太空系统司令部将与太空作战分析中心密切合作。

美国太空业界持续关注太空"弹性"能力建设问题。2022年3月4日，在空军协会举办的空战研讨会期间，美国太空系统司令部司令迈克尔·盖特林主持了一次小组讨论。太空行业高管们在讨论会上表示，随着中俄对抗美国及其盟国通信、导航卫星网络的技术发展，业界都认识到军用卫星缺乏抵抗电子干扰、激光攻击和网络黑客攻击的能力，因此军用卫星亟需增加弹性，但如何使军用卫星更具弹性并实现太空优势尚未定论。盖特林称，太空军事优势并非在地理上征服太空领域，而是要确保卫星能够为地面部队提供通信、导航和情报等能力。雷神公司埃里希·埃尔南德斯·巴克罗认为，太空优势是己方拥有太空行动自由并能限制敌方太空行动自由；应重点研讨实现太空弹性的途径；为确保卫星网络能够克服网络攻击和其他威胁，国防部应改变部署卫星方式；应重视机动能力及相应的物流和供应链建设；美国下一代"国防太空体系"还需要利用人工智能和机器学习等技术，以便能自主防御。波音公司布莱恩·埃伯哈特认为，军事太空弹性应有资产弹性与任务弹性两种理解。资产弹性是针对卫星实体而言，任务弹性指即使损失部分卫星也能实现作战目标。一旦卫星被摧毁，军方可组织在轨或陆基快速补星，保证作战能力。科学应用国际公司谢尔曼·约翰斯认为，太空军需要用现代数字工程技术训练作战人员进行太空战，并测试系统在受到攻击时的反应；太空军需要建设有模型、模拟和可视化工具的强大训练基础设施，使指挥官能看到问题并及时作出决策。

美国太空军强调必须向更具弹性的太空架构转型。[①] 2022年4月5日，时任美国太空军作战部长的约翰·雷蒙德在第37届太空研讨会上发表主题演讲时称，美国的太空能力最初是基于良性标准设

---

① 美太空军2026年将实现更具弹性的组织架构. 学鹰动态，2022年3月13日.

计的，专注于精湛的技术性能。此前没有优先考虑发展速度，是因为自身在科技方面享有巨大的领先优势；也没有优先考虑太空弹性，是因为当时威胁较少和成本太高。但现在太空领域发生了很大变化，进入了大国激烈竞争的时期，特别是中俄对太空安全构成了严重威胁。因此太空军必须向更具弹性的太空架构转型，以实现在多个轨道上拥有多样化的能力组合，并且不再继续建造精致的昂贵卫星。他指出太空作战分析中心正在通过模型和仿真来设计太空系统，评估其在面对不同威胁时的生存能力，以规划未来的太空架构。例如为实现性能、成本和弹性方面的平衡，需要多少颗卫星，需要哪些有效载荷、轨道和地面基础设施等。雷蒙德说，刚刚公布的2023财年预算申请大幅增加了太空军的投资，以提升未来所需的太空能力，但太空军和业界依然需要加强合作。一方面太空军要积极从业界获取创新技术，另一方面业界要帮助太空军降低太空系统的成本。他指出，构建作战中具有弹性的分布式架构的关键驱动力是降低成本，而这需要双方一起变革，以保证分布式的、有弹性的兵力设计能够顺利推进，从根本上改变进入太空的方式，并加快进入的速度。

美国太空军制定开发弹性在轨能力时间表。2022年5月17日，时任美国太空军作战部长的约翰·雷蒙德在参议院拨款国防小组委员会上表示，目前美国国家安全卫星系统中的卫星数量较少，防御能力很弱。从2023财年开始，太空军的首要任务将使太空资产更具弹性，为完成多样化任务开发大量卫星星座，尽可能多地填补地球可用轨道。雷蒙德预计弹性架构在2027年形成初始作战能力。此外，美国太空发展局局长德里克·图尔纳表示，用于导弹预警、跟踪与防御的"混合架构"，预计在2026年具备低地球轨道/中地球轨道预警与跟踪的"初始全球能力"，2027年具备"稳定的全球能力"，2030年开始全面运行。

（三）全面提升全域态势感知能力

美军认为，太空态势感知能力是太空作战的关键和基础，美军正在全面提升包括地球轨道空间、地月轨道空间等态势感知能力。2022年1月25日，美国太空系统司令部宣布，美国太空系统司令部授予L3哈里斯技术公司一份关于太空指挥与控制项目的合同，价值4970万美元，用于开发高级跟踪和发射分析系统，实现太空指挥与控制项目核心能力现代化，从而提高太空域感知和太空事件管理能力。太空指挥与控制项目能为太空作战提供及时决策，为美国太空军发展太空攻防控制能力奠定基础。太空系统司令部将通过高级跟踪和发射分析系统对美国太空军的太空域感知能力进行现代化改造，取代即将退役的太空防御作战中心网络系统。

2022年3月8日，美国太空司令部司令詹姆斯·迪金森和战略司令部司令查尔斯·理查德在参议院军事委员会上表示，太空军目前的首要任务是建立天域感知（SDA）能力，确保美国准确了解太空事件及原因，为领导者提供决策优势和政策建议。为应对中俄包括反卫星测试在内的太空威胁行动，建立太空域感知能力将成为军事委员会2023财年国防预算审查的一部分。迪金森表示，太空军发现用于陆基弹道导弹防御传感器的TPY-2（移动式雷达监视）雷达具备在太空中追踪和查找目标的能力，可用于支持太空域感知。

在此背景下，美国太空军成立了第19太空防御中队，进一步增强了美国太空态势感知能力[1]。2022年4月20日，美太空军第2三角队中校马修·林特克在C^{4}ISRNET会议上称，第19太空防御中队

---

[1] 廖小刚. 美太空军成立专注于深空态势感知的太空防御中队. 国防科技要闻，2022年4月22日.

正与美国国家航空航天局、空军研究实验室、太空系统司令部等合作，运用专业知识改善太空安全和防御，中队在太空军的主要任务是负责关注地月空间的传感器和系统；美国太空军、太空系统司令部和美国国家航空航天局在载人航天、国际空间站和探索地月空间方面已建立了密切的关系，地月空间领域也已引起中国、俄罗斯以及其他很多国家的巨大兴趣，与之相关的军事风险将随之而来；太空军成立19太空防御中队，可以集中精力更好地应对这一风险。

与盟友联合共享提升态势感知能力。比如，2022年4月25日，美国国防部和韩国国防部在华盛顿特区举行了第18次韩美司局级国防太空合作会议。会上双方签署了用于军事目的的太空态势感知协议。协议规定两国将共享太空情报，通过共同训练和演习培养太空专业人才，提高太空联合作战的互操作性。此前，美国已与多国达成了军事太空态势感知合作协议。

此外，地月空间态势感知需求日益旺盛。2022年1月19日，时任美国太空军作战部长雷蒙德在战略与国际问题研究中心网络研讨会中，预测了美国对地月空间态势感知的需求。雷蒙德认为，拥有安全、可靠、稳定的地月空间环境是开展重返月球任务的重要基础。此前，美国国家航空航天局已经表示在2025年之前让宇航员重返月球，计划开展两次将航天器送往地月空间的试飞行动，第一次试飞方式为无人驾驶，第二次试飞方式为无人驾驶但不着陆。与此同时，美国国家航空航天局和一些公司正在计划一些太空机器人任务。雷蒙德表示，太空军的主要作用就是为国家提供太空能力，确保太空安全稳定，保证太空作战优势，在未来的5—10年里，太空军必须提高包括地月空间在内的态势感知能力。据"卫星新闻网"2022年4月26日报道，美国轨道逻辑公司正在支持诺·格公司开发、测试和交付深空先进雷达能力（DARC），以支持美国太空军太空系统司令部的太空域感知任务。DARC的运营，将利用轨道逻辑公司的海姆达尔软件解决方案来优化太空态势感知/太空域感知（SSA/SDA）的传感器规划和调度。该软件将针对DARC进行配置和扩充，并综合功能、约束条件和任务目标/需求，使DARC能够作出更好的决策，以更有效地利用传感器资源，从而改进目录，提供有关目标、事件和场景的更高质量、更具可操作性的信息。

美国太空军将关注地球静止轨道（xGEO）外层空间监视需求。2022年5月16日，美国太空军太空作战司令部司令斯蒂芬·怀廷在米切尔研究所组织的活动上表示，随着美、中、印、日、俄、韩和阿联酋等国开始在月球及更远的太空实施任务，地球静止轨道之外的外层空间活动日益增多，因此太空军的监视范围将扩展到更远的深空，更加关注地球静止轨道之外的外层空间态势，而不局限于目前仅专注地面行动。据悉，军方的太空领域传感器主要用于跟踪3.6万公里以内地球轨道上的卫星，处于更远距离不同轨道的大多数太空活动则不受监控。目前，太空军已指定由第19太空防御中队与美国国家航空航天局、学术机构和空军研究实验室（AFRL）合作，负责地球静止轨道空间的监视，以扩大军方监视能力。

美国太空系统司令部加快推动太空域感知能力提升。2022年9月28日，美国太空系统司令部司令迈克尔·盖特林当日在毛伊岛光学和太空监视技术会议上表示，太空对军事行动至关重要，太空域感知可更好地了解轨道物体及其可能造成的威胁，是保证太空安全的"基础"，能为美国及合作伙伴提供持续优势。他说，太空军有责任跟踪潜在威胁，确保联合作战人员使用太空资产完成战斗任务；太空军需不断提升太空域感知能力，特别是确定新物体的来源及意图，并在必要时进行防御。他强调，需要降低太空域感知信息密级，以便加强与工业界、学术界和国际伙伴的合作，共享相关信息。

（四）高度关注高超声速导弹防御

2022年1月6日，美国国务卿布林肯和国防部长奥斯汀通过线上视频会见日本外相林芳正和防卫大臣岸信夫时宣布，美国和日本将签署一份加强双方在新兴技术研发方面进行合作的新协议，包括先进太空系统和反高超声速导弹研究，但没有提供更多详细信息。布林肯表示，该协议将促进双方合作发展针对高超声速导弹的防御系统和天基能力，双方计划投入更多资源以深化军事准备和互操作性。美国等西方国家积极发展弹道导弹和高超声速导弹防御的激光武器技术。根据美国2022财年国防授权法案，美国国会授权导弹防御局研究和开发用于弹道导弹和高超声速导弹防御的激光武器技术。法案要求，国防部长授权导弹防御局长指导和管理适用于弹道导弹和高超声速导弹防御任务的定向能计划，优先考虑技术早期研究和开发，以支持未来相关作战能力。除了在2022财年国防授权法案中授权导弹防御局开展定向能计划外，国会还批准了大约1亿美元的定向能研发资金，其中5000万美元用于改进高能激光光束控制，2000万美元用于短脉冲激光定向能演示。导弹防御局的长期目标是在无人机上部署激光武器，在洲际弹道导弹上升阶段予以摧毁。此次国会授权导弹防御局研究和开发用于导弹防御的激光武器技术，对定向能武器开发具有重大意义。

此外，美国积极发展天基导弹防御新兴技术。2022年4月18日，美国洛克希德-马丁公司军事太空任务战略高级主管埃里克·布朗表示，公司近日提议在太空中建立多轨道数据传输网络，使不同轨道上的所有卫星能相互通信并通过光学链路共享数据，构建无需地面站支持即可实现从早期预警到拦截的导弹防御链。布朗称，此举将对敌方先进的弹道导弹和高超声速导弹形成有效的防御，极大地提高美国国防部的导弹防御能力，但构建该太空数据传输网络涉及面广，将大大提高导弹防御成本。布朗表示，国防部正花费数十亿美元建设地球静止轨道和极地轨道的导弹预警太空传感器，但尚未计划将其与低地球轨道和中地球轨道部署的星座连接起来。布朗称，公司后续将加强和太空发展局及商业公司的合作，推动太空数据传输网络的建设。

2022年4月15日，美国国防高级研究计划局也发布公告，其正在为"滑翔破坏者"项目第二阶段工作寻求创新提案。国防高级研究计划局表示，该项目将有效填补美国构建防御高超声速威胁防御能力所需的技术空白。"滑翔破坏者"项目旨在提升美国对抗新兴高超声速威胁的能力。该项目第一阶段的目标是开发和演示转向及姿态控制系统，使杀伤性飞行器能够在滑翔阶段拦截高超声速威胁目标。通过研发推进技术，实现对高机动高超声速威胁目标有效打击。

（五）高度关注太空网络安全防御

美国"空军与太空军网"2022年10月14日报道，美国太空作战司令部司令斯蒂芬·怀廷在战略与国际问题研究中心主办的线上会议上表示，太空军尚未了解所有的网络威胁，因此太空作战中的网络安全是容易被忽视的漏洞，这也是太空作战的"软肋"。怀廷称，网络安全比物理安全更模糊，必须保证网络安全，太空军正努力提高支持作战的网络能力。他指出，如果没有太空军为各种层次的冲突提供太空能力，联合部队就做不到"想怎么打就怎么打"。怀廷表示，由于太空军网络的重要作用，除依靠情报和监视来识别威胁之外，太空军还将增强网络安全措施。具体包括：在武器系统层面上投资网络安全；建设太空军专属的任务防御团队，积极监控网络系统；建设高水平网络安全能力，研究所有网络及各种网络活动。

美国太空军已将网络空间中队嵌入太空作战任务。美国施里弗太空军基地于2022年9月26日举行轨道防御入门课程（ODIN）培训结业仪式，学员包括第9太空三角队成员，以及嵌入该三角队的第6太空三角队第69网络空间中队成员。此次培训是美国太空军计划的一部分，该计划旨在将网络和情报能力嵌入太空作战中队，以增强决策能力和提升战备能力。轨道防御入门课程是第9太空三角队的认知课程，内容包括轨道力学、作战理论、当前太空资产面临的威胁等方面的通用知识。第69网络空间中队成员通过与太空作战人员共同培训，在掌握基本轨道作战知识的同时，可更好地理解和应对第9太空三角队遇到的问题，并提供积极的网络防御以保护和捍卫其作战任务。第6太空三角队下一步准备将更多的网络空间中队嵌入到其他太空三角队，以便将网络能力扩展到更多的太空军任务。

二、美国加快太空作战人才培养

太空作战具有超远距离、超快速度、潜在先发优势以及独特作战环境等鲜明特点，特别需要熟悉这些特点的专业人才。美国太空军十分重视人才队伍建设，特别是在吸引、招募、发展、培训和稳定人才等方面采取了诸多措施，以期最终实现"吸收国家最优秀人才来解决太空最棘手问题"这一目标。[①]

---

① 晓华勇. 要在得人：从人力资源举措看美太空军建设. 华语智库，2021年8月23日.

（一）高度重视太空作战人才培养

美军高度重视太空军人才建设，将太空军人才视为"最宝贵的资产"。为实现美国在太空领域的主导地位，保护其太空资产免受对抗性威胁，确保外层太空环境的稳定，美国太空军2022年以来在其大学伙伴合作计划（UPP）下加强了与学术界的合作。得克萨斯大学（UT）奥斯汀分校于2021年8月成为UPP成员后，2022年1月1日又成为在UPP倡议下建立战略合作伙伴关系以支持太空军招募和培训多样化人力资源的大学最新成员。得克萨斯大学研究业务副校长办公室防务研究推进主任塞思·威尔克表示，大学将帮助太空军培养下一代战斗人员，并通过研究和创新支持军事部门。另外大学还将通过让后备军官训练团的学生参与新兴研究课题，帮助他们在国防部找到工作，从而解决人力资源短缺问题。

长期以来，美军在关注太空动能战、在轨部署核与激光武器等"硬"攻击的同时，更加关注卫星、太空态势感知以及应对黑客攻击或干扰卫星通信等"软"攻击。太空军通过与大学合作开展尖端研究，培训一支以技术为重点的队伍，旨在更好地保护卫星间安全通信，增强太空监视体系，更全面地理解轨道环境。2022年9月19日，美国空军部长弗兰克·肯德尔在航空、航天与网络会议上发表讲话称，美军慑止对手不仅依靠技术实力和先进武器，更要依靠积极、专业、高能力与训练有素的联合部队。肯德尔突出强调了人在军事行动中的重要作用，指出空军部既需要解决好空军和太空军人员的后顾之忧，改善其待遇和地位，更需要引入高素质的专业人才，为此空军部正在制定新政策。这些政策包括：改善住房待遇，积极推行"承租人权利法案"；调整工作分级方法；提升空军和太空军福利；使用新思维、新方法招募人员等。

2022年10月12日，时任美国太空军作战部长的约翰·雷蒙德视察了科特兰空军基地。雷蒙德向基地成员介绍了太空军太空作战的情况，并就科特兰基地各单位应如何推进太空作战任务提出建议。视察期间，雷蒙德通过电话会议向太空军及空军相关人员发表讲话。雷蒙德表示，太空军正寻求太空能力多样化，以使太空具有更强的防御性、体系架构更具弹性。目前太空快速能力办公室、防务威胁消减局及空军研究实验室正在这方面发挥着重要作用。雷蒙德强调，太空军工作的重点包括培养人才、提交预算、发布条令、设计兵力、做好战备、展示战斗力等6个方面，并指出首当其冲的是培养人才。当天，雷蒙德也视察了科罗拉多州巴克利太空军基地，接见了基地的空军和太空军人员并发表讲话，强调太空军必须注重人才培养。讲话中，雷蒙德谈到了太空军的建立、愿景和使命，对该基地的空军和太空军顺利完成各项任务表示了感谢，对9名在履行和献身太空军使命方面做出杰出贡献的人员进行了表彰。在回答关于太空军及其发展方向的问题时，雷蒙德表示，太空军最重要的事情是要培养自己军种的人才，涉及招募、评估、培训、发展、晋升、留用、支付薪酬等。他指出必须把这些事情做好，太空军才能成为真正独立的军种。

2022年9月1日，美国海军研究实验室海军太空技术中心主任史蒂文·迈耶，在国家安全太空协会主办的网络研讨会上表示，海军近年来重视太空人才培养和太空能力建设，在研究和开发太空专业知识方面持续增加投资。迈耶讲话涉及了海军建设太空能力的三个方面，其中包括培养太空人才。他指出，海军一直在培养太空骨干队伍，并于2021年8月启动了"海军太空军官"计划，旨在招募军官形成海军与太空一体化的专业人才群体。

（二）多渠道培养太空作战人才

时任美国太空军作战部长的约翰·雷蒙德曾说："太空军在工程、科学和技术方面面临着一些最严峻的挑战。太空很难，我们需要我们国家最聪明的头脑来帮助我们解决这些问题，这就是我们为什么建立了大学合作伙伴计划以利用我们全国大学的创新。"[1]

1. 美国太空军与大学合作开展人才培养工作

为实现美国在太空领域的主导地位，保护其太空资产免受对抗性威胁，确保稳定的太空环境，美国太空军在大学伙伴合作计划下加强了与学术界的合作。

得克萨斯大学奥斯汀分校于2021年8月成为大学合作伙伴计划（UPP）成员后，2022年1月1日又在UPP倡议下与美国太空军建立了战略合作伙伴关系，以支持太空军招募和培训多样化成员。得克萨斯大学表示，大学将帮助太空军培养下一代战斗人员，并通过研究和创新支持太空军部门。另外，大学还将支持后备军官训练团的学生参与新兴研究课题，帮助他们在国防部工作，从而解决国防部人力资源短缺问题。

2022年4月14日，美国太空军作战副部长大卫·汤普森上将和霍华德大学教务长兼首席学术官安东尼·武托博士，分别在国防部和华盛顿特区的霍华德大学校区，通过线上仪式签署了霍华德大学加入大学合作伙伴计划的谅解备忘录。汤普森表示，霍华德大学培养了众多世界级的科学和工程人才，能够帮助培养未来的太空军人才，也可以给太空军带来所需要的技术专长、思想和经验，从而为

---

[1] 赵霄. 美太空军公布人才发展战略. 我们的太空，2021年9月23日.

国家在太空的安全利益服务。武托表示，霍华德大学与太空军合作的目的是，支持重要国家安全目标的同时推进STEM研究。

2022年6月7日，亚利桑那州立大学和美国太空军在该大学坦佩校区签署协议，正式加入太空军大学合作伙伴计划。太空军首席技术与创新官丽莎·科斯塔、太空司令部监察长大卫·富兰克林上校与大学校长迈克尔·克劳共同出席签字仪式。科斯塔称，亚利桑那州立大学在航天工程、国防研究和创新方面实力卓越，必将为太空军的高等教育和人力资源发展铺平道路，为未来的太空军任务提供有力支持。克劳表示，亚利桑那州立大学在地球和空间研究方面居于领先地位，研究领域广泛，至今已主导和参与了20多次太空任务，并开发了相关的太空仪器。通过与太空军合作，亚利桑那州立大学必将加快探索宇宙的步伐。之前已加入UPP的大学有：佐治亚理工学院、麻省理工学院、普渡大学、科罗拉多大学博尔德分校和斯普林斯分校、北卡罗来纳农业技术州立大学、北达科他州大学、南加州大学、霍华德大学、亚利桑那州立大学、得克萨斯大学奥斯汀分校和埃尔帕索分校等。

2022年9月9日，时任美国太空军太空作战部长的约翰·雷蒙德在美国国家航空航天局约翰逊航天中心与波多黎各大学校长鲁兰博士签署了大学合作伙伴计划，波多黎各大学成为太空军UPP的第14个成员。波多黎各大学工程学院长期从事卫星对地成像研究，可直接支持太空军的任务。通过签署协议，太空军可进一步了解该大学的太空计划与太空能力。雷蒙德表示，太空军需要接受过高等教育、具有STEM专业知识的人员来开发运营先进的太空系统，需要波多黎各大学此类合作伙伴以及大量优秀人才帮助太空军解决问题，构建解决方案，操作复杂的平台、系统和网络，以确保美国在太空中的优势。

美国太空军将与约翰斯·霍普金斯大学合作开展研究生教育。

据约翰斯·霍普金斯大学官网 2022 年 10 月 26 日报道，美国太空军将与约翰斯·霍普金斯大学的高级国际研究学院和怀廷工程学院合作，定于 2023 年在华盛顿特区开展量身定制的研究生教育。入选的太空军军职与文职人员可获得国际公共政策硕士学位。该计划的课程包括高级国际研究学院研究生课程与军事职业教育课程，可满足美国太空军不断变化的特定需求。高级国际研究学院课程侧重于技术、政策和安全，包括国际安全、国际公共政策、道德和领导力等多学科；怀廷工程学院的专家将通过其太空系统工程项目讲授太空为重点的选修课，包括太空系统工程、太空系统工程基础和航天器集成与试验等。学生可自行选择与其期望的职业目标和学习成果最相关的课程。

美国太空军举办首届大学联盟研讨会。美国太空军于 2022 年 8 月在科罗拉多斯普林斯举办了第一届大学联盟（UC）研讨会。会议期间，太空军科学、技术和研究办公室与 27 所大学和行业领袖共同探讨了太空军解决敏感领域问题的多个计划，并决定创建 3 个战略技术研究所（STI），以确定未来十年科学技术增长的关键领域。研究所由来自全国各地的大学、业界和非营利组织组成，旨在汇集团队专业知识，提高太空能力。各研究所研究的重点工作分别为：（1）xGEO 和太空域感知战略技术研究所：重点在确保地球同步轨道以外太空域的安全、可持续的全球机会和增长所需的技术。（2）太空服务和制造战略技术研究所：重点将放在太空能力，包括但不限于服务（航天器的检查、延寿、修理或改造、交会、接近操作、对接、加油或重新定位）、组装（使用预制组件在太空建造）及制造（将原材料或回收材料在太空中转化为产品）。（3）先进遥感战略技术研究所：重点将放在通过新的现象、技术、硬件和软件提高态势感知能力，同时提高精度并降低遥感器的尺寸、重量和功率需求。太空军计划在 2023 年 3 月对研究所的提案发布公开和竞争性的征询，

4月截止征询，6月公布中选方案。研讨会还召集多家小型企业和初创企业，与大学开展了积极对话，对话内容集中在研究需求、学生就业准备和技术转让方面。

2. 美国空军与太空军共议人才多样性及领导包容性

2022年2月16日，美国空军多元化和包容性办公室为空军和太空军有关人员举办了一场线上讨论，讨论包容性领导人及多样化需求，以更好应对21世纪作战环境的复杂挑战。参与讨论的领导包括空军副部长吉娜·奥尔蒂斯·琼斯、前参联会主席迈克尔·马伦以及空军多元化和包容性办公室主任玛丽安·马利齐亚。琼斯称，如果领导人没有包容性，就不是成功的领导；领导人不能光说不做，要落到行动；领导人必须团结空军和太空军，促进相互尊重，鼓励多样性对话。马伦表示，领导人需以多种方式为部队创造发展机会，以带来更多成果；人才存在多样性，部队必须依靠人才，开发先进的技术和战术；只有重视多样性，部队才能更好的发展；领导者的工作是深入到重要问题中去倾听、学习、理解和领导；领导人在每个岗位上，都有责任积极学习和领导。关于多元化和包容性的未来，琼斯和马伦都认为既取决于现任领导人也取决于未来领导人。

3. 美国太空军将直接招募情报领域职业军官

美国太空军在2022财年推出网络领域军官直招后，将在2023财年推出情报、监视和侦察领域军官直招，利用业界现有的尖端人才加速提升太空军情报能力。太空军目前已获授权，可直接任命ISR和网络人才为现役军官，并授予更高的军衔和级别，起始军衔可从中尉到中校。太空军首批直招网络军官已于2022年9月30日从军官培训学校毕业。太空军ISR和网络领域招募部门发布的报名条件包括：服役期限为4年以上；必须是美国公民；学历最低为本科，硕士/博士优先；目前不招预备役/国民警卫队；年龄低于40岁（高端人才可例外）；必须符合兵役要求并通过最高保密审查；必须参加为期八周的军官培训学校；根据个人能力、喜好与太空军需求决定服役地点。

4. 美国太空军筹建国家太空测试和训练中心

"防务新闻网"2022年6月16日报道，美国太空军在2023财年预算中为国家太空测试和训练中心（NSTTC）申请了7100万美元，预计2024财年的预算将继续增加。根据2022年5月份发布的《太空测试体系化愿景》，美国太空军正在筹建NSTTC，通过连接太空运营商的模拟器，为太空军人员提供一个虚拟的联合作战环境以开展太空测试和训练。建设NSTTC旨在加速项目测试和人员培训，并降低相关成本；开展实时战术训练，提升作战人员的实战能力；评估新的卫星和传感器是否符合设计要求，在地面及时发现并修正设计缺陷。太空军目前负责运营一个地基电子战靶场（施里弗天军基地的太空测试和训练靶场），还将建设一个专用的网络测试靶场。目前NSTTC建设面临最主要的技术难题是创建真实反映太空领域的虚拟环境。空军研究实验室（AFRL）和太空系统司令部（SSC）正与太空训练与战备司令部（STARCOM）合作，以确保能够获得构建系统所需的数字化工程工具。

5. 美国太空战术课程纳入"五眼联盟"成员

美国"国防科技信息网"2022年7月13日报道，6月21日至30日，在美国范登堡太空军基地，来自"五眼联盟"的成员在太空战术课程中进行了合作，旨在通过有效规划来增强全球太空作战能力。课程培训由太空军第5太空三角队第55战斗训练中队主办，有来自澳、加、新、英、美五国的39名人员参加，包括20名教官与

19名学员。本次课程是首个面向"五眼联盟"成员的战术层面课程，之前的课程则以战略层面为主。第55战斗训练中队理查德·戴维斯上尉表示，课程进行了适当调整，目的是培训空军和太空军人员在战术和作战层面规划太空作战，以弥合战略与战术层面之间的差距。

6. 美国海军谋求提升太空作战能力

美国"防务快报网"2022年9月1日报道，美国海军研究实验室海军太空技术中心主任史蒂文·迈耶在国家安全太空协会主办的网络研讨会上表示，海军近年来重视太空能力建设，在研究和开发太空专业知识方面投资持续增加。迈耶讲话涉及了海军建设太空能力的三个方面：（1）培养太空人才。海军一直在培养太空骨干队伍，并于2021年8月启动"海军太空军官"计划，旨在招募军官形成海军与太空一体化的专业人才群体。（2）提出太空需求。海军一直在研究分析本军种的太空需求，并反馈给太空军。目前海军的太空需求包括5部分：天气及环境监测；情报、监视和侦察；定位、导航和授时；卫星通信；导弹预警、过顶持续红外和支持弹道导弹防御。（3）参与太空系统研发。NCST具备"端到端"研究太空系统的能力，从轨道学到卫星设计、建造、组装、集成、测试，直至最后地面站运营，目前也在进行一些前沿项目。如为国防高级研究计划局的地球同步卫星机器人服务（RSGS）项目提供机械臂；为太空发展局的传输层0期，开发和管理用于其初始数据中继和导弹跟踪卫星的地面系统。

7. 美国太空军设立"北极星奖"

美国太空军定于2022年11月18日在洛杉矶举行首届"北极星奖"（Polaris Awards）年度表彰会议，宣布获奖人员名单。该奖为美国太空军业务司令部级别奖项，也是太空军军种特有的年度奖项。太空作战部长钱斯·萨尔茨曼称，"北极星奖"可体现太空军的价值观，将引导太空军人员的行为，直接影响人员执行任务和保持战备状态的能力。北极星奖包括代表太空军价值观的品质、勇气、履约和联络四种个人奖项以及体现全部价值观的团队卓越奖项。太空作战司令部、太空系统司令部和太空训练和战备司令部分别选出了各自获奖人员与团队，其余部门获奖人员则由参谋部主任决定。

三、典型战例一：空袭叙利亚

当前，美国已成立了太空军和太空司令部，并重新确定作战编组，初步构建了美国未来太空联合作战体系的基本架构。为了深入了解美国太空力量联合作战运用，我们选取2018年4月美国联军空袭叙利亚实例，重点分析天基信息支援和太空控制在战役战术行动中的支援保障和协同作战流程。

（一）基本情况

2018年4月7日，叙利亚境内发生化学武器伤害平民事件。美国联合英国和法国组成联军，以该事件为借口，于当地时间4月14日凌晨4时，对叙利亚3处疑似化学武器设施实施了大规模远程精确打击[①]。联军在叙利亚的作战地点远离美国本土，联军采取了非接触间接精确打击方式，在叙、俄方已部署防空反导火力及电子对抗

[①] 吴治国. 还原美英法空袭叙利亚全程：兵分多路同时到达，新老装备同上阵. 环球军事，2018年4月19日.

装备的条件下，联军成功运用佯攻策略吸引转移叙、俄目标，实施远程同步打击行动，天基信息系统在支援作战中发挥了至关重要的作用。

当时，美国军用卫星体系及地面系统进一步升级，在轨军用卫星已经从 2003 年伊拉克战争时期不到 100 颗增加到 2018 年 4 月的 188 颗，系统类型及能力也得到完善与提升。美国联军空袭叙利亚主要分为：战前准备、方案制定、打击实施和战后评估四个阶段。太空系统在美国联军空袭叙利亚各阶段实施了重要作战保障，为本次作战打击精度历史最高、首次实现天基信息支撑战役作战联合行动提供了重要支撑。美国国防部表示，美军利用天基信息系统，在极短时间内完成了"一次性打击""高精度"作战行动。美军作战指挥员表示，从某种程度上讲，作战行动时间和计划是由航天参谋来决定的。

1. 战前准备，侦察监视提供情报支持

2018 年 4 月 7 日，美国时任总统特朗普发表紧急声明"将在 24—48 小时内决定如何对叙利亚化学武器伤害事件做出回应，不排除包括军事行动在内的任何行动选项"，表明了作战决心。事实上，美军在空袭叙利亚之前就开始着手战争准备。美国联军利用其发展的天基侦察监视系统，通过光学、雷达等成像卫星，电子侦察卫星，多手段、长期、持续地对作战地区进行了侦察监视，全面掌握叙利亚、俄罗斯的军事部署、部队序列和武器型号等情况。

2. 方案制定，航天力量深度参与其中

在掌握了俄、叙方部署有先进的区域防空火力，并且还部署了包括干扰 GPS 等卫星信息链路的电子对抗装备的情报后，美国联军形成了西方佯攻吸引、东南方实施突袭、以空中和海上力量为主的

联合战役打击行动作战构想。尽管美国联军指挥部广域分散，但包括天基通信系统在内的通信网络确保了其作战指挥控制的互联互通。这场联合作战行动由美国中央司令部在卡塔尔乌代德空军基地的联合指挥部负责计划和实施，其下设的"多国空天联合作战中心"具体负责拟定空中作战计划和航天作战计划，位于中东巴林的美国第五舰队司令部配合协调海上部队。方案制定过程中，近 30 名航天参谋人员深度参与，协调天基侦察信息保障、海洋气象环境保障、卫星通信资源保障、导航精度增强时段和区域等。最终的作战行动时间和计划，正是充分考虑以上这些因素才得以确定。在此过程中，天基信息系统持续提供保障，如侦察卫星一直保持对俄、叙的侦察监视，在美派遣航母战斗群前往欧洲和地中海佯攻后，卫星拍摄到俄军舰被其吸引离港，佐证了佯攻策略的成功，为后续实施打击奠定了基础。

3. 实施打击，多种航天力量参与保障

4 月 14 日凌晨 4 时，美军在以天基系统为核心的多手段支持下，完成了对既定目标的精确打击。在打击之前，针对夜晚作战环境，雷达成像卫星星座多频次过顶，确定叙、俄动向。电子侦察和海洋监视卫星持续监视定位，天基红外系统连续扫描，监测叙、俄方，最后再次确认了打击时机。打击过程中，多种天基通信系统持续保障，指挥所实时分发与共享态势。从监测数据显示，尽管俄、叙进行了 GPS 干扰，但美军实施了 GPS 信号功率增强，保障了作战地域作战时段的天基导航精度。最终，美、英、法三国联军部队从红海、地中海和阿拉伯湾三个方向的空中和海上同步投射 105 枚精确制导弹药，对叙利亚境内 3 处疑似化学武器设施实施精确打击，整个军事行动仅持续一个多小时。

4. 战后评估，卫星图片佐证作战效果

打击行动结束约 10 小时后，美国东部时间 14 日 9 时，美国召开了国防部新闻发布会，宣布此次"高精度"作战行动圆满成功，称大部分导弹成功命中既定目标，并公布成像卫星拍摄的 3 处目标打击前后的对比情况，佐证其作战效果。

（二）太空系统支持作战情况

2018 年美国联军对叙利亚联合军事行动顺利实施，离不开军事航天力量的深度参与，太空系统在以下几个方面发挥了关键作用。

1. 定位导航授时

美军太空部队和电子战部队严密监视俄、叙利亚对 GPS 卫星系统的干扰，主战装备和大型无人机均配备有军用 GPS 接收机，具备一定的抗干扰能力。为提高此次作战行动的打击精度，按照作战计划拟定的时段和地域实施了"GPS 区域精度增强"行动，在 GPS 卫星飞经战区前上注最新星历数据，进一步提高了作战地域作战时段的天基导航精度。

2. 卫星通信

美军利用由宽带、窄带、受保护等系列卫星组成的军事卫星通信体系，支起广域覆盖、多域联通、高动态、高安全性的战场信息网络。依赖具备抗强干扰和防截获、防侦听的"先进极高频"卫星对广域分散的作战力量进行指挥控制。作战任务单和作战命令均通过 AEHF 卫星 EHF 频段的通信链路下达。利用"宽带全球卫星通信"系统卫星进行宽带数据传输、大型无人机数据回传和战场态势

信息广播，在作战联合部队中及时共享敌情我情。利用"移动用户目标系统"卫星为小型移动终端提供通信服务，为巡航导弹途中目标数据更新提供数据链路。

3. 情报监视侦察

美军利用其世界上最为完备的天基侦察监视系统，对叙利亚及周边军事力量进行多手段、天地结合的侦察监视。美国联军在执行此次作战任务前，利用天基多手段对叙利亚目标区域进行长期持续侦察监视，包括光学和雷达成像手段、电子侦察监测获取电磁信号手段等，实现对俄、叙军事设施、防御部署、防空反导火力部署等全面掌握。作战任务执行时，配合地面应用系统实现天基侦察监视情报分发与接收。例如，利用已部署在中东战区的"鹰视"地面站，实现近实时天基侦察情报数据接收；利用"分布式通用地面系统"融合海、陆、空、天多源信息，分发至战术部队。

4. 测绘地理与环境监测

美军利用部署的军用气象环境卫星、海洋环境卫星和太空环境监测系统，对叙利亚作战目标区域的气象、海况等战场环境进行预报，特别是对太空电离层等太空物理环境进行实时监测和预报，将太空物理环境分析和预测数据作为太空通用态势图的要素之一，进一步集成到整个联合作战的战场态势图中，并在联合部队内共享，为作战时间的选择以及作战行动中电子信息装备的稳定可靠运行提供关键信息保障。

5. 导弹预警

美军在中东上空的导弹预警卫星已经更新为新一代"天基红外系统"。此次行动中最为突出的是美军首次在战役行动中正式使用导弹预警卫星执行战场态势感知任务。美军利用 SBIRS 卫星的高灵敏度和高扫描速度优势，以及能够探测云下红外事件的"地面探测"谱段，建立了战场红外事件监视系统，该系统首次在实战行动中投入使用。联军利用"天基红外系统"探测敌方导弹发射、己方飞机被击中和坠毁、攻击导弹战斗部爆炸等空中和地面红外事件，并通过战区战术信息网及时发送给战术部队，辅助作战指挥官进行态势判断、打击效果评估，为飞行员营救等任务提供目标指示。

6. 太空控制

美军在此次行动中围绕天基信息系统安全进行规划和实施。美军在卡塔尔乌代德空军基地部署了"赏金猎人"系统，在伊拉克前线部署了"快速攻击辨认、探测和报告系统—机动部署系统—0"，由空军航天司令部第 16 太空控制中队操控，严密监视和识别敌方对通信卫星和卫星通信链路的干扰，以及己方战场电磁兼容性问题，实时保障天基通信的安全性。同时，电子战部队在作战过程中严密监视战场 GPS 干扰活动。一旦识别和锁定通信或 GPS 干扰目标后，将引导待命的陆、海、空联合部队立即实施打击清除，确保天基信息系统安全。

四、典型战例二：俄乌冲突

俄乌冲突爆发以来，已对国际格局和世界秩序产生重要影响。当前，俄乌冲突战况胶着，根据现有信息分析，俄罗斯、北约的军事及民用太空力量直接或间接参与了有关行动。各方利用太空能力获取战场情报并为作战行动提供信息支援，在战前制定作战预案，战时及时做出战场决策和战术调整，这对作战行动整体态势及发展走向产生了重要影响。通过对俄乌战况的分析可以预见,有太空力量参与的联合多域作战模式将日趋完善,世界主要军事力量的精确打击及快速反应能力将日益增强,太空与陆、海、空等传统领域以及网络、电磁等新型领域融合的全域作战模式将显现雏形。此外,俄乌冲突将在一定程度上改变世界航天格局及发展态势。

(一) 商业卫星为作战行动提供信息支持

1. 结合卫星情报进行战事预测

俄乌战争爆发前后,西方媒体公布了大量商业遥感卫星照片,高清晰度地展示了俄军的部署情况和战场实况,西方商业遥感卫星被直接用在了军事方面,为美国、北约和乌克兰军方提供了大量信息支持。在战争爆发前,美国国家地理空间情报局与美国国家侦察局就加速采购商业遥感卫星公司提供的情报数据。在战争爆发后,麦克萨科技公司、黑色天空公司、行星公司、加拿大 MDA 公司、芬兰冰眼公司等 100 多家商业遥感卫星公司,为美国和盟友及乌克兰提供了至少 200 颗商业遥感卫星的照片,以及大约 20 种不同的分析服务[1]。美国国家地理空间情报局局长罗伯特·夏普曾盛赞美国商业卫星运营商,称其以商业图像和分析服务等形式呈现的地理空间情报对乌克兰作战人员发挥着重要作用。

2021 年 4 月,俄乌局势高度紧张。乌克兰方面根据美国商业公司提供的卫星图片,结合其他手段所获情报进行分析,得出俄罗斯军队不断向靠近乌克兰东部、东北部和南部的边界地带集结,并将

---

[1] 魏兴. 俄乌战争启示:西方商业遥感卫星能力已足以匹敌军用侦察卫星. 太空与网络,2022 年 4 月 8 日.

在大约一周时间内使该地区部署兵力达到12万人的结论。与此同时，卫星照片显示俄罗斯在克里米亚和乌克兰附近基地部署的战机规模持续扩大，大批苏－30战斗机在克里米亚的空军基地跑道上一字排开。这些战机在3月底尚未出现在该地点。此外，俄军部署在克里米亚半岛的其他军事力量包括苏－34、苏－27、苏－25和苏－24战机，空降部队，机动步兵和装甲部队，攻击直升机，无人侦察机，干扰设备和一家战地医院。美国和欧盟通过对各类情报进行分析，做出了乌东地区局势有可能进一步升级的判断。

2022年初，北约对俄乌冲突的爆发以及初始进程做出了较为准确的预判。美国麦克萨技术公司通过卫星对俄罗斯军队的集结情况进行了持续跟踪，2月13、14日的卫星图像显示，俄罗斯在白俄罗斯、克里米亚和俄乌西部边界附近的几个地点进行了一系列包括军事演习在内的军事活动，俄军正在大规模集结。英国据此判断，俄罗斯入侵乌克兰的可能性仍然很大，而且可能很快发生，一旦俄罗斯军队进入乌克兰，将可以"非常、非常迅速地"到达基辅。乌克兰首都基辅"肯定"是俄罗斯政府的目标，西方正在准备应对莫斯科可能即将发动的任何袭击。之后，英国政府对该地区的军事动态保持了高度戒备。

2. 利用卫星情报感知战场态势

俄罗斯于2022年2月24日凌晨对乌发起攻击，在实施第一轮精确打击之后，俄军分四条路线深入乌克兰腹地。东部方向，从卢甘斯克和顿涅茨克向西推进；东北方向，向乌克兰第二大城市哈尔科夫推进；北部方向，沿第聂伯河两岸经白俄罗斯向基辅推进；南部方向，由克里米亚向北推进，俄军于2月25日控制蛇岛，3月2日占领南部城市赫尔松。

俄乌冲突开始后，美国商业卫星图片公司不断发布战场卫星图片，向全球媒体及民众展示其获情能力。需要说明的是，目前网络上流传的基本都是商业卫星公司拍摄的战场图片，但乌克兰已经能够较为及时地通过类似图像获取俄军行动轨迹，同时北约极有可能在为乌克兰提供由军事卫星获取的更为详细的战场态势数据。2022年2月28日，美国卫星图像公司麦克萨公司提供的卫星图像显示，一支大型俄罗斯军事车队正向乌克兰首都基辅前进。车队绵延64千米，从南部的安东诺夫机场一直延伸到普里比尔斯克，车队中包括装甲车和后勤补给卡车。麦克萨公司还指出，在白俄罗斯南部发现新增部署地面部队和地面攻击直升机部队，距离乌克兰北部边界不到32千米。麦克萨公司发布的卫星图像还显示，停放安-225的安东诺夫国际机场的飞机库已受到严重损毁。2月27日，乌克兰国防工业公司在社交平台上称，安-225已遭摧毁。修复这架运输机将耗资超过30亿美元，至少需要5年以上时间。乌克兰总统泽连斯基、乌克兰政府的官方推特也确认了安-225遭摧毁的消息。美国麦克萨公司的"世界观测-3"卫星可以拍出非常清晰的卫星照片。"世界观测-3"主要用来观测云层、气溶胶、蒸汽、冰和雪的气象数据，当然也可用来进行军事观察。同时，"世界观测-3"卫星是世界上清晰度最高的商业卫星，商用全色图像的最高分辨率可达0.31米。除商业卫星外，美国军用光学成像卫星更是具备极强的侦察能力。美军的"锁眼"军用光学成像侦察卫星是其发展最早、最成功、保密程度最高的军用卫星系列之一，是目前分辨率最高的光学成像侦察卫星。"锁眼-12"卫星配备的光学系统采用反射式卡塞格伦系统，口径约为3米，地面分辨率可达0.1米。

3. "星链"为乌克兰提供作战信息支持

由于乌克兰国内互联网中断问题严重，乌克兰积极组建"IT部队"，继续在网络战线上作战。同时，乌克兰通过推特向美国

SpaceX 公司求助。2022 年 2 月 26 日，SpaceX 公司首席执行官埃隆·马斯克很快做出回应，称"星链"服务系统已在乌克兰启动，而且"很活跃"，乌克兰可以通过正在运行的"星链"卫星使用宽带服务[①]；SpaceX 公司正在向乌克兰发送"星链"技术设备。2022 年 2 月 28 日，一批"星链"终端被运到乌克兰。3 月 1 日，乌克兰基辅地区收到了约 150 台"星链"终端，可为当地民众（或军方）提供高质量高速度的互联网服务。另外，乌克兰副总理米哈伊洛·费多罗夫 3 月 10 日表示，乌克兰收到了 SpaceX 公司的第 2 批"星链"天线。目前绝大多数在轨卫星属于"星链"1.0 版本，未加装激光星间链路，卫星需与地面站进行通讯才可以链接互联网，离乌克兰最近的"星链"地面站建在波兰境内。SpaceX 公司表示，下一步将运送更多卫星终端进入乌克兰，并建设"星链"卫星互联网地面站，帮助其改善互联网接入服务。除了天线，送往乌克兰的还包括支持无电力供应地区使用的电源适配器和太阳能特斯拉电力墙，意味着乌克兰地区的"星链"卫星互联网服务开始进入移动和无电网支持模式。这种全新的电力和通信终端组合解决方案，将有效保证在所有基础设施中断情况下的互联网通信保障。

俄乌冲突中，"星链"卫星为乌克兰提供作战信息支持。首先，"星链"系统保持乌方指挥控制通信通畅。乌克兰收到的 1.5 万套"星链"终端，除分配给政府部门及各个要地外，主要给了乌军，乌军有限的"星链"终端在维持指挥体系的正常运转方面发挥了较好的作用。其次，"星链"系统保障了北约战场态势信息的及时传递。乌克兰空中侦察特种技术部队"狮鹫兽"使用北约支持的情报系统"三角洲"，通过"星链"系统及波兰等邻国的地面站提供的网络收

[①] 马斯克宣布"星链"系统在乌克兰启动，其宽带服务已可使用. 央视网，2022 年 2 月 27 日.

发重要信息，指挥战场上的无人机对俄军的坦克装甲地面部队实施侦察和打击。最后，"星链"终端帮助乌军维持战场兵力协同。乌军主要配备的是"星链"固定地面终端，主要在无人机地面方舱与一线部队之间执行通信保障任务，实现目标情报数据的实时或近实时传递，保障了地面打击力量的作战决策与指挥、控制，实现对俄军目标的迅速准确发现与精确打击。

（二）太空力量参与作战

1. 保障精确打击

俄军在此次军事行动中使用的精确制导武器包括"伊斯坎德尔－M"战术弹道导弹、"伊斯坎德尔－K"巡航导弹、Kh－101空射巡航导弹及Kh－31P空射反辐射导弹。"伊斯坎德尔－M"战术弹道导弹射程可达500千米，采用惯性制导、卫星导航和景象匹配制导等多种制导方式；在卫星导航方面，使用俄罗斯格洛纳斯卫星导航制导系统，可根据太空指令摆脱敌方拦截导弹，摧毁目标。Kh－101导弹采用惯性导航系统，并由卫星导航系统提供支持用于中段制导；使用景象匹配系统进行精确末段攻击。乌克兰国防部2022年1月份的一份情报评估报告显示，俄军在俄乌边境附近部署了36台"伊斯坎德尔"导弹发射装置，基辅以及乌克兰境内许多重要军事目标都在其射程内。这些发射装置基本都用于发射"伊斯坎德尔－M"导弹，同时也包括部分"伊斯坎德尔－K"导弹。2022年2月24日俄乌冲突开始后，俄罗斯国防部表示，正在使用精确制导武器摧毁乌克兰军队的军事基础设施、防空设施、军用机场和航空部队。

2. 获取战场情报

长期以来，北约一直在为乌克兰提供战场情报支持，同时太空力量参与了北约获取战场情报。在俄乌开战当天，北约 ISR 战机就活跃在乌克兰上空，其中包括美军 RQ-4"全球鹰"无人机。RQ-4"全球鹰"无人机使用 GPS 导航，其机载通信系统可实现飞机与地面、飞机与飞机之间的相互通信。该系统可为"全球鹰"提供 5 条通信数据链，即 UHF 视距通信数据链、UHF 卫星通信数据链、Ku 波段卫星通信数据链、CDL 和国际海事卫星（INMARSAT）通信数据链。

2022 年 2 月 23—24 日，至少有 19 架北约和瑞典的 ISR 飞机在欧洲上空飞行，包括美国空军 RQ-4、RC-135W、RC-135U、U-2S 等机型。RQ-4 的覆盖范围几乎没有中断，持续在乌克兰上空实施侦察活动，为乌军提供 ISR 支持，这也是俄军在乌克兰设立禁飞区的重要原因之一。2 月 25 日晚，俄军从蛇岛"疏散"82 名"自愿放下武器"的乌克兰军人时，乌军 16 艘快艇在附近水域使用"蜂群"战术，试图袭击俄黑海舰队船只。乌军快艇发动袭击时，美方 RQ-4"全球鹰"和 MQ-9"死神"无人机在事发水域上空飞行，很可能为乌快艇提供引导。

"环球网"2022 年 6 月 23 日消息，乌克兰军方宣称最近对蛇岛进行了一轮打击，美国等西方国家的商业遥感卫星、战略无人侦察机，以及即将部署的"海马斯"系统等装备起到了很大作用。在乌军这一轮打击蛇岛行动前后，美欧商业遥感卫星星座都高度聚焦蛇岛，连续拍摄了一系列高清的遥感卫星图片。6 月 20 日与 21 日，行星实验室公司拍摄的卫星图像显示，蛇岛上有最近爆炸或火灾导致的焦痕，应该是乌军对俄罗斯在蛇岛的阵地进行空袭和炮击的证据。6 月 19 日和 21 日，"哥白尼"计划也拍摄了蛇岛的单独图像。在乌克兰军队进攻蛇岛之前，美国麦克萨公司的"世界观测－1"和"世界观测－3"均拍摄了该岛的高清卫星照片。

（三）俄乌冲突对未来太空作战的影响

从俄乌冲突可以窥见，太空力量已经深度融入现代作战，可为多域联合作战提供信息支持。商业航天力量的作用在此次俄乌冲突中体现较为明显，未来大规模低轨星座必将成为联合作战体系的中枢神经系统，实现跨域作战体系的高速、无缝连接。俄乌冲突也极有可能改变未来国际太空发展格局。

1. 加速作战概念创新

俄乌冲突爆发后，北约持续加强军事部署，对俄罗斯保持高度戒备，防止战事波及欧洲。在此背景下，美国很可能加速推进实现其全新作战概念，以应对未来可能发生的军事冲突，"一体化威慑"概念则是典型代表之一。美国于2021年提出"一体化威慑"概念，其核心要素是在太空力量的深度参与下，将较分散的多域战部队与盟友力量进行联网，建立一支分散但高度联通、可实施一定程度集体行动、整体打击力量明显增强的全新联合部队。"星链"星座可提供全球无死角高速卫星互联网波束覆盖，美军可利用其实现高速通信和精确导航，助推其"一体化威慑"概念的实现。美国空军与SpaceX公司有着深度合作，已对"星链"开展了军事服务演示验证，"星链"可为C－12运输机提供高达610Mbps带宽的网络服务。在美国空军实弹演习中，"星链"为"高级战斗管理系统"提供服务，并与AC－130、KC－135等多种空基和陆基平台进行联通。美国陆军在"项目融合－2021"实弹演习中，利用"星链"卫星搭载的传感器探测目标，并将数据传输至"泰坦"地面站进行智能决策，自主选择打击武器并摧毁目标，将完整杀伤链时间缩短至20秒。

2. 低轨星座广泛应用

美国"星链"、英国"一网"等大规模低轨星座，除了可在跨域联合作战中发挥作用，在其他领域也同样具有巨大的军事应用潜力。美军现有各类侦察卫星存在过顶次数有限、分辨率不高、造价昂贵等缺点，而"星链"卫星具有成本低、数量多、覆盖面广、重访周期短、识别率高等特点。在"星链"卫星上搭载各类军用载荷，可对地面目标进行全方位、全天候侦察监视，也可遂行防空反导、拦截高超声速武器等任务。每颗"星链"卫星都配备氪离子推进器，具备机动可变轨功能。"星链"若搭载传感器、机械臂、弹头、激光、微波等装备，可对他国卫星、空间站实施侦察监视、软杀伤、硬摧毁等作战行动。

3. 改变国际太空格局

俄乌冲突的爆发将在相当长的时间内对世界航天产生不利影响，并有可能改变未来世界航天发展格局。战事开始后，美西方联合盟友对俄罗斯实施了力度空前的制裁，制裁措施涉及多个领域，"联盟号"火箭基本退出全球舞台。美西方持续对俄制裁，俄罗斯经济在未来一段时间内将面临艰难局面，这将对其航天产业发展带来不利影响。与此同时，俄罗斯依然坚持其地缘战略，并对西方实施反制裁，继续保持对西方的强硬态度。如果局势持续恶化，美国和俄罗斯在国际空间站持续20年的合作有可能终止，美国将加速推进本土航天推进装置的研发。鉴于此，地面军事冲突将可能割裂全球太空合作，在一定程度上改变国际太空格局。

4. 未来太空作战走向

航天侦察贯穿作战全程，是战略决策的前沿哨兵、联合作战的"千里眼""顺风耳"。随着商业航天遥感卫星快速发展，商业遥感正成为航天侦察力量的重要组成。从俄乌冲突爆发至今，美欧商业遥感卫星持续监视俄乌战场实况。未来，战争越来越依赖于航天侦察情报支撑已毋庸置疑，而规模化商业航天充当航天侦察"急先锋"尽管在俄乌冲突中还是首次，但必然会引领商业遥感的快速发展与广泛军用，并成为太空作战、全域联合作战的重要力量。

卫星通信是传递情报的纽带、信息通信的中继、指挥控制的关键。俄乌冲突中，"星链"等战场互联支撑作用亮点纷呈。2022年4月5日，美国太空司令部司令詹姆斯·迪金森表示，太空司令部对卫星通信和终端等方面的商业能力非常感兴趣，侧面表示了对"星链"在乌出色表现的赞许。目前，美国空军、陆军也表示，拟与"星链"深度合作，以支撑全域作战互联互通。俄乌冲突使"星链"在全球的热度不断飙升，向全世界展示了"星链"在战区的通信能力。以"星链"为代表的低轨巨型星座抗打击能力极强，拥有覆盖面广、重访周期短、识别率高等优势，隐藏通信、导航、遥感等多功能军用潜力，若搭载传感器、机械臂、弹头、激光、微波等装备，或可对他国卫星、空间站实施侦察监视、软杀伤、硬摧毁等行动，将成为太空战的巨型武器系统。2021年12月—2022年5月期间，"星链"卫星进行了近7000次防撞演习，也表明其应对太空威胁的高机动性。未来战争，以"星链"为代表的低轨巨型星座必然会成为战场通联甚至侦察监视以及太空攻防的重要力量。

俄乌冲突中太空力量运用虽以商业航天"打头阵""冲在前"，但商业航天的运用融入到了战场与军事行动，已引起双方围绕太空系统展开博弈对抗。导航战、轨道战、网络战、电子战等"太空四战"走向前台。比如，在导航战、电子战等方面，2022年3月4日，美国鹰眼360公司发布新闻称，有证据表明：过去4个月，乌克兰及其周边地区的GPS干扰持续增加。在俄乌冲突开始前不久，该公司检测到切尔诺贝利以北、卢甘斯克和顿涅茨克地区以及乌克兰附近的GPS干扰持续增加，表明电子战战术已融入俄罗斯军事行动，以进一步降低乌克兰的自卫能力。鹰眼360公司使用一组卫星来监控无线电频率信号并确定其位置。自2021年秋天，鹰眼360公司的卫星星座开始收集GPS干扰信号，并迅速将其识别为有效的监测信号，公司随后继续在整个东欧收集该信号和其他数据。未来，"太空四战"必然成为太空作战的主要样式。美国太空司令部《商业卫星整合战略》已明确将所有商业卫星全部纳入美国军事太空系统。未来战争，军民商盟太空力量应用界限将日益模糊，"1+1>2"的系统性溢出效应将持续凸显，商业航天力量将成为太空支援联合作战甚至"太空四战"的代理人。

第六章 商业航天建设发展

商业航天是航天事业发展到一定阶段的产物。近年来，随着航天技术的普及和应用越来越广泛，航天领域的准入门槛不断下降，越来越多的商业实体进入航天领域，商业航天方兴未艾。在全球航天产业处于快速发展的鼎盛时期，商业航天也顺应历史潮流，加速完善产业生态布局，不断扩展技术创新力度，并逐步深度融入到军事应用领域，成为助推太空力量变革发展的重要力量。

一、产业生态加速完善

商业航天包括"商业"与"航天"两方面属性，是指在法律准许范围内，遵循市场规律，涉及航天领域的商品交换或服务的经济活动。近年来，商业航天逐渐发展成为涵盖航天领域所有商业活动的完整产业，具体表现为商业卫星产业链健全并优化，太空开发范围由极地轨道向深空发展，航天业务也不断拓展并日益丰富。

（一）商业卫星产业链健全优化

产业链是指在经济活动中，从事某一产业经济活动的企业之间由于分工角色不同，在上中下游企业之间形成的经济、技术关联，是产业成长发展的必然产物。经过一段时间的发展，尤其是经历了俄乌冲突，商业卫星的发射、运营、服务这一产业链逐步健全与优化。

1. 商业卫星发射持续快速发展

近年来，商业卫星，尤其是低轨卫星星座，研制与部署持续快速发展。2022年，美国SpaceX公司创纪录地完成了61次发射活动，占全球186次航天发射任务的1/3；在入轨质量或航天器数量方面，约占全球航天发射的2/3以上。[①] 其中，"星链"卫星发射35次，共发射1779颗。SpaceX公司的低轨卫星星座部署还将持续保持较快速度发展。2022年底，美联邦通信委员会发布公告，批准SpaceX公司在525千米、530千米和535千米的轨道高度运营7500颗第二代"星链"卫星，占该公司拟发射"星链"卫星的1/4。

英国"一网"公司卫星发射和部署受俄乌冲突影响而有所滞后。2022年3月，英国政府拒绝了俄罗斯关于英国政府退出"一网"公司股东的要求，并暂停所有从拜科努尔航天发射中心的发射任务。随后，"一网"公司迅速与美国SpaceX公司、美国相对论太空公司签订发射协议，在几个月后恢复了低轨卫星星座发射，并于2022年12月由"猎鹰-9"号火箭搭载40颗"一网"卫星发射升空。

除了在建的低轨卫星星座的发射任务，还有新的星座部署计划也在酝酿推出。2022年4月，美国亚马逊公司与3家知名卫星发射公司达成史上最大的一项商业发射交易，共签署83次火箭发射协议，计划用5年时间部署"柯伊伯"宽带巨型星座。其中，联合发射联盟承担38次发射任务，阿里安太空公司承担18次发射任务，蓝色起源公司承担12—27次发射任务。"柯伊伯"星座拟由3236颗低轨卫星组成，将为全球提供高速、低延迟的低价宽带互联网服务。

---

① 问舟. SpaceX公司迄今最活跃一年：61次发射，成功率100%. IT之家，2023年1月2日。

在低轨卫星星座蓬勃发展的同时，商业发射还涉足军事卫星、民用卫星等航天领域发射。SpaceX公司"猎鹰-9"号火箭是世界商业卫星发射的重要力量。2022年1月，"猎鹰-9"号火箭发射了意大利航天局"第二代地中海天宇-2"雷达遥感卫星。该卫星设计为军民两用系统，主要为意大利军方和民用提供SAR图像数据，以协助应急响应行动和军事防御战略，并服务于地球科学研究。2月，"猎鹰-9"号火箭为美国国家侦察局发射卫星NROL-87，并成功实现火箭返场着陆回收。卫星"NROL-87"可能是下一代光电侦察卫星，支持过顶侦察任务，并可能携带一颗数据中继卫星。11月，"猎鹰-9"号火箭为欧洲通信卫星公司发射"Eutelsat 10B"卫星。该卫星将为欧洲、地中海盆地、中东、非洲、大西洋和印度洋等地区的航空和海事客户提供Ku波段服务。

2. 商业卫星运营范围扩大，技术性能提高

2022年，SpaceX公司在西班牙、英国、日本等国家相继开通了"星链"互联网服务，并承诺继续改进"星链"系统，将下载速度稳定在100—200Mb/s之间。目前，可访问"星链"互联网的国家包括：澳大利亚、法国、德国、意大利、墨西哥、荷兰、新西兰、葡萄牙、瑞士、美国、英国和西班牙等。SpaceX公司还计划为巴西、菲律宾等国家和地区开通服务。5月，SpaceX公司宣布"星链"低地球轨道网络在七大洲都获得了运营许可。"星链"星座还致力于扩展商业客户范围，计划为商业航班提供宽带互联网服务。6月，美国联邦通信委员会（FCC）不顾卫讯等公司反对，批准了SpaceX公司在包括汽车、卡车、船舶和飞机等移动工具上使用其"星链"卫星网络的申请。目前，SpaceX公司已与美国航空公司JSX、夏威夷航空公司以及游轮供应商皇家加勒比签署了协议，为其提供天基网络信息与服务。

2022年底，全球领先的天基射频数据和分析供应商鹰眼360公司发射该公司星座的第6组卫星，该星座能够在全世界范围内以每小时一次的频率收集射频数据[①]。鹰眼360公司是为美国国家侦察局提供天基射频数据的六家公司之一，主要使用射频数据分析来定位电子辐射，在低地球轨道上以三角形的形式飞行。当每组经过一个区域时，每颗卫星都会观察信号波形并将数据下行传输到地面上的云系统进行分析，可用于检测GPS干扰等活动。鹰眼360公司计划在2年内将15颗下一代卫星送入轨道，继续扩展其卫星的运营范围，加强其信息搜集分析能力。第7组、第8组和第9组也在2023年中陆续启动。

在扩大运营范围的同时，商业卫星还逐步加快技术性能提升。2022年底，SpaceX公司利用"猎鹰-9"号火箭从佛罗里达州卡纳维拉尔角太空军基地进行了"星链"低轨宽带星座的组网发射，箭上携带了54颗"星链"V2.0型卫星。卫星重约1.25吨，长约7米，采用双太阳能阵列设计，主要用于"星链"星座网络扩容，性能将比"星链"V1.0型卫星提升10倍。"星链"V2.0型卫星可以为更多用户提供更快的网络服务，并实现直接向智能手机端提供网络服务。

3. 商业卫星服务逐步走向军事领域

俄乌冲突的爆发扩展了商业卫星的应用领域，为商业卫星公司提供了迅速发展的契机。美国商业航天提高卫星产量以满足军事和商业需求。2022年4月4日，美国空军部长弗兰克·肯德尔、太空发展局局长德里克·图尔纳和其他国防官员参观了总部位于丹佛的约克公司的制造工厂。约克公司是为国防部生产太空互联网星座卫

---

① 灼灼. 鹰眼360公司即将发射"集群6"卫星. 微视航天, 2022年11月11日.

星的三家公司之一，之前与太空发展局签署了传输层 0 期 10 颗卫星和 1 期 42 颗卫星的建造合同，合同金额分别为 9400 万美元和 3.82 亿美元。为满足军事和商业需求，约克公司计划在丹佛技术中心建设第二家制造工厂，产能将提高至原先的 3 倍，年产 540 颗 S 级和 LX 级卫星。公司将在其 LX 级商用卫星平台上建造这些卫星。约克公司表示，新工厂建成后可同时生产多达 80 颗卫星，并且新工厂设有专门的安全区域，以支持机密卫星的设计和集成工作。为满足业务需求，公司将在未来两年内招聘多达 450 名员工。

在遥感领域，美国麦克萨科技公司、黑色天空公司、行星实验室公司积极向政府提供俄军动向的卫星图像，借以展现自身价值和能力，并对扩大国家安全和国防业务表现出浓厚兴趣。美国国会相关机构呼吁国家侦查局扩大商业卫星图像的采购业务，美国国防部也表示对商业卫星提供情报、监测和侦察业务非常关注。在通信领域，俄乌冲突催生了商业通信卫星战场需求的"爆炸式增长"。商业卫星通信进入战场后，分散和承担了军事卫星通信功能，为乌方行动提供了有力支持，并进一步刺激了卫星通信业务的发展。私营企业建立的星座填补了许多天基通信空白，商业通信和军事通信联系将会更加紧密。"空军杂志网"2022 年 8 月 9 日报道，美国空军两个单位宣布向 SpaceX 公司采购了低地球轨道上的"星链"卫星互联网服务。美国空军欧洲—非洲司令部 8 月 4 日宣布与 SpaceX 公司签署 190 万美元的"星链"服务合同，SpaceX 公司将为拉姆施泰因空军基地的第 86 空运联队提供高性能卫星终端和互联网服务，包括静态/固定站点与便携式/移动终端，使用户能将设备连接到互联网，并提供低延迟连接和每秒 500 兆比特的下载速度，服务期限从 2022 年 8 月—2023 年 7 月。美国空军特种作战司令部第 1 特种行动签约中队 8 月 5 日也宣布与 SpaceX 公司签订了合同。SpaceX 公司将为其提供 5 个"星链"终端及"星链"卫星互联网服务，空军特种作战司令部将对"星链"通信卫星进行为期12个月的作战评估，以协助作战。美国"航天新闻网"2023年4月22日报道，美国太空军在2024年预算中拨款5900万美元，从卢森堡欧洲卫星公司（SES）购买其中地球轨道宽带星座O3b mPower的卫星通信服务。此次采购是根据2022年北约为各国获得商业卫星通信服务而签署的协议。根据协议，O3b mPower星座的一部分将分配给美国和卢森堡用于国防和安全。美国国防部多年来一直是O3b星座的客户，将可通过现有的地面终端访问O3b mPower。

鉴于商业卫星在俄乌冲突中的优异表现，以及太空作战环境的变化，美国太空军越来越青睐商业航天力量。美国太空司令部向国防部提交"商业集成战略"，以太空域感知、指挥和控制为目标，集成商业卫星通信能力，开发太空域感知架构，以更好地填补能力差距。同时，美国太空军降低商业公司进入军队采办的门槛，寻求从商业公司购买卫星天气数据、图像和其他情报等太空服务，改变建造军用定制卫星获取太空信息的方式。截至2022年底，美国太空军在利用商业卫星能力方面取得了长足的进步：一是成立了商业服务办公室；二是启动了"前门计划"并不断完善。同时，太空军在寻求行业需求和利用商业技术时面临着两大挑战：一是国防部过时的商业惯例能否适应太空军对快速获取资金和部署能力的要求；二是太空军能否提供发射场支持和基础设施，以满足不断增长的商业需求。

美国太空系统司令部将完善"前门计划"[①]。2022年5月24日，美国太空军太空企业联盟项目负责人亚当·伯内塔在加利福尼亚州举行的2022年太空技术博览会上发表讲话称，美国太空系统司令部

---

① 微小航. 太空系统司令部完善"前门计划"商业创新的前程. 微视航天, 2022年5月26日.

将继续完善"前门计划"商业合作措施。伯内塔表示,"前门计划"的目的是满足太空军更好地利用商业能力的需求,为工业界提供展示其想法和技术的明确路径。前门团队由太空采办、运营和科技界的负责人组成,可及时对高潜力技术进行投资。"前门计划"将引导各公司从商业服务办公室、太空军创新工场或太空企业联盟等三家机构中,选出适合自身的合作机构。其中,商业服务办公室主要负责成熟的商业技术,稍加修改就能供政府机构使用;太空军创新工场为小型创新企业提供研究合同,用于开发、测试和评估新技术;太空企业联盟则与公司联盟合作,根据不受联邦法规约束的其他交易授权协议,为与太空相关的项目提供研发资金。

另据"卫星新闻网"2022年3月2日消息,休斯公司与通用原子航空系统公司合作展示了最新无人系统卫星通信能力。休斯公司的HM机载卫星连接系统搭载在通用原子航空系统公司建造的"灰鹰"无人机上,演示了HM系统适应美国陆军批准的波形并在地球静止轨道和非地球静止轨道卫星波束和频率(Ku和Ka波段)之间切换的能力,实现了卫星向数百甚至数千英里外的作战人员传输关键任务数据。这种多传输、多星座、多轨道、多频率的通信韧性和冗余能力,对于对抗环境中的作战人员十分重要。"灰鹰"是一种多用途平台,能够进入各种陆地和海洋环境,可提供对情报、监视和侦察(ISR)至关重要的超视距能力。HM系统采用软件定义技术,灵活且可定制,具有可与各种天线技术和卫星星座接口的开放式架构,配合"灰鹰"多用途平台,将有助于保持美军在支持多域、以信息为中心的行动方面的长久优势。

(二)商业航天由近地走向深空领域

随着商业航天技术的不断发展,继商业卫星通信、商业卫星遥感、商业运输之后，深空探测与开发也日益成为商业航天发展的新领域。近年来，私营公司在继续加大对近地轨道利用的基础上，逐步向地球轨道和地月空间拓展，开始涉猎空间站建设、地月空间航天器平台研发以及数据中心部署任务。

1. 地球轨道空间"轨道礁"项目持续推进

私营公司向地球轨道发展的最显著的项目，无疑是"轨道礁"空间站。2021年10月，美国蓝色起源公司牵头启动"轨道礁"空间站项目。"轨道礁"是国际空间站计划中的众多继任项目之一，也是私营企业投资的最大项目。按该私人空间站的设计，"轨道礁"将最多可容纳10人，可居住空间为830立方米，比国际空间站（916立方米）略小。[①]"轨道礁"的基础配置包括电源系统、核心模块、生命栖息所、科学模块和宇宙飞船。它的基本设施将包含一家太空旅馆、一家太空餐厅，以及供企业和科学家使用的研究和实验舱室。蓝色起源公司将其描述为太空中的"多用途商业园区"，并且能够为太空游客提供"异国风情的接待"。

蓝色起源公司联合众多企业推进该商业空间站项目。蓝色起源公司将提供"实用系统"和"核心模块"，并计划使用其"新格伦"重型运载火箭进行发射。美国山脉太空公司合力负责建设"大型集成弹性环境"充气式居住舱，以及用于该站的往返人货运输的"追梦者"飞行器。波音公司负责一个科学舱和CST-100"星际客机"商业载人飞船，并为全站运行提供支持。红线空间公司负责微重力研究和制造、有效载荷运行，以及可展开式结构。2022年3月，美国山脉太空公司和日企三菱重工宣布签署一项合作谅解备忘录，开展广泛技术合作，共同建设"轨道礁"商业空间站。三菱重工曾研

[①] 蓝色起源公布"轨道礁"私人空间站计划. 国家空间科学中心，2021年10月27日.

发国际空间站的"希望号"实验舱，建造了太空货运飞船以及 H－2B 型火箭，在国际空间站建设运营方面拥有丰富经验。三菱重工将与山脉太空公司进一步合作，探讨其技术、产品和服务如何为空间站的用户和客户提供更好的体验。

2. 地月空间将建设航天器平台和数据中心

除了地球轨道的"轨道礁"项目，私营公司还进一步向地月空间发展。2022 年 2 月，美国量子太空公司宣布将在地月空间建设由无人飞船提供服务的航天器平台。平台将包括两部分：一是作为有效载荷搭载平台的航天器公用舱，采用"即插即用"接口；二是向平台运送有效载荷并利用机械臂加以安装的一款飞船。平台最初将部署在地月第一拉格朗日点，可搭载通信、导航、遥感、天域感知和太空天气传感器等各类有效载荷。该平台将可为美国国家航空航天局和美国国家安全部门提供一系列服务，计划于 2025—2026 年投入使用。

2022 年 4 月，美国云计算创企孤星公司与休斯顿直观机器公司签订合同，计划 2023 年在月球上部署一个小型概念验证数据中心。该数据中心体积较小，通过"猎鹰-9"号火箭发射至月球，并搭载直观机器公司的月球着陆器，用于在月球表面进行数据存储和边缘处理。孤星公司称，在月球上运营数据中心，可为在地球上部署的能源密集型服务器提供一种更安全、更环保的替代方案。

美国量子太空公司公布首个地月空间任务。2022 年 10 月 26 日，美国创企量子太空公司首席技术官本·里德在米切尔航空航天研究所会议期间宣布，该公司计划在 2024 年 10 月发射首个地月空间航天器 QS-1 小卫星。该卫星将携带太空态势感知有效载荷及其他客户托管的有效载荷，收集地月空间态势感知数据，展示在地月空间操作和导航的能力。

美国空军研究实验室授出地月空间态势感知任务传感器开发合同。据美国"防务邮报网"2022年12月22日报道，美国太平洋防务公司获得美国空军研究实验室航天控制技术分部合同，开发和演示用于地月空间态势感知任务的小尺寸、重量和功率传感器。传感器将基于模块化开放系统方法原理构建，旨在应对地月空间态势感知日益增长的挑战。该合同将帮助美军实现多层次的能力，确保地月空间保持安全和透明的操作环境。太平洋防务公司已开发出"月之城"演示机，目前正与美国空军研究实验室讨论将传感器送入太空进行在轨演示的方案。

(三) 商业航天业务不断丰富发展

商业航天蓬勃发展，其业务范围从传统的卫星发射、运营和服务，向新兴领域、新兴活动拓展，在商业太空运输、商业在轨服务、商业太空数据服务等创新领域多有建树。

1. 太空拖船成为太空运输领域"新宠"

轨道转移飞行器，又称"太空拖船"，通常使用运载火箭发射入轨，拥有较强的在轨机动能力和自主运行能力，可进行货物与人员的在轨运输。轨道转移飞行器作为一种经济实用的运载方式具有普通航天器不可比拟的优势，如机动能力强、使用方便灵活、可在轨自主运行、节省燃料等，因而日益受到世界各国和商业航天的关注。"轨道转移飞行器"的核心能力包括轨道机动能力、自主导航、制导与飞行控制能力等[1]。各国主要的研究方向包括空间推进系统与推进

---

[1] 太阳谷. 国外先进轨道转移飞行器典型项目. 高端装备产业研究中心, 2022年10月31日.

技术的研发、高精准自主制导方式等。"轨道转移飞行器"除进行最基本的空间在轨运输服务，提供空间资源配置与协助航天器转移至目标轨道外，还能作为空间武器装备搭载平台，部署反导武器和反卫星武器，在有作战需求时快速投入战斗。此外，"轨道转移飞行器"还有望进行在轨服务，如在轨燃料加注、在轨航天器维修，还可以破坏对手轨道资源，将对方卫星推离工作轨道。

美国发射者航天公司的轨道卫星部署器是为太空运输服务设计的飞行器。2021年6月，美国发射者航天公司宣布正在研制面向小卫星的一款轨道转移飞行器——"环绕者"拖船，计划使用自家火箭和太空探索公司的"猎鹰-9"号火箭发射。[①] "环绕者"拖船可载多达400千克的有效载荷，进行轨道高度机动、轨道倾角机动、轨道平面机动等多种机动。2022年2月，发射者航天公司宣布与SpaceX公司签署合同，将于2023年2月、5月和10月、2024年第一季度，利用其"环绕者"拖船执行"猎鹰-9"号拼单附加任务。"环绕者"拖船将为SpaceX公司拼单任务中发射的小卫星提供"最后一英里"的太空运输服务，将卫星从拼单发射提供的初始轨道移动到最终轨道。

此外，2022年1月12日，美国创企原子太空公司宣布获得500万美元风险投资，用于开发太空拖船"夸克"。"夸克"是一种可复用的轨道转移飞行器，设计使用寿命5年。该公司计划在2023年发射2艘、2024年底发射1艘"夸克"，均采用太阳能动力系统，可将几十名客户卫星移动到所需的目标轨道。公司还计划在2030年前开发太空核动力拖船，但目前的资金大部分集中在前3艘的研发与交会技术上。据称，"夸克"计划之前已获得美国宇航、美国空军和美国太空军超过200万美元的合同。

---

① 发射者公司也要搞太空拖船. 太空与网络，2021年6月17日.

俄罗斯也非常重视太空飞船的研制和开发，其"宙斯"核动力太空拖船由俄罗斯国家航天集团和国家原子能集团联合研制。据称，该拖船从2010年开始研发，2018年完成了地面原型设计与测试。2021年，俄罗斯航天局在莫斯科航展和阿联酋国际宇航大会展示了拖船模型。"宙斯"核动力太空拖船基于兆瓦级核电动力推进系统，可用于地月往返以及太阳系内行星间的往返[1]。2022年4月，俄罗斯国家航天集团公司首次公布了基于运输与能源模块的"宙斯"核动力太空拖船运行方案。该飞船计划于2030年首次进入轨道进行飞行测试，测试将耗时50个月，持续到2034年。此次任务将完全自主实施，对太阳系行星执行多项任务。"宙斯"太空拖船的第一个目的地是木星，任务计划持续50个月。核动力装置预计使用年限为10年，可返回近地轨道与下一个有效载荷对接并加油。根据公开数据显示，该拖船的核心是一个产生热量的核反应堆，称为"兆瓦级核能动力装置"，然后通过机械涡轮或热发射方法将热量转换为电能。该方法不涉及任何运动部件，虽转化效率不如传统涡轮机，但热排放转换更为简单，且在俄罗斯核工业界已成熟应用。与传统航天器相比，核动力太空拖船的功率更大、续航时间更长、可运输有效载荷量更多，预期使用寿命10—12年。

除了美俄等航天大国注重太空拖船技术发展，自动转移飞行器（ATV）也是欧洲航天局研制的一种航天货运飞行器，旨在为国际空间站提供补给以及后勤服务。在将物资运输至国际空间站后，自动转移飞行器将携带空间站垃圾进行清运并销毁。目前自动转移飞行器一共进行了5次任务。自动转移飞行器由集成货运舱和服务舱两个舱段组成。货运舱负责运送货物，其最大承载能力为6.6吨，服务舱位于飞行器尾部，主要包括动力系统以及电子设施。

---

[1] 石昊. 俄核动力太空拖船模型亮相. 中国国防报，2021年11月30日.

据"核讯天下"2022年1月12日消息，英国罗罗公司与英国航天局2021年1月签署了一份合同，开发未来用于太空探索的核电技术。公司耗资1亿英镑，在莱斯特太空公园建造了从事太空核电研究的新基地。该基地拥有具备核能专业知识的工作人员，旨在扩大罗罗公司在太空核电领域的研究范围。此前，英国航天局与罗罗公司签署了核动力推进器的合同，英国航天局称这种推进器的效率是现有化学推进器的两倍以上，这将使得地球—火星之旅的时间缩短至3个月。

此外，伊朗也对外宣布掌握"太空拖船"技术，并可实现轨道转移。2022年10月，伊朗通信和信息技术部宣布，在伊朗空间研究所专家的努力下，伊朗航天局与国防部航空航天工业组织合作，研制出了可在地球不同轨道之间转移的"萨曼轨道传输器"测试样机，并成功通过了亚轨道探测器发射测试。这是伊朗在太空展开的一大动作，无疑表明其太空技术成功升级，未来该技术将用于伊朗的太空计划。

2. 大力推进太空在轨服务能力建设

近年来，美国政府和军队特别关注太空在轨服务技术发展，大力推进太空在轨服务能力建设。2022年1月5日，美国太空军作战部副部长戴维·汤普森在太空军创新工场发布视频称，太空军希望从相关企业采购太空在轨服务技术。太空军创新工场于2021年发布了"轨道开启"计划招标文件，寻求解决太空碎片的技术建议，旨在推动和开发工业界、学术界和科研机构最前沿的概念和技术。"轨道开启"计划由小企业技术转让（STTR）项目资助，STTR项目的小企业必须与学术或非营利机构合作，大型公司也只能作为小企业的分包商参与。该计划第一阶段征询截止日期为2022年2月17日，长期目标是在3年内对碎片清除技术进行一次太空验证。被选中的团队第一阶段可获得 25 万美元资助，第二阶段将涨至 150 万美元。汤普森表示，太空军鼓励各团队研发太空碎片回收、再利用或清除的创新性解决方案，并希望能直接采购在轨服务技术。2022 年 3 月，美国国家航空航天局提出延长卫星使用时间的潜在解决方案，即派轨道机器人前往维修卫星部件或加注燃料。美国国家航空航天局计划向太空发射轨道机器人，并操纵其进入"陆地卫星-7"号的抓取范围内。该机器人将使用机械臂抓住卫星，在太空中为其加注燃料。这项任务是众多打算使用机器人来修复和改进轨道上卫星的公私计划之一。2022 年 4 月，美国白宫科技政策办公室发布《太空在轨服务、组装与制造国家战略》，旨在协调政府各部门之间、政府与私营部门之间的相关活动，推动卫星在轨服务、组装与制造工作进展。2022 年底，该办公室又发布《国家在轨服务、组装与制造实施计划》，以推进《太空在轨服务、组装与制造国家战略》落地实施。美国太空军太空创新工场则授出多份"轨道开启"合同，支持私营企业太空在轨服务发展。[1]

在美国政府和军队的支持和推动下，美国多家私营企业开始大力发展在轨服务业务。美国创企侦察兵太空公司与斯坦福大学和佛罗里达理工学院展开合作，将研究在轨导航、安全抵近和跟踪技术。美国创企宇宙空间公司与日本宇宙尺度美国分公司、得克萨斯大学奥斯汀分校合作，将为航天器的近距离自主机动开展技术研发。自主机动技术的潜在应用包括太空组装与制造、燃料补加、维护保养、碎片清除及其他功能。美国辛巴链公司研究利用该公司的区块链技术提升美国太空军在轨服务、组装与制造能力。

当前，美国太空军希望利用商业太空机动服务。据美国"航天新闻网"2023 年 2 月 21 日报道，美国太空军太空系统司令部当日在

---

[1] 王璟贤，史宏林. 从在轨服务看太空攻防发展趋势. 军事高科技在线，2023 年 3 月 3 日在

佛罗里达州奥兰多举办了太空机动会议，吸引了约1100名来自航天行业的高管。太空系统司令部确保进入太空项目执行官员斯蒂芬·珀迪少将表示，火箭货运概念、在轨机动和服务等方面的发展速度非常快，美国太空军希望能跟上商业发展的步伐，目前正寻找通过商业太空运输系统和在轨后勤来支持未来军事行动的方法。[①] 他说，太空军传统上只专注于将有效载荷发射入轨，但并没有真正关注端到端的后勤问题，希望与空间站开发商沟通空间站的国家安全应用，开发具有机动能力的航天器，发展军用卫星加注服务，关注美国国家航空航天局的在轨服务、组装与制造（OSAM）任务；应制定统一标准，建造可互操作的加注硬件，与运输司令部讨论组建太空军"维持行动和后勤"分部，以支持火箭货运计划，包括亚轨道和轨道点对点的货物交付等。

美国"防务要闻网"2023年4月19日报道，美国太空司令部副司令约翰·肖当日在斯普林斯的太空研讨会上表示，太空司令部的目标是在2026年展示其在轨加注等能力，以保证卫星长时间的机动能力，到2030年部署新星座[②]。他强调，该司令部无意主导解决方案，仅对可发展"动态的太空行动"概念的技术与运营方法感兴趣。肖解释说，"动态的太空行动"最接近的例子是"地球同步轨道太空态势感知计划"（GSSAP）邻域监视卫星，可用于机动，以监视地球同步轨道上的敌方卫星。但GSSAP卫星不足之处在于燃料供应有限，机动性严重受限。太空军确保进入太空项目执行官员斯蒂芬·珀迪少将18日接受采访时表示，为满足太空司令部需求，太空军正制定新的太空"机动性和后勤"采办计划，包括在轨服务和维

[①] 王浩. 美太空军积极寻求通过商业航天服务增强太空军事能力. 道达智库，2023年3月1日.
[②] 美国太空部队、太空司令部推动加速轨道上的"持续"机动性. 月亮博士，2023年4月20日.

修、卫星加注与太空垃圾清理等，并称该计划将着重依赖商业能力。珀迪称太空军正按照国防部和联合参谋部要求，加快分析备选方案。太空系统司令部已于2月启动"太空进入并利用、机动与后勤"采购计划，其首要任务是摸清商业市场。

3. 数据服务助力太空作战能力提升

商业航天业务除了提供太空装备建设和轨道服务以外，还注重其他领域的价值创造。其中，为政府和军方提供数据挖掘和产品分析，提升其太空态势感知等能力，已成为商业航天发展的重要方向。

在数字孪生技术领域，美国弹弓航空航天公司开发数字环境的太空复制品——"数字孪生体"，为美国太空军提供教育训练和兵棋推演能力。弹弓航空航天公司将自动梳理公共和商业数据，为太空军提供实时的太空态势图片，包括超过7000个卫星的轨道位置等，还为太空军提供太空碎片、太空天气以及无线电通信中断等信息。"数字孪生体"提供的模拟轨道太空环境，可应用于太空军任务，以增强其分析和应对当前和未来威胁的能力，实现其通过精确的作战环境再现改善兵棋推演和现实世界的计划。该公司还将开发四个试点项目，以支持太空军的培训和教育计划。

在传感器领域，2021年，美国创企侦察兵太空公司整合来自卫星和地面传感器的数据，开发演示轨道碎片和碰撞威胁的数据新模式，以提高跟踪太空碎片的准确性，并对太空碰撞进行预测。2022年，公司将延续前一阶段的软件研发，使用模拟的数字太空环境，通过"数字孪生技术"获取太空态势感知数据，并与盟友共享数据，实现将数据用于军事系统的目标。美国太空军第2三角队表示，该软件将弥补太空军在太空域感知中存在的差距。

在太空通信领域，美国帕兰蒂尔公司研发"战斗管理指挥、控制和通信系统"，并将在2023年3月之前交付"数据即服务"平台，以支持国家安全目标。该平台允许美国太空军、美国空军与北美防空司令部—美国北方司令部在任务领域内集成、清理、共享和利用数据，以利于各单位在战略和作战规划、跨空间态势感知、人事管理和跨作战司令部协作等方面做出决策。

在人工智能领域，美国数据科学创企 RS21 公司研究使用人工智能技术预测在轨卫星故障。该技术在太空试验计划中的 Sat-7 卫星上进行测试。RS21 公司目前正在开发软件，以集成到美国国家航空航天局约翰逊航天中心的太空试验计划地面站，为在 Sat-7 上开展技术测试做准备。

在太空跟踪技术领域，美国侦察兵太空公司宣布与太空态势感知领域的私掠者公司达成合作协议，共同开发太空跟踪技术。据悉，侦察兵公司在搭建系统架构和数据收集方面具有优势，私掠者公司则在数据解决方案方面具有优势，双方合作重点是将二者实现有机结合。目前，合作尚处于初始阶段，未来计划探索开发联合产品，进一步增强对太空物体和事件数据的收集能力。

二、政府支持力度持续加大

商业航天的快速发展离不开政府的大力扶持。美国是最早发展商业航天的国家之一，近年来持续加大对商业航天的支持力度，政府部门、各军种陆续颁布商业航天发展计划，为商业航天营造良好的发展环境和政策资本支持。欧、日、印等国家也迅速跟进，加大对商业航天政策的支持和资本投入[1]。

---

[1] 中科宇航. 再论美国商业航天对我国的启示. 卫星与网络，2022 年 5 月 27 日.

（一）美国政府层面继续支持商业航天发展

为支持商业航天发展，美国政府陆续出台了一系列法律法规和政策，推出多个项目资助计划，甚至直接提供技术转让支持，以助力商业航天发展壮大。

1. 美国国家航空航天局推出多个项目计划助力商业航天

美国商业航天的兴起与美国国家航空航天局的大力支持密不可分[①]。进入21世纪，美国国家航空航天局相继发布了"商业轨道运输服务""商业补给服务""商业乘员开发"等商业航天运输计划，辅助SpaceX公司、轨道科学公司、行星公司、蓝色起源公司、山脉太空公司等私营企业发展。2022年3月，美国国会两院通过了2022财年联邦预算法案，法案将为美国国家航空航天局提供240多亿美元的资金。美国国家航空航天局采用任务分包和技术转让的方式，推出多个项目计划，继续与商业航天公司合作，完成太空探索与开发。

在太空发射领域，2022年美国国家航空航天局授予SpaceX公司哨兵-6B发射任务服务合同。合同价值约9400万美元，计划于2025年11月从加利福尼亚州范登堡太空军基地利用"猎鹰-9"号火箭发射卫星。哨兵-6B将使用雷达高度计从海洋表面反射信号，并提供连续的海洋地形测量。该任务还将利用全球卫星导航系统无线电掩星探测技术，采集高分辨率的温度垂直剖面，以评估地球大气的温度变化，并改进天气预测模型。

在月球探测领域，2022年美国国家航空航天局宣布与商业界共

---

① 2019年航天专题之美国：航天产业商业化程度最高. 前瞻产业研究院，2019年5月1日.

同研发"运动学导航与制图背包"，可利用光探测、测距激光技术，帮助航天员探索月球南极等太空环境。该背包是一个激光雷达扫描仪，也是一个遥感测绘系统，可使用频率调制的连续波为每秒数百万个测量点提供多普勒速度和距离，测量点可形成实时导航系统，向航天员提供精度达到厘米级的周围地形高分辨率三维地图。该背包将确保航天员、漫游车在无 GPS 的月球环境中保持安全，帮助航天员在月球南极寻路。

在太空驻留领域，2022 年帕拉贡航天发展公司宣布与诺·格公司签订了价值超过 1 亿美元的合同，用于开发"驻留和后勤保障前哨"计划的"环境控制与生命支持系统"。美国国家航空航天局计划将"驻留和后勤保障前哨"部署在月球轨道上，作为宇航员登陆月球的首个中转站。帕拉贡公司负责"环境控制和生命支持系统"的设计、建造、测试与交付。帕拉贡/诺·格团队计划在 2022 年第二季度对"环境控制与生命支持系统"进行关键设计审查，2024 年交付。

在太空处理计算器领域，美国国家航空航天局喷气推进实验室宣布将联合微芯半导体公司开发下一代太空高性能航天计算（HPSC）处理器。微芯半导体公司的处理器架构将根据任务需求实现计算能力的可扩展，预计是当前航天计算处理器的 100 倍，还将提供全面的以太网网络、先进的人工智能/机器学习处理和连接支持，并以低功耗提供前所未有的性能提升、容错和安全架构。微芯半导体公司计划在 3 年内构建、设计和交付 HPSC 处理器，用于未来的月球和行星探测任务。

2. 美国国家侦察局构建商业系统和自研系统相融合的扩展架构

商业图像是信息共享和决策的重要来源，俄乌冲突中商业图像的巨大作用证明了其在处理地区危机中对美国情报界的价值。美国国家侦察局（NRO）构建商业系统和自研系统相融合的扩展架构，以多样性不断提升该局的业务弹性，并提高其运用综合手段应对威胁的能力。

美国国家侦察局与商业公司的合作由来已久。2010年，美国政府与麦克萨技术公司签署了单一供应商协议，即"增强视景"计划，每年美国政府支付约3亿美元用于访问该公司的高分辨率成像卫星和图像档案。该计划起初由国家地理空间情报局负责，2017年转至美国国家侦察局。2021年，美国国家侦察局宣布继续执行"光电商业层计划"，向商业卫星服务供应商招标。2022年5月，美国国家侦察局授出有史以来最大的商业合同，授予黑色天空公司、麦克萨技术公司和行星实验室公司"光电商业层"合同，为美国情报、国防和民事机构提供卫星图像，合同的基本期限为5年，可延长至10年。[①] 三家公司的合同金额及服务内容为：（1）麦克萨公司预期获得价值32亿美元以上的合同，提供高分辨率商业卫星图像服务。国家侦察局可访问该公司的"世界观测"和"地球眼"–4星星座及6颗未发射的新军团卫星。（2）行星实验室公司的合同金额未透露，将提供高分辨率和中分辨率卫星图像服务。国家侦察局既可访问该公司2009年后的海量图像，也可访问下一代快速重访"鹈鹕"星座。（3）黑色天空公司初始合同价值为8550万美元，10年内预期价值10亿美元，主要提供动态监控、高频图像服务。"光电商业层"合同将取代2010年授予麦克萨科技公司的"增强视景"合同，可更快满足更多用户需求，用于最具挑战性和最敏感的任务。

根据"光电商业层"合同，国家侦察局将购买各种图像产品，

---

① 美国国家侦察局宣布与三家私企签署价值数十亿美元的商业卫星影像购买合同. 俄罗斯卫星通讯社，2022年5月26日.

包括基础数据和传统图像，以及短波红外、夜间和非地球成像，并直接下行链接到美国军方远程地面终端。根据合同，国家侦察局还可以购买商业卫星在特定地点收集图像的"点收集"服务，以及利用商业卫星的太空态势感知传感器对太空物体进行非地球成像服务。这份合同的授出，反映了美军及情报界对商业数据的依赖正在逐渐加深，预示着在地理空间情报领域中利用商业数据已成为趋势，无疑也将刺激更多资本涌入商业太空数据服务领域。

3. 美国众议院军事委员会战略力量小组委员会呼吁美军购买商业卫星服务

2022年6月8日，美国众议院军事委员会战略力量小组委员会通过了《2023财年国防授权法案》的提案，呼吁军方应更多地购买和使用商业太空技术和商业卫星数据。该战略小组负责军事太空、导弹防御和核武器政策与项目。法案建议军方增加使用商业遥感卫星数据：（1）委员会认为商业卫星射频遥感能力有潜力支持国防部的各种任务；（2）委员会要求国防部简要介绍，在作战指挥演习、试验和兵棋推演时，美军如何利用商业射频卫星能力，以及如何将商业能力整合到信息系统和工作流程中；（3）委员会鼓励国家侦察局推广合成孔径雷达（SAR）商业采办试点计划；（4）委员会建议国家侦察局加速采用和整合商业数据，并要求其提供一份获取商业合成孔径雷达能力的报告。法案呼吁太空军标准化卫星和运载火箭接口，以便更有效地执行国家安全太空发射（NSSL）计划，以便加快部署有效载荷。相关规定如下：（1）委员会关注降低成本、降低风险及确保发射可靠性和性能的工作；（2）委员会关注太空发展局（SDA）未来部署大型低轨星座将面临的发射成本问题；（3）委员会支持选择火箭和卫星集成的承包商，简化集成流程，以降低成本、缩短发射准备时间，并加大发射供应商的竞争；（4）委员会要求国防部介绍在所有类型的航天器和运载火箭上使用通用发射集成器解决方案的成本、时间表以及使用计划。

4. 美国白宫将修订商业航天活动法规

2022年8月12日，美国副总统卡马拉·哈里斯在加利福尼亚州奥克兰的科学中心宣布，美国国家航天委员会将在9月9日举行的会议上讨论修订商业航天活动法规，以确保卫星在轨维护、加油及地月空间太空活动安全。哈里斯称，修订航天法规将深化美国政府与私营部门的关系；在"维护美国负责任利用太空的领先地位、制定未来太空全球规范"方面领先他国；将落实2020年启动的在轨服务、组装与制造（OSAM）国家计划；将出台航天法规以应对太空军事化等挑战。

5. 美国政府问责局（GAO）发布《国家安全航天：更好地利用商业卫星图像和分析所需的行动》报告

美国"航天新闻网"2022年9月7日报道，美国政府问责局发布《国家安全航天：更好地利用商业卫星图像和分析所需的行动》报告称，尽管美军对卫星图像的需求不断增长，但由于采购模式缓慢烦琐，美国国防部和情报界并未有效利用商业技术，所以需要更好的计划来采购商业卫星图像。政府问责局局长布莱恩·马扎内茨表示，商业卫星能力将越来越成为国家安全不可或缺的一部分，国防部与情报机构的采购策略落后于商业能力的发展，在商业能力采办的流程、时效与规模方面都面临挑战。报告强调了国防部和情报界在图像需求方面缺乏沟通协调，导致各方的需求与采办重叠。该报告为国防部和情报界提出四项建议：（1）明确规定获取商业卫星图像的角色和职责；（2）弄清如何将商业卫星新能力及时纳入运营合同；（3）设定性能目标和措施，最大限度地利用商业卫星图像；

（4）为使用遥感数据的商业分析服务提供更好的官方指导。

6. 美国 2023 财年综合拨款法案增加商业太空项目预算

美国"航天新闻网"2022 年 12 月 21 日报道，美国 2023 财年综合拨款法案为美国国家海洋和大气管理局（NOAA）和美国联邦航空管理局（FAA）提供了大部分预算，以承担新的或扩展商业太空任务。其中，法案为国家海洋和大气管理局太空商务办公室提供了 7000 万美元，旨在加快开发民用太空交通管理系统。这笔资金将用于雇佣人员和建立开放式架构数据库系统，用以汇总多源太空态势感知数据，提供目前由美国国防部处理的空间目标交会预警等服务。法案为美国联邦航空管理局商业太空运输办公室提供了 3785.4 万美元的运营资金，用于雇佣更多员工满足不断增长的商业发射和再入活动许可申请。该办公室主要负责企业申请、修改、豁免申请等发射方面的工作。此外，法案还提供了 500 万美元用于商业太空一体化空域系统的研发工作，470 万美元用于商业太空运输安全相关工作。

（二）美国军种层面加强与商业航天企业合作

2022 年 5 月 5 日，美国智库大西洋理事会发布《小型卫星：对国家安全的影响》报告。报告认为，美国在太空各个方面的能力都有被超越的风险，部分原因是小型卫星等商业创新应用缓慢，建议美国国防部利用商业太空能力服务国家安全领域。报告指出，目前小型卫星发射商业市场正在蓬勃发展，这一趋势使商业太空能力在国家安全领域发挥着越来越大的作用，但是美国军方未能利用商业太空服务的优势，这可能会削弱美国未来的太空优势。报告提出四点建议，具体如下：（1）国会和政府在国防部门和情报界采取"商业优先"战略；（2）国防部和国家情报局局长办公室研究商业太空能力可完成的国家安全任务，并由国会提供资金，扶持商业小卫星发展；（3）国土安全部开展研究，确定是否应将太空系统视为国家关键基础设施；（4）国防部、国务院和商务部加强太空外交工作，建立国际太空行为规范。

1. 太空军通过商业合作推动太空服务、组装与制造（ISAM）能力发展

2021年11月，美国太空军启动"轨道开启"计划，为通过商业方式开发的轨道操作技术提供资金支持[①]。这项计划将专注于在轨服务、组装与制造，专注于各式各样的新技术，包括卫星修理和燃料补加、清除轨道碎片，以及在太空中打造新的能力。"轨道开启"计划由太空军创新工场主抓，太空军创新工场是空军技术孵化器空军工场的航天分支机构。2020年，空军工场主持开展了名为"敏捷开启"的项目，意在推动垂直起降电动无人驾驶飞机市场的发展。"轨道开启"将与之类似，意在刺激政府和私人投资发展在轨服务、组装与制造技术。该计划拟签发多项"小企业创新研究"和"小企业技术转让"合同。要竞争"轨道开启"计划合同，企业须与学术和非营利机构结成伙伴。各团队可拿到最高25万美元的第一轮合同，以及最高150万美元的第二轮合同。项目成功后，企业还将有资格争取数额大得多的"战略资助"合同，但要求企业从私人投资者拉到匹配经费。"轨道开启"项目中标方还将会获得资金以外的支持，比如有权使用试验场，以及得到监管和签约过程方面的辅导等。2022年"轨道开启"计划正式实施。从6月15日至9月22日，美国太空军太空创新工场共授出124个第一阶段合同，每个合同为期5

[①] 2022年"轨道开启"（Orbit Prime）计划. 字节点击, 2021年11月13日.

个月。太空创新工场将通过小型企业技术转让授出合同，与全美92家公司和66家研究机构合作开发在轨服务、组装与制造能力和技术，以识别、接近和服务太空物体。

2. 太空军"战术响应航天"计划

近年来，美国对"战术响应航天"能力的建设愈加重视。作为太空军"战术响应航天"计划下的最新发射任务，"征服夜晚"将展示包括发射部分、空间部分、地面部分和在轨操作在内的"战术响应航天"能力。太空军计划在冲突或危机期间，通过小型商业运载火箭在短时间内将有效载荷送往近地轨道，以更换受损卫星或增强已有星座。太空军最初将其定义为"战术响应发射"，后更名为"战术响应航天"，以"强调这项工作侧重于实现综合太空能力，除了发射外还包括航天器平台、有效载荷、地面设施和在轨操作"。太空军成立了太空旅行办公室，负责管理快速发射任务。太空军于2021年6月13日完成了"战术响应航天"首次发射任务TacRL-2，并计划于2023年执行下一次发射任务TacRS-3。2022年4月，美国众议院一个议员小组要求美国国防拨款小组委员会在2023财年预算中为"战术响应航天"计划提供1.5亿美元资金，7月1日发布的《2023财年美国国防授权法案》显示，2023财年用于"战术响应发射"计划的投入约为1亿美元。2022年10月3日，美国"萤火虫"宇航公司宣布，将为美国太空军太空系统司令部"征服夜晚"任务提供发射服务。

战术响应航天-3任务即"征服夜晚"，属于太空军"火箭系统发射计划"，由太空系统司令部从"轨道服务计划-4"目录中选择该任务供应商。战术响应航天-3任务旨在挑战响应速度极限，要求发射服务商在几个月内做好执行任务的准备工作，并保持待命状态数周至数月，在得到指示后的24小时内完成发射。2022年9月

7—9日，太空系统司令部在佛罗里达州卡纳维拉尔角太空军站首次进行了名为"视差上升"的联合作战桌面演习。该演习的重点是研究和确定"战术响应航天"可能采用的策略和流程，简化跨部门职责，协调司令部及其合作伙伴，从而更高效的实现在轨作战能力。太空系统司令部称此次任务为战术响应航天-3任务的预演。2022年9月28日，美国太空系统司令部司令迈克尔·盖特林中将表示，战术响应航天-3任务将尝试在收到启动命令后24小时内发射卫星，大大缩短周转时间。盖特林称，太空态势感知是太空军任务的基础，TacRS是帮助美军确保轨道能力的一种工具。

通过实施战术响应发射-2任务，太空军初步建立了"快速响应太空"的概念和相关战术、技术、程序。在此基础上，太空军计划在2023年实施战术响应航天-3任务，以达成"在任务开始的24小时内发射一颗卫星"这一目标，如果美军顺利实现这一目标，将意味着美国的战时天基能力能够得到充分的保障。

3. 太空军降低商业公司门槛，推动商业航天为美军所用

"航天新闻网"2022年4月5日报道，作为太空军采办部门的美国太空系统司令部，希望利用商业公司对太空相关技术进行投资，目前正在寻求从商业公司购买卫星天气数据、图像和其他情报等太空服务，以改变建造军用定制卫星获取太空信息的方式。然而，如果美国太空系统司令部不清楚商业公司某些技术的成熟程度和准备程度，此举可能存在风险。为太空军和其他机构提供技术支持的航空航天公司与美国太空系统司令部达成协议，公司通过其商业太空期货办公室帮助商业太空公司与太空军建立联系，在商业公司向太空军提供服务之前审查其技术能力。太空期货办公室为商业太空公司提供了9290平米的实验室设施，来验证其技术是否符合太空军的需求。太空期货办公室还将全面调查和评估商业公司的财务、技术

资金及供应链等情况。公司首席技术官黛布拉·埃蒙斯表示，此举将降低军队采用商业太空解决方案的风险并降低商业公司进入军队采办的门槛。此外，美国太空系统司令部目前正研究购买太空服务的合同机制。

4. 太空军采取措施紧跟商业太空创新发展

2022年5月18日，美国太空军太空系统司令部司令迈克尔·盖特林中将在战略与国际问题研究中心发表讲话表示，目前商业太空创新发展超过了军事需求，能否紧跟商业太空的最新进展是军事太空采办机构面临的挑战。为弥合双方差距，使军事采办紧跟商业太空创新发展步伐，太空军推出以下措施：（1）指定官员帮助初创企业和小企业熟悉复杂的政府采购领域，为客户提供服务；（2）太空系统司令部设立商业服务办公室，采取"能买则买，不能买再造"的理念；（3）增加与私营部门"工业日"频率。

5. 太空军拟在商业星座上搭载战术ISR载荷

2022年7月11日，美国太空军太空系统司令部环境与战术监视采办"德尔塔"高级官员丹尼斯·拜尔切诺在太空创新峰会上指出，虽然商业卫星无法向太空军提供诸如核导弹预警及跟踪等天基数据，但在商业星座上搭载战术ISR载荷（即情报监视与侦察载荷），可为美军及其盟友的一线作战部队指挥官提供快速更新的战场情报数据。拜尔切诺表示，"星链"等大型商业星座或成为其优先合作对象。在5月的战术ISR产业活动日上，太空军的官员已和包括亚马逊公司、SpaceX公司、地球人轨道公司等商业太空服务商探讨合作意向。拜尔切诺还表示，太空军考虑的另一个方案是在太空服务商和传感器厂商之间发挥桥梁作用，之后直接购买天基数据。

6. 太空军计划建立商业航天器舰队

美国"防务新闻网"2022年10月19日报道，美国太空系统司令部创新和原型设计负责人约瑟夫·罗斯上校在洛杉矶举行的航天工业日会议上表示，美国太空军寻求深化与商业公司的伙伴关系，计划建立一支类似于民用后备航空队的商业航天器舰队，可随时响应战时需求。罗斯说，商业航天公司目前已具备国防部所依赖的卫星通信、太空域感知、情监侦等多种能力，太空军计划于2023年1月与业界及国会相关人士会面，以收集各方意见。美国太空军需求主管托德·本森上校指出，太空军希望从多个商业资源中获取能力，但更为重要的是此类项目必须能与更广泛的卫星和地面控制系统进行直接整合。

7. 空军通过商业合作提升太空运输和态势感知能力

随着太空技术，尤其是火箭发射技术的不断进步，美军开始关注并探索太空运输模式。美军与私营公司建立合作关系，旨在研发通过火箭运输进行货物与人员快速投放的技术。2020年，美国运输司令部与SpaceX公司、XArc公司签署了合作研发协议，研究太空快速运输概念。根据合同，美国空军研究实验室可以访问SpaceX公司的商业轨道发射和助推器着陆数据，收集关于环境特征和性能的关键数据。2022年，美国空军研究实验室追加服务内容，授予SpaceX公司一份价值1.02亿美元的5年期火箭货运运输合同，旨在展示使用重型商用火箭向世界各地运送军用物资和人道主义物资的技术与能力，这是迄今为止最大的火箭运输合同[1]。火箭货运项目负责人格雷格·斯潘杰斯表示，该合同象征着政府与企业正式建立了

---

[1] SpaceX公司赢得1.02亿美元的空军合同，展示点对点太空运输技术. 我们的太空，2022年1月21日.

合作伙伴关系，以确定火箭运输可实现的目标、运输量、速度及成本。SpaceX 公司还设计了支持快速装载的货舱，可与美国运输司令部联运集装箱兼容。同时，美国空军计划与其他运载火箭提供商进行谈判，考虑增加火箭货运供应商。

美国空军重视火箭发动机的研制。2022 年 8 月，火箭推进创企大熊星座公司宣布获得美国空军研究实验室 360 万美元的小企业创新研究合同，开发用于小型运载火箭的哈德利液体发动机。该合同属于战术资金补充合同，资金来源包括政府与私企，是政府鼓励企业与个人创新研发的一种手段。大熊星座公司创始人乔·劳里恩蒂表示，该公司正在试验和制造 5000 磅推力的哈德利发动机，该发动机使用液氧和煤油推进剂，主要为高超声速飞行的 X-60A 空投火箭提供动力。

美国空军重视太空态势感知能力发展。2022 年 12 月，美国太平洋防务公司获得美国空军研究实验室（AFRL）的航天控制技术分部合同，开发和演示用于地月空间态势感知任务的小尺寸、重量和功率传感器[1]。传感器将基于模块化开放系统方法原理构建，以应对地月空间态势感知日益增长的挑战。该合同将帮助美军实现多层次能力，确保地月空间保持安全和透明的操作环境。太平洋防务公司已开发出"月之城"演示机，目前正与 AFRL 讨论将传感器送入太空进行在轨演示的方案。

8. 空军开发"全球统一环境"（GLUE）系统加强商业卫星图像采集能力

据"防务新闻网"2022 年 7 月 9 日报道，美国空军研究实验室

---

[1] 北京蓝龙. 美国空军研究实验室授权太平洋防务为地月空间态势感知任务开发传感器. 微博，2022 年 12 月 26 日.

正在开发"全球统一环境"系统，以加强对商业卫星图像采集能力，帮助太空军建设更具弹性的架构。"全球统一环境"系统将允许作战指挥部从商业供应商和盟国合作伙伴获取卫星图像数据，以满足其军事行动需求。"全球统一环境"系统预计将在2024财年交付至太空军。

9. 陆军利用商业通信技术发展"联合全域指挥与控制"

俄乌冲突展示了未来战争的复杂性以及天基通信的重要性，凸显了迅速升级军事网络和增强信息共享能力的必要性。美国陆军相关负责人指出，应立即关注"应对大规模对峙或与先进对手的对抗"能力，针对未来战场通信降级或受阻的环境，加快发展"联合全域指挥与控制"能力，致力于实现全域互联，打造未来战场的数据优势，促进信息广泛、准确、无延迟共享。美国陆军还通过"会聚工程2022""压制工程"等大型演习与实验，强调数据共享、平台集成的重要性，解决实现联合全域指挥与控制能力所面临的问题。

联合全域指挥与控制数据从广泛的多域传感器收集，经过远距离快速传输，处理为可操作信息，并根据需求提供给军队，以应用在战术、战役和战略指挥领域[①]。太空是终极制高点，为传感器数据采集提供了极其广阔的视野。因此，天基技术对于实现联合全域指挥与控制至关重要，尤其是建立能够从所有传感器传输数据的全球通信链路。发展天基通信能力，设计从地面延伸到太空的各类传感器，打造"透明"战场，才能更好地发挥联合全域指挥与控制的战斗优势。另一方面，联合全域指挥与控制核心是自动冗余，即如果一个传感器暂时看不到目标，那么其他传感器将能够覆盖它。

2022年12月15日，美国雷神技术公司参与了美国陆军的"项

---

① 美国陆军表示2025年JADC^{2}将成为现实. 网电空间战, 2021年6月10日.

目融合"演习，成功展示了连接国防网络和简化美国陆军指挥和控制系统所需的解决方案，支持发展联合全域指挥与控制能力。其中涉及的关键技术是 FlexLink，这是一种开放系统无线电技术，由雷神技术公司开发，旨在连接多个空中和地面平台。演习期间，FlexLink 被安装在美国陆军 UH-60M 直升机上，能够在超过 200 海里的距离上建立联合指挥和控制网络。该演示是验证陆军"项目融合"概念的关键，也是美国陆军对联合全域指挥与控制所做的贡献。

（三）其他国家对商业航天大力支持

面对美国政府和各军种对商业航天的巨大支持，以及商业航天蓬勃发展对美国国防和经济的巨大促进作用，其他国家政府对商业航天发展也给予了极大支持。

1. 英国抢占欧洲商业航天先机

英国近年来尤为注重太空力量建设。2017 年初，英国政府宣布推出金额达 1000 万英镑的商业航天资助计划。2018 年，英王室通过新的太空产业法案，并推动新立法，扫除本国航天业发展的政策障碍，吸引更多投资进入英国。2021 年和 2022 年，英国国防部连续发布两部《国防太空战略》，强调商业航天发展是重要驱动。2021 年12 月，英国启动 Aether 项目，旨在寻求近实时的全球范围平流层通信和情报监视侦察能力，以满足英国国防部对快速机动、超持久的广域通信和情报监视侦察需求。高空气球重量轻，可长时间停留在空中进行监视，具有跟踪高超声速武器的潜在能力。2022 年 8 月，美国内华达山脉公司在其官网宣布获得英国国防部价值 1.21 亿美元的合同，将为英国提供用于监视和侦察的高空无人气球。本合同是英国国防部 Aether 项目合同的一部分。"航天新闻网" 2022 年 9 月 7

日报道，英国 BAE 系统公司计划于 2024 年部署首个多传感器低轨卫星星座"杜鹃花"，为军事客户提供高质量 ISR 数据。"杜鹃花"星座将由 4 颗卫星组网，可在轨收集视图、雷达和射频（RF）数据，通过星载机器学习系统进行分析，形成情报信息，并可直接从低地球轨道提供给世界上任何地方的战术或战略用户。另外，BAE 系统公司正与芬兰冰眼公司展开合作，借助其合成孔径雷达（SAR）技术，提升高分辨率卫星图像的获取能力。

2. 日本多管齐下发展商业航天

日本重视商业航天，紧跟美欧等航天大国的步伐，积极支持商业航天发展。日本政府颁布政策积极支持商业航天。2018 年，日本政府实施航天创企发展"一揽子计划"，支持该国航天初创企业发展。该计划包括设立 1000 亿日元（9.4 亿美元）的支持基金，每家初创企业大概可以拿到 10 万美元的资助；提出"航天商业投资结对平台"帮扶计划，政府文件列出的提供帮扶成员有 46 个，包括卫星运营商天空完美日星公司，也包括日本航空和尼康公司。此外，该计划内容还包括为航天创企寻找人才以及设法让这些企业同日本宇宙航空研究开发机构开展技术合作。日本政府甚至正在考虑制定新的法律和政策，效仿美国和卢森堡，承认企业拥有在月球上开发土地的合法性，以支持和鼓励相关企业开展卫星在轨服务和太空采矿。同时，日本龙头企业积极扩大相关投资。比如，日本最大的卫星制造商三菱电机公司计划投资约 110 亿日元，将研制能力从同时建造 10 颗卫星提升至 18 颗，以满足日本政府及全球范围商业通信卫星日益增长的需求。新设施将有力缩短生产周期、降低成本并提高产品质量，增强其国际市场的竞争力。

3. 印度成功发射首枚商业火箭

早在 2015 年，印度空间研究组织就提出提高商业航天的地位。印度太空研究与军方各自独立的管理模式，使得印度的太空项目能够快速和国际进行合作。目前为止，印度与法国、美国、俄罗斯、以色列、日本、澳大利亚等航天国家开展了合作，涉及共同研发、载荷搭载、数据共享、合作运管等多个维度。这些合作并非仅停留在意向层面，程度较为深入，也受到合作方的重视。2020 年 6 月，印度总理纳伦德拉·莫迪向民营企业开放了航天行业，使印度商业航天的潜力得以释放。印度运载创企天根宇航公司 2018 年 6 月创立，是一家两次获得国家奖项的太空创业公司，拥有 200 名员工，是印度最大的私人太空创业公司，到目前为止已经筹集了 5.26 亿美元的资金。该公司花了大约两年的时间开发"维克拉姆－S"固体火箭，该火箭采用碳复合材料和 3D 打印发动机技术制造，是印度首枚商业火箭。2022 年 11 月，印度空间研究组织从斯里赫里戈达岛发射场，成功发射了印度运载创企天根宇航公司研制的"维克拉姆－S"固体火箭，将 3 个有效载荷部署入轨。该火箭发射是印度首次商业火箭发射，是印度商业航天产业发展重要的里程碑，标志着私营企业开始进入印度航天工业。

三、军事应用逐步深入

近年来，随着商业航天产业和技术的发展壮大，其军事应用价值不断显现。商业卫星在俄乌冲突中的重要应用，彰显了商业航天的巨大军事能力。美国非常重视商业航天的军事应用，通过建立低轨商业巨型星座、开发"火箭货运"项目，探索集"链"成"盾"

技术，进一步打造太空综合军事优势，谋求独霸太空。

（一）商业巨型星座军事应用大有可为

近年来，随着卫星轨道革命的全面深化以及小卫星系统、技术的快速演进，国外涌现出以"一网""星链""柯伊伯"等为代表的低轨通信巨型星座和"鸽群"为代表的低轨遥感巨型星座建设热潮，其在卫星批量研制、快速部署、应用服务等方面显示出诸多颠覆性的特点与趋势，将极大革新、甚至重新塑造卫星通信领域的整体格局，并深刻影响未来的军事航天体系与作战用天样式，对各主要航天大国来说存在巨大机遇与风险。首先，星座规模方面发生了质的飞跃，与铱星、全球星等传统星座的数十颗卫星相比，包括"一网"公司、亚马逊公司、美国太空探索技术公司等在内的多个星座计划都达到了数千颗量级。其次，应用领域方面，新兴低轨通信星座与卫星移动通信不同，卫星移动通信聚集在宽带网络通信领域，新兴的卫星星座涵盖通信、成像、环境监测等领域，全面覆盖卫星通信、光学和雷达成像等能力。最后，工作频段方面，受业务应用需求的牵引和制约，新兴低轨星座并未采用L、S等传统低轨卫星移动通信系统的方案，而是集中在Ka、Ku等高频段的利用上。未来，随着星座更新换代需求的进一步演化，Q/V等新兴频段的抢夺也将非常激烈。

2019年以来，全球低轨互联网星座领域发展迈入高峰期，在外部融资、工程建设、频率申请、应用布局等多个维度不断加快工作步伐，以"一网"和"星链"两大星座为引领，全球各大系统"群雄逐鹿"抢占市场先发位置的态势凸显，低轨商业卫星星座即将迈入竞争淘汰的实质性阶段[1]。

1. 发展现状

（1）"星链"星座[2]

"星链"项目是美国 SpaceX 公司提出发展的低轨星座计划，起初规划三期系统，分别包含 4408 颗、7518 颗与 30000 颗卫星，工作在 Ka、Ku、V、E 等频段。据 2022 年 12 月 1 日美国联邦通信委员会 FCC 审批信息公告，"星链"已正式放弃原二期 7518 颗卫星方案，申请的 3 万颗二代星座仅有 7500 颗卫星获批，工作频段为 Ka 和 Ku。未来"星链"由两代星座组成，第一代星座（Gen1）包含 4408 颗卫星，分布在 540—570 千米的 5 个轨道壳层，轨道高度从 540 千米到 550 千米不等，在用户端最低 40°仰角条件下，可满足全球无缝覆盖；第二代星座（Gen2）包含 7500 颗 V 频段低轨卫星，轨道设计高度分布在 525 千米、530 千米和 535 千米三个轨道壳层，轨道倾角分别为 53°、43°和 33°。

美国"特斯拉北方网"2022 年 4 月 5 日报道，美国空军 3 月底在犹他州进行了基于"星链"卫星的 F-35A 通信测试，旨在评估和探索偏远地区的高速通信支撑能力，以提升 F-35A 的通信能力，这表明空军开始重视 SpaceX 公司的"星链"低轨互联网星座的价值。在为期一周的测试中，第 388 战斗机联队的连接速度比军事卫星系统快 30 倍左右。卫星解决方案的紧凑性也得到了加强，"星链"天线被安装在 F-35A 的吊舱中与网关路由器相连。"星链"解决方案的优势在于其性能出色，系统简单易设置，飞行员通过不到 10 分钟的培训，即可完成整个卫星解决方案的配置。"太空网"9 月 14

---

[1] 商业巨型星座发展及其军事影响研究．北京空间科技信息研究所，2022 年 12 月．
[2] "星链"．灰机卫星百科，2023 年 5 月 20 日．

日报道，美国 SpaceX 公司当日在推特上表示，"星链"实现了对全球七大洲的通信覆盖。目前，SpaceX 公司正在南极麦克默多站部署天线，对"星链"网络通信能力开展测试，此次测试还首次证实了"星链"激光星间链路已投入应用。预计"星链"星座将为麦克默多站提供超过 17Mbps 的网络连接能力，并可同时为 1000 人提供宽带服务。

2022 年 12 月 28 日，SpaceX 公司利用"猎鹰-9"号火箭从佛罗里达州卡纳维拉尔角太空军基地完成了本年的第 60 次发射，箭上携带了 54 颗"星链"V2.0 型卫星，卫星最终部署在高度 530 千米、倾角 43°的轨道上，"星链"已成为全球首个初步建成的低轨宽带互联网星座。至此，"星链"卫星的总发射数目达到了 3666 颗，约 3375 颗在轨运行，并且成功走向"星链"卫星 2.0 版本更新进程。"星链"V2.0 型卫星重约 1.25 吨，长约 7 米，采用双太阳能阵列设计，主要用于"星链"星座网络扩容，为更多用户提供更快的网络服务，并实现直接向智能手机端提供网络服务。2023 年 6 月 23 日，SpaceX 公司利用一枚 8 手"猎鹰-9"号火箭将第 89 批 56 颗"星链"卫星送入倾角 43°的轨道，"星链"发射总数达到了 4698 颗。本次任务继续部署"星链"V1.5 型卫星，SpaceX 公司计划在 2023 年 7 月初再发射两批次"星链"V1.5 型卫星后，将完全过渡到发射新一代"星链"V2.0 Mini 型卫星。新一代"星链"V2.0 Mini 型卫星平台体积更大，提供的带宽容量是一代"星链"卫星的 4 倍。

2023 年 2 月 27 日，美国 SpaceX 公司的"猎鹰-9"号火箭执行了"星链 6-1"任务，火箭从卡纳维拉尔角太空军基地将 21 颗第二代"星链"迷你卫星（V2.0 Mini）送入近地点 370 千米、远地点 373 千米、倾角为 43°的预定轨道，卫星最终将变轨进入 530 千米的工作轨道。这是 SpaceX 公司首次发射第二代"星链"迷你卫星。"星链"迷你卫星质量约 800 千克，配置高功率相控阵天线和 E 频段通信载荷，通信容量比"星链"（V1.0和V1.5）卫星高4倍以上。"猎鹰-9"号火箭一次发射21颗第二代"星链"迷你卫星比一次发射57颗V1.5卫星提供的总通信容量提高84%，可以显著增加客户数量和通信容量。第二代"星链"迷你卫星首次配置避免发生轨道碰撞的自主避障系统和阴极中置氪气霍尔推力器，可大大降低推进剂成本。

关于"星链"卫星的安全性，SpaceX公司2022年2月22日发表了题为《SpaceX公司的太空可持续性和安全方法》的声明，称公司一直致力于太空安全和太空可持续性，投入大量资源来确保所有的运载火箭、飞船和卫星都达到或超过太空安全性规定，并用实际行动兑现承诺。SpaceX在声明中表示：一是卫星可靠性高。公司在部署了2000多颗卫星后，卫星网络的可靠性目前高于99%，只有1%的卫星在升轨后失败；规划主动离轨，并按能完全消亡来设计，卫星可在5到6年内脱离轨道，比FCC提议的25年标准更高，卫星可在再入时完全崩解，最大限度减少碎片产生；二是运行高度低，减少与碎片碰撞的风险。卫星进入工作轨道前先进入较低的轨道以进行初步检测，整个星座的运行高度都设定在600千米以下；三是采用自主避撞系统，机动性强。如果发生碰撞的概率大于10万分之一，系统就会执行避撞操作；四是主动汇报。据称SpaceX公司是唯一一家向联邦通信委员会提供星座日常健康报告的卫星运营商。

（2）"一网"星座[①]

英国"一网"公司计划发展的星座将分为两个阶段部署：第一阶段发射672颗卫星，实现全球范围的无缝覆盖服务；第二阶段完成后续卫星的增补、扩充在轨容量等工作。根据"一网"星座的设

---

① "一网"卫星星座最新发展情况．云脑智库，2021年11月12日．

计方案，卫星分布在 18 个圆轨道面上，轨道高度约为 1200 千米，倾角 87.9°，相邻轨道面间隔约 10.15°。根据目前掌握的情况来看，第一阶段卫星部署完成后，"一网"星座将具有约 5-6Tbps 的容量。2019 年 2 月，"一网"发射首批 6 颗试验星，并于 7 月进行性能测试，结果显示，卫星的数据传输速度超过 400Mbps，时延低至 32 纳秒。2019 年 7 月，"一网"与空客公司的合资企业——"一网"卫星公司正式启动运行，标志着其大规模生产线进入全面工作状态。随后"一网"进行批量卫星部署，每次部署 34 颗或 36 颗卫星。

2022 年 12 月 8 日，美国 SpaceX 公司使用"猎鹰-9"号火箭为英国"一网"公司成功发射 40 颗近地轨道卫星。一级火箭随后降落在佛罗里达州卡纳维拉尔角太空军站的 1 号着陆区，完成回收。这是双方首次合作，也是 SpaceX 公司首次为竞争对手发射天基互联网星座卫星。"一网"公司拥有世界第二大规模卫星星座，此次任务结束后在轨卫星运行数量约为 504 颗（计划 648 颗），据称只需 588 颗卫星即可提供全球覆盖。预计将在 2023 年初完成其余发射任务，并在 2023 年底前提供全球服务。

2023 年 3 月 25 日，"一网"公司为全球提供宽带服务所需的最后一批 36 颗卫星，搭乘印度的地球同步卫星运载火箭 Mark 3（LVM3）从萨蒂什·达万航天中心发射升空，将星座扩展到 618 颗卫星。该公司执行主席苏尼尔·米塔尔表示，"一网"的太空计划已完成，在低地球轨道的卫星已足以覆盖全球，成为世界首个具备全球通信服务能力的低轨通信卫星星座。

（3）"光速"星座[①]

"光速"星座是加拿大电信卫星公司（Telesat）提出的低轨宽带星座计划。2018 年 1 月，加拿大电信卫星公司发射了首颗名为 LEO

[①] "光速"星座. 字节点击，2021 年 8 月 10 日.

Vantage-1 的试验卫星，该卫星质量 168 千克，由英国萨里卫星技术公司研制，该卫星最终进入 1000 千米高度、99.5°倾角的太阳同步轨道。2021 年初，Telesat 选定泰雷兹公司为卫星研制商。按照 2022 年公司公布的最新设计方案来看，Lightspeed 星座前期规划 188 颗卫星，分布在 2 类轨道、16 个轨道面，其中约 110 颗采用倾斜同步轨道，其余 78 颗卫星采用极轨道，配备星间链路，从而形成全球天基互联网。卫星能力方面，根据 Telesat 向联邦通信委员会申请的文件显示，其用户和馈电链路均工作在 Ka 频段，约有 4GHz 的可用带宽（加拿大电信卫星公司宣称通过频率复用可以实现整个星座 10THz 以上的总带宽），采用软件定义载荷，配置多副直接辐射阵列天线，至少能够形成 16 个点波束，可灵活实现波束切换和调整，具备在轨基带信号处理能力。此外，每颗卫星设计了 4 条星间激光链路、2 台推力器，设计寿命 10 年。

（4）"柯伊伯"星座[①]

2020 年 7 月，美国联邦通信委员会批准了亚马逊公司"柯伊伯"星座计划，该计划包括将 3236 颗卫星送入轨道，以将互联网覆盖范围传送到全球。亚马逊公司声称，"柯伊伯"星座计划将"通过运用先进的卫星和地球接收站技术为未得到服务和享受不到周到服务的消费者、美国商业以及全球客户提供宽带服务"。"柯伊伯"系统空间段由 3236 颗卫星组成，分布在地球上空 590 千米、610 千米和 630 千米三组不同高度和倾角的共计 98 个轨道面上。

"柯伊伯"系统之所以设计为三组轨道面，主要基于以下考虑：一是当前的设计方案通过采用最少数量的卫星，实现了对南北纬 56 度之间的最大均匀覆盖；二是卫星的主动离轨时间段能缩短至小于 1

[①] 刘帅军，胡月梅，刘立祥. 低轨卫星星座 Kuiper 系统介绍与分析. 太空与网络，2019 年 11 月 25 日.

年，最长被动离轨时间段控制在 10 年以内；三是卫星设计上能够充分利用窄点波束，提高频谱利用效率；四是星座采用较低的轨道高度，对有效载荷功率要求较低；五是星座所选的轨道可以大幅减少对卫星的辐射危害，以便使用高性能的商业现货硬件。卫星计划分为 5 个批次部署，首批 578 颗卫星发射后将启动服务。值得一提的是，"柯伊伯"星座将采用激光星间链路组网，星间链路传输速率可达 10Gbps。

2021 年 11 月 1 日，亚马逊公司向美国联邦通信委员会提交了一项实验许可申请，用于发射、部署和运行"柯伊伯"星座的两颗原型卫星 Kuiper Sat-1 和 Kuiper Sat-2。该公司已与 ABL 空间系统公司签署了一项多次发射协议，计划于 2022 年第四季度前，通过小型运载火箭 RS1 将这两颗 Ka 频段的原型卫星部署在 590 千米的低地球轨道上，两颗原型卫星将由两个独立的运载火箭连续发射。应用方面，亚马逊公司以"AWS 全球地面网络和计算基础设施，包括洲际光纤链路、数据中心、计算/边缘计算功能"推动系统研发、部署以及与地面网络的互联，从而有望将 Kuiper 服务与亚马逊其他业务线如在线销售服务、云计算服务和视频服务等形成捆绑，相互联合打造新型的综合信息服务云平台，为用户提供更加智能、高效的网络连接服务。

(5)"鸽群"星座[①]

"鸽群"卫星是美国行星公司发展的大规模对地观测纳米卫星星座，用于提供高重访、低成本的全球卫星图像，拓展对地观测图像用户群体，并利用名称中蕴含的信息更好地解决人道主义、环境及商业问题。"鸽群"并没有明确的卫星规模的规划，目前获知的情况是，该星座计划维持 475 千米高度、98°倾角太阳同步轨道 100—150

[①] "鸽群". 灰机卫星百科，2023 年 5 月 20 日.

颗卫星；400千米高度、52°倾角倾斜轨道（国际空间站所在轨道）55颗卫星的在轨规模。"鸽群"卫星星座的测控完全自动化实现，卫星白天过顶陆地上方时会拍摄图像，过顶地面站时将下传这些图像，其余时间卫星处于闲置的状态，给电池充电。整个星座使用差分拖拽技术，通过调整大气阻力，实现整个星座卫星之间的相位保持。"鸽群"卫星为3U立方体卫星，尺寸为10厘米×10厘米×34厘米，外表呈黑色，由铝合金制成，整星质量4.7千克。"鸽群"卫星星座获取的数据将实现全球共享，"鸽群"卫星数据可以识别赈灾地点，帮助提高农业产量，也可以用于全球环境保护，其商业应用则包括测图、房地产和建筑业、油气资源监测，甚至是交通堵塞监测。

（6）"狐猴"星座[①]

"狐猴"星座是美国螺旋公司发展的由125颗3U立方体卫星组成的商业气象星座。螺旋公司是私营小型卫星技术提供商，为北美、欧洲和亚洲公司、组织和机构等用户提供卫星数据服务，包括提供卫星气象数据和船舶监测服务。2013年，螺旋公司发射了第一颗技术试验卫星"狐猴"卫星。2015年，螺旋公司提出建设"狐猴"星座计划，并发射了"狐猴-2"正式业务卫星。该星座采用GPS无线电掩星技术获取气象数据，并将获取的大气层温度、压力和湿度垂直分布数据输入气象预测模型来实现气象预测。螺旋公司认为，他们的系统能够利用传统气象卫星忽视的四分之三的地球数据，大大提高天气预报准确度。

"狐猴"卫星基于3U立方体卫星设计，设计寿命为2—5年。卫星有2个可展开的太阳翼和体装太阳能电池，携带了2个遥感仪器：STRATOS无线电掩星有效载荷和SENSE自动识别系统（AIS）有效

---

① Spire将ThrustMe推进器添加到"狐猴"立方体卫星. SPACE NEWS，2022年9月1日.

载荷。SENSE自动识别系统专用于航海监测，包括一个AIS接收机，工作在VHF频段，可记录由船只的AIS发出的信号。AIS通常由海上船只发送和接收包含识别、位置、进程和速度的VHF信息，以监测船只移动防止相撞，并在突发变速事件中报警。这些信号可以在船—船和船—岸之间传输以对局部地区进行监测，也可通过使用天基AIS终端将数据中继至地面站，从而对更大海面进行监测。但也因此会面临信号重叠和干扰问题，需要逐步提高接收技术以将不同信号区分开。

此外，美国多轨道星座创企Mangata Networks公司2022年1月11日声明，已融资3300万美元，计划建设由791颗通信卫星组成的星座，为国内外客户提供电信和广播服务。Mangata首席执行官布赖恩·霍尔兹表示，该星座计划部署在中地球轨道（MEO）和高椭圆轨道（HEO），将在2023年开始部署地面设备，2024年首次发射8颗HEO卫星，在北半球开始部分服务。另外24颗MEO卫星将于2024年或2025年发射，随后每12—18个月发射一批卫星。2月15日，欧盟发布《民用、国防和太空工业协同行动计划》，提出将投资60亿欧元开展"联盟安全连接计划"，计划在400—500千米高度的高倾角轨道上部署约100颗卫星，建设近地轨道卫星星座，并与中轨道和地球静止轨道上的现有卫星合作，为欧盟提供安全通信能力，该星座的技术细节没有透露。欧盟内部市场专员蒂埃里·布雷顿表示，该计划将填补欧洲和非洲加密宽带接入的空白，并通过量子加密技术为欧洲政府和军事组织提供安全通信，以提高欧盟国家网络通信的安全性和自给性，并能在遭受网络攻击时提供备份。以色列拉斐尔先进防御系统公司推出其新型LiteSat超高分辨率高重访星座（HR2C）。LiteSat HR2C专门设计用于有效部署高重访率大规模星座，具有军用级超高分辨率、高重访、多传感器能力。该星座能以10分钟以下的重访率完成高要求战术任务，其通过在同颗卫星上融合光电载荷与合成孔径雷达可提供高达 30 厘米的分辨率。LiteSat 的图像由基于人工智能/机器学习的多任务的地面开发系统 ImiLite 读取、处理和整合。

2. 态势分析

（1）发展理念方面，向体系化效能驱动转变

传统卫星数量有限、单点容错率低，强调单颗卫星技术先进性与效用，载荷发展呈现高价值、高性能、高难度和高冗余特点。巨型低轨星座由于规模大、迭代快，多颗卫星相互配合、互为补充，单点失效不足以引发系统性运行风险，且可通过快速部署得到弥补，载荷容错率要求随之下降。国外低轨高密度星座不再单纯追求以高等级器件保证系统的高可靠性，而是以任务需求为牵引，通过星座系统级冗余设计和故障可恢复设计保障高性能任务的执行，载荷发展重点从确保技术能力的"高、精、尖"支撑单星高效用，向更好地发挥大规模系统的体系化效能、以满足应用需求为目标的"多、快、够"转变。

（2）研制思路方面，向批量化、智能化转变

传统以单星为主的研制模式下，载荷根据特定任务，采用差异化设计、研发和生产、测试，不存在生产线的概念和建设需求。大规模低轨星座背景下，载荷研制转向批量化、快速迭代，倒逼供应链、物资配套能力优化升级，注重应用大数据、人工智能等新型信息技术并融合先进制造技术装备，面向载荷甚至单机产品制造的全过程，基于数字化的产品设计数据，实现产品工艺规划、加工制造、质量检验、生产全过程的智能化管理与控制，形成自感知、自学习、自决策、自执行、自适应等功能的新型生产方式，缩短产品试制周期，提高生产效能，提升研制的一次性成功率，更好地满足高强度交付要求。

(3) 功能配置方面，向通用化、灵活化发展

星座组网运行条件下，平台和载荷功能加速剥离，模块化设计特点更加突出，平台可预留多个独立承载空间，支持"即插即用"。载荷在电子、软件、网络通信（星间和星地）等硬件接口，乃至功能部件上实现通用化和标准化，以更好地匹配系统接入要求。功能的通用化推动载荷从传统定制、固化设计，逐步具备按照任务需求灵活调整、重构的能力。载荷器件灵活化与软件定义无线电技术相结合，使得增加新的卫星功能不再需要单独增加新物理载荷，任务能力可以通过软件更新等方式，对主载荷进行二次开发利用实现。通过多卫星/多载荷相干和非相干信号处理，综合大量有效载荷、网络与处理资源，还可产生体系级的灵活性，满足更高的动态任务需求。

(4) 载荷能力方面，向多任务、复合型发展

低轨高密度星座不能单纯视作通信、遥感或导航星座，其在多用户主体、多类任务需求的驱动下，通过物理载荷搭载、软件虚拟功能生成等多种方式，可实现多类不同功能在一型卫星系统中的有机融合。美国第二代铱星星座通过播发预留的专用卫星时间和位置信号实现在低轨独立构建导航定位授时能力，通过物理搭载天基杀伤评估载荷使美军快速具备了反导二次拦击决策能力。美军正在论证的下一代"国防太空体系"、正在推进的"黑杰克"研发项目，也都提出实现单星的多功能承载，不过更多地是通过软件定义无线电技术来实现。未来，低轨商业巨型星座发展通用硬件处理平台和各种功能软件，可通过软件更新和升级来提升卫星有效载荷的战术特性，使其紧跟技术进步，满足不同的军事需求，大大延长卫星的技术生命周期，实现卫星的一星多能、一星多用。

(5) 应用模式方面，向网络化、综合化转变

与传统单星系统相比，多元化、分布式星座可通过互联互通将

通信、导航、遥感等多类应用有机综合，充分发挥网络数据共享与在轨实时处理带来的协同效应，提升传统载荷工作效率、改变并创新应用模式。美国太空航天发展局提出建设下一代"国防太空体系"，以构建大规模通信卫星构成的"网状网"为基础，搭载遥感载荷即构建的"监管层"，针对战术用户提出关注的时敏目标，进行全天时全天候持续监视，实现低时延态势感知和快速刷新，大幅提升敌方意图研判和提前干预能力；搭载导弹预警载荷即构建的"跟踪层"，多星协作、在轨处理，对高超声速导弹威胁进行识别、告警、跟踪和目标指示，有效弥补其对此类武器防御能力的空白，限制对手的打击手段，甚至使之失效。

（6）体系架构层面，向大规模组网、动态化路由发展

巨型卫星星座并非是大量卫星的简单组合，其通过星间链路打造信息高效交互和传输的天基网络，整个系统可以不依赖地面网络独立运行，这种网络结构弱化了对地面网络的要求，把处理、交换、网络控制等功能都放在星上完成，每颗卫星作为天基组网节点，兼具宽带接入、数据中继、路由交换、信息存储、处理融合等功能。国外典型星座，如 Starlink、Lightspeed、Kuiper 等，其星间链路多考虑采用激光方式，这对激光终端动态跟瞄、链路稳定性等提出了新的要求。在组网协议方面，考虑到网络节点规模庞大、拓扑结构异常复杂、网络数据传输类型多样（不仅仅包括通信业务数据，也可能包括遥感成像数据、其他功能指令等），必须解决包括路由交换、链路安全等问题，需要研究组合使用多种路由方式、支持多播组播的路由方式等，满足多用户、多业务、动态、可扩展的数据传输需求，提升系统开发和使用效率。从通信网络本身而言，建成后的大规模天基网络，可以满足陆、海、空、天等多层次海量用户的多业务、动态、可扩展网络接入服务需求，形成覆盖全球（包括两极地区）、随遇接入、按需服务的低轨卫星网络。

美国"航天新闻网"2023年3月16日报道，美国国防部卫星通信主管迈克·迪恩在2023年卫星会议的小组讨论中表示，美国太空军一直致力于无缝衔接军事—商业卫星通信架构，其开发的卫星通信集群管理和控制（EM&C）项目需将所有不同的服务供应商网络融合在一起，为美国军方提供灵活的卫星通信选项，以便其在服务受到干扰时可切换至另一项服务。迪恩指出，在最新的国防部卫星通信政策中将尽量不区分商业和军事甚至国际合作伙伴服务。此次会议上多家公司推出了大量新产品，包括可同时与商业Ka波段卫星和美国及盟国的军用宽带全球卫星通信（WGS）星座连接的移动通信终端；可同时连接多轨航天器的新型平板终端；允许军方接入多家卫通供应商及WGS和其他军事卫星的软件；开发服务供应商注册软件（SPR）原型，提供军事和商业卫星终端与服务目录。迪恩称，国防部希望与大量商业卫星通信供应商合作以增强韧性。

3. 军事应用潜力

（1）军事宽带通信

第一，需求特点分析。

美国军方对于宽带通信工具的需求十分迫切，目前美军最新一代WGS军事宽带卫星系统，其10颗在轨卫星提供的总容量也只有60Gbps左右，仅相当于1颗普通的商业高通量卫星（HTS）的能力，要服务全球部署的数十万美军作战部队及武器平台的通信连接需求，存在巨大的容量缺口。据Satnews网站2022年1月3日报道，美国太空军商业卫星通信办公室正在寻求可为高通量卫星（HTS）提供服务的潜在供应商，除了在HTS容量和宽带服务、网关服务、监控服务、卫星终端、现场服务代表支持、培训及地面回程等方面提出管理服务要求外，还提出了特殊要求，如访问美国政府网关，提供环回配置的能力，为海上和移动通信业务提供终端和解决方案的能力，提供大文件传输（超过1Tb）而不丢包的能力，能够通过统一视频传播系统提供高清视频，提供实时情报、监视和侦察数据，基于云运营等[1]。

另外，无人机带宽密集型应用对美军现役卫星的服务支持能力也提出了巨大挑战，亟需低轨星座提供解决方案。目前1颗WGS卫星可同时支持4—6架无人机数据回传，但根据已知的项目决策和美国国防部预测，美军支持卫星通信的无人机数目将超过600架。这意味着即使10颗"宽带全球卫星通信"卫星同时投入使用，很大程度上也无法满足其作战部署的需求。2011年美军增兵阿富汗地区时，平均每天出机数目约120架次，未来执行常规任务和大规模作战任务的无人机需求必将进一步提高，对美军现有卫星系统的压力可想而知。

以"星链"为代表的低轨宽带星座，其优势主要体现在四个方面：一是超低通信时延，"星链"系统约30毫秒的低时延传输，比高轨卫星250毫秒时延提升一个数量级，可大幅提升作战指挥与连接效率；二是超快传输速率，在"星链"与美国C-12军机传输测试中，峰值速率可以达到610Mbps，远超WGS系统及其他商业卫星；三是全球无缝覆盖，"星链"正在加快部署极轨卫星，可实现覆盖南北极的全球宽带连接服务，为美军北极区域战略提供独有支撑；四是机动灵活终端，"星链"固定终端尺寸在50厘米以内，未来支持连排甚至单兵级宽带通信终端将更加灵活易用。

第二，应用情况分析。

美国各军种、司令部正在利用"星链"开展低轨通信服务试验，积极探索新应用场景。美国空军与"星链"签署服务军机联网的"商业天基互联网军用试验"项目协议，陆军与"星链"签署"合

---

[1] 美国太空军寻求高通量（HTS）卫星容量与宽带服务. 装备参考，2022年9月1日.

作研究发展协议",太空军商业卫星通信办公室启动"大规模低轨商业卫星通信"信息征询与采购,特种作战司令部、北方司令部等将"星链"纳入未来通信网络发展设想。就实际进展而言,"星链"星座已开展多次战机与卫星连接试验,其宽带传输性能得到军方充分认可。"星链"参与了美国空军"先进作战管理系统"实弹演习,"星链"卫星连接了洛克希德-马丁公司AC-130空中炮艇,对击落无人机和击落巡航导弹等信息支援任务进行了演练。按照空军规划,后续将继续利用"星链"卫星与美军军用运输机(如C-130等)、加油机(如KC-135等)以及空中预警机等作战平台互联,开展进一步数据传输测试,为后续正式融入军事应用奠定基础。

"星链"未来有望成为无人作战"中枢",为美军构建强大的远程战场指挥通信网络奠定基础。"星链"建成后能够忽视地面信息传输的地形等因素限制,使无人机不再受地形及不良天候影响。"星链"向无人机等装备提供超视距通信服务,卫星与终端直接交互,作战人员可远在数千公里之外对装备进行操控,配合全域展开作战行动,真正实现"决胜千里之外"。同时,依托"星链",还可构建形成"天基云计算"平台,为无人机集群提供飞行控制、态势感知、信息共享、目标分配和智能决策等方面支撑。"星链"系统的高带宽特点,是其用作各型战机数据交换平台的重要优势。

(2) 全天时侦察监视

第一,需求特点分析。

从需求侧来看:一是体系层面,美军一直依赖商业遥感星座为其遂行作战任务提供情报感知支持,美国国家侦察局正在推行体系架构变革,积极打造由政府、军方或商业公司运行的多个轨道卫星星座组成的新体系,"星链"系统潜在平台承载能力为其所看中;二是应用层面,聚焦时敏目标威胁,美军迫切需要在现有的侦察监视卫星体系基础上,构建能够对中俄先进导弹发射车等时敏目标的监视能力，引导远程打击力量实现导弹射前打击。考虑高轨分辨率有限，这一能力目前只能依靠大规模低轨星座实现。

从优势特点来看：依托"星链"等低轨星座，可打破传统对"过顶时间"的根本依赖，实现全天时的持续侦察监测。计算显示，如果低轨遥感星座规模达到 140 颗的量级，就能够实现全球任意一点 10 分钟内均可拍摄到的战技指标（结合大侧摆能力）；如果规模达到 1600 颗的量级（即当前"星链"星座在轨态），对于重点目标来说，可以实现时刻在顶、随时可拍；如果在 340 千米高度上部署 7500 颗卫星（对应第二期"星链"星座），则可实现全球无死角 24 小时不间断监控。因此，如果依赖"星链"平台搭载遥感载荷构建侦察监视系统，结合其重访率高的优势，对于全球主要地区，让每个时间段天顶方向都有几颗卫星飞过，可实现 24 小时不间断光学监控，大大提升美国对地面目标的监控能力。

第二，应用前景分析。

"星链"星座在全球侦察监视领域有重要的应用潜力。早在 2017 年 8 月，SpaceX 公司向美国专利局提交商标注册申请时，就在申请文件中明确，"星链"的主要应用包括："卫星通信和传输服务""高速无线宽带服务"以及"卫星成像服务"和"遥感服务"等，表明其在最初设计中就包含了向对地观测拓展的潜在应用方案。2022 年 12 月初，SpaceX 公司正式公布"星盾"计划。据业界推测，"星盾"将以"星链"整体规划为基础，开发新型产品和服务用于实现其军用能力转化，单星能力会较目前正在部署的"星链"卫星在安全性等方面有大幅提升，并预留遥感和其他定制载荷的搭载空间[①]。

"星盾"系统在设计和部署能力上将具备如下特点：一是通过激光星间链路与其他军用系统兼容互联。"星盾"卫星将同"星链"

---

① 孙广博，丰松江. 美图谋太空霸权野心昭然若揭. 解放军报，2022 年 12 月 22 日.

V1.5卫星一样搭载激光通信终端，未来系统将通过激光星间链路实现天基互联组网，并具有良好的互操作性。二是采用模块化设计。"星盾"卫星使用通用化平台，支持与各种有效载荷的整合，兼容即插即用标准。一方面在为军方用户提供成熟的供电、通信、热控等系列服务的基础上，可以快速适配各类军用定制新功能；另一方面便于利用生产线实现卫星平台的标准化、批量化研制。

（3）高超声速武器持续预警

第一，需求特点分析。

"星链"一项重要的潜在应用是实现对高超声速武器的持续预警监测。这一功能也是美国下一代"国防太空体系"（"七层体系"）发展的核心驱动和主要目标。

从需求侧来看，"星链"用于美国高超武器持续预警主要由于现役装备在高超武器面前存在致命缺陷，新兴威胁发展迫切需要新型预警反导系统。美军认为，由于高超声速武器技术快速发展，这类目标飞行高度高、速度快、滑翔导弹无法预测，且未来可能由陆基、空基和天基多平台发射。由于高超声速飞行器并不会简单按照仅受地球引力的有心力学弹道进行飞行，而是拥有极强的横程变化能力和大范围机动突防的能力，传统红外预警卫星仅关注发射点附近情况，因卫星数量不够，覆盖范围有限，难以进行全程跟踪。因此，综合来看美军目前尚无手段进行有效跟踪和拦截，现有的地基和天基手段存在固有不足，但随着"星链"等低成本、大规模星座加快部署应用，卫星研制、组网技术的快速发展为解决上述问题带来了新的突破点。

从优势特点来看，"星链"等低轨星座在高超声速武器持续预警方面的核心优势在于"量大成本低""星间互联"。首先，在有限预算情况下，小规模低轨星座无法实现高超声速飞行器的全球跟踪。因为要想让少量红外遥感卫星覆盖全球，其轨道高度需要超过1000

千米，甚至需要超过 2000 千米，这就需要有更好的更昂贵的红外载荷来提供足够的分辨率，卫星研制成本将大幅提升。但如果红外预警星座规模增大到数以千计，在"星链"550 千米轨道高度就足够覆盖全球，而且因为轨道高度足够低，使用较为廉价的红外载荷同样能够实现足够分辨率。其次，要实现对高超声速目标的识别、告警、跟踪和持续目标指示，星上必须具备高性能的处理和中继路由传输能力，能够随时向战术用户低时延地传送信息，且可通过多星协同操控，实现目标信息在多星之间"接力式"的快速传递和共享，从而有效应对大量高超目标的快速机动、运行轨迹难以持续跟踪和预警的难题。

第二，应用前景分析。

在高超目标预警探测应用方面，SpaceX 公司承接了美国太空发展局"七层体系"跟踪层卫星研制，随着该项目的持续推进，"星链"卫星搭载红外预警载荷实现高超武器跟踪预警，存在技术上的可行性。

2020 年 10 月，美国太空发展局正式宣布，SpaceX 公司和 L3 Harris 公司赢得了其"跟踪层 0 阶段"卫星的研制合同，两者各负责 4 颗低轨预警卫星的研制，SpaceX 公司获得合同金额为 1.49 亿美元[1]。据悉，SpaceX 公司提出的"跟踪层"卫星方案将基于"星链"卫星平台，星上主要装载一个宽视场的红外（OPIR）传感器，能够持续探测和跟踪来自低地球轨道的导弹威胁。每颗卫星还将配置一个光学星间链路，以便其将数据传递至中继和其他卫星。

（4）导航增强/备用服务

第一，需求特点分析。

---

[1] 桑德拉·埃尔文. L3 Harris、SpaceX 公司赢得了太空开发署建造导弹预警卫星合同. SPACE NEWS, 2020 年 10 月 10 日.

"星链"等低轨星座承载导航增强载荷或自主导航载荷，面向战场和作战应用提供更高精度导航服务，是在新对抗环境下美军寻求作战支援能力提升与弹性的一种重要手段。

从需求侧来看，近年来，在美军发起或参与的多次局部战争中，精确制导武器在现代战场上的使用比例，已经从10%提升到了90%，并由此催生了"精确作战""外科手术式打击"等作战概念。美军对GPS系统的依赖与日俱增，但是，卫星导航系统固有的脆弱性以及干扰技术的不断发展与扩散，使得高精度卫星导航服务的可用性、可靠性、安全性和持续性受到严重威胁。虽然美军已在GPS-2F卫星上配置了信号功率可调功能，但考虑到卫星数量有限、民用信号功率降级风险等，该系统目前没有办法实现全球范围的信号功率增强，以满足美军分散战场的抗干扰需求，利用低轨全球星座搭载导航增强功能成为必然的解决途径。

从优势特点来看，以"星链"为代表的商业巨型星座具备轨道高度低、通信速率高的优势，可以增加导航信号可用性、提高定位收敛速度。低轨卫星高度远低于传统导航卫星，导航信号在空间自由传播损耗更低，到达地面接收机的信号更强，在一些阴影遮蔽的环境中存在定位的可能，可有效提升信号可用性。国内相关研究曾表明，同样的"精确单点定位"（PPP）导航增强技术，纯粹使用地面增强辅助的话，达到厘米级的精度，需要10—30分钟。如利用低轨卫星导航增强，达到厘米级的精度，时间则降至1分钟以内。这对增强远程火箭炮发射单元或者战术弹道导弹发射单元的生存能力是非常有利的。

第二，应用前景分析。

低轨宽带星座导航增强有两种方案值得关注：一是搭载导航增强载荷，实现导航增强功能，这一方案较为传统，且技术上不存在壁垒；二是利用固有信号设计，提供自主卫星导航增强体系级服务。

美国已经利用"铱星下一代"星座，在其 L 频段信号中设计专用卫星时间和位置（STL）脉冲信号，实现在低轨独立构建导航定位授时能力。英国第二代"一网"星座拟加装导航定位载荷，构建独立自主的全球卫星导航能力。英国自脱欧之后正在寻求替代"伽利略"卫星导航系统的方案。2020 年 6 月，英国政府向工业界授出"天基定位导航与授时计划"合同，旨在聚焦替代 GPS 或"伽利略"的"更新颖的全球卫星导航和保密卫星服务方案"。由于英国政府目前已成为"一网"公司主要持股方，因此其第二代卫星在设计上有望考虑多方需求，可能与第一代发生重大不同，最大的变化有可能是增加导航载荷。

此外，2021 年 9 月，美国加州大学的研究团队提出了一种基于自适应卡尔曼滤波的"认知机会导航"的算法，该算法通过"星链"卫星位置和运动信息（而非卫星传输数据），可以计算出接收机的位置。研究人员基于此开展了实验，使用"星链"卫星信号确定一根固定天线的位置。实验中，研究人员通过跟踪 6 颗"星链"卫星信号，用时 13 分钟，在约 7.7 米的范围内确定了天线的位置，此定位精度接近于 GPS 的定位精度（0.3—5 米）。未来，"星链"的导航定位精度及其信号的准确性将会随着入轨卫星数量的增加而提高。

（5）构建太空控制网络

第一，需求特点分析。

从需求侧来看，美国《国家安全战略》强调，"不受阻碍地进入太空和在太空自由行动是美国核心利益"。针对如何实现有效的太空控制能力，美军已从进攻、防御等多角度进行多年的概念和实践探索。美军利用天基系统进行太空控制操作主要集中在高轨部分，面对卫星数量更多、运行情况更为复杂的低轨空间，美军也开展了部分技术试验，但针对单星系统的对抗手段难以产生体系级的作战效果。在此背景下，美军亟需利用低轨大规模星座构建新型体系级太空控制能力，"星链"卫星在满足美军这方面需求上具有独特的优势。

从优势特点来看，利用"星链"卫星构建新型体系级太空控制能力主要包括两方面优势：一是多层次轨道密集分布，具备被动拦截对手弹道导弹威胁优势。洲际弹道导弹的弹道最高点在1500千米左右，考虑到"星链"星座设计，每次导弹发射、上升段和下降段都要穿透十几个轨道层，依托"星链"美国将在太空具备分布式节点优势和"被导弹撞击"的道义优势，对增强美国太空治权、提升防御能力有重要意义。二是能够以机动方式构建开、合可控的"太空门闩"。低轨星座规模发展到一定程度后，运载火箭发射必须考虑碰撞和干扰情况。"星链"低成本密集发射，可实现对频率轨道资源"先占先用"，结合其推进特性，可以牢牢把持航天器进出太空的关键通道和卫星运转的主要轨道，对太空交通进行强制管理。

第二，应用前景分析。

在被动拦截方面，目前"星链"典型轨道高度为550千米，轨道倾角53°。每条轨道有60颗卫星均布而成，其间距弧长为722.5千米，以该卫星的轨道速度7.6千米/秒，每隔95.1秒，后面的卫星就能够取代前面卫星的位置。弹道导弹斜穿轨道层时，根据单颗"星链"卫星30平方米的特征面积（考虑太阳能帆板）、巨大的卫星数量、弹道导弹第三级和弹头在弹道坐标系竖直方向的投影速度，可知，被动拦截碰撞的概率达到了不可忽略的程度。

（二）"火箭货运"有望成为新型军事投送方式

美军的太空发射能力并非仅用于太空部署，还可用于后勤货运。2021年5月底，美国空军研究实验室在美空军2022财年预算申请中列入"火箭货运"项目,提出利用可复用商业火箭实现百吨货物1小时全球抵达,该计划被列为"先锋"计划项目。

1. 完善运输体系,大幅提升全球机动能力

美军当前的军事物资运输体系基于陆海空方式建立,随着商业可复用运载火箭项目的快速推进,航天发射成本大幅降低,基于航天运输系统的物资运输方式进入美军视野,相比传统运输方式,"火箭货运"有诸多优势。"火箭货运"项目启动的根本动机就是利用快速物流支撑美军投射能力,潜在应用包括:快速建立或迅速恢复部队在严峻环境中的作战能力,助力美军达成军事战略目标;缩短人道主义援助和救灾物资运输时间,实现物资甚至人员的应急投送;特殊空运,打开全球物流能力的贸易空间等。

2. 联合商业运输,引领商业航天深入军事力量建设

"火箭货运"项目可以完善美军运输系统,同时提升商业火箭发射技术,实现系统能力变革。在过去两年中,美军与SpaceX公司、蓝色起源公司、山脉太空公司、维珍轨道和火箭实验室等5家公司签署了合作研究和开发协议,研究在军事后勤和人道主义救援行动中使用航天器代替飞机的潜在概念。2020年,美国运输司令部与SpaceX公司签署合作协议,研究是否有可能将补给快速送入太空,再将其运抵目的地,从而取代目前飞机空运的模式。当时军方的目标是制造一枚大约相当于C-17运输机的火箭,可以在60分钟内将武器系统运送到全球任何地方。[①]

2022年初,SpaceX公司获得美军一份价值1.02亿美元的5年

[①] 徐璐明. 美军与SpaceX联手打造"一小时全球快递"用火箭将装备送到地球任一角落. 环球网,2020年10月14日.

期"火箭货运"计划合同，旨在展示使用重型商用火箭向世界各地运送军用物资和人道主义物资的技术与能力。[①] 这是迄今为止最大的火箭运输合同，象征着美军与企业正式建立了"火箭货运"方面的合作伙伴关系。2022年6月，美国国防部研究SpaceX公司"星舰"潜在的军事用途，计划使用"星舰"进行"火箭货运"：一是物资投送，为美军在太平洋地区提供新的后勤运输方式；二是基地投送，在短时间内向全球任何地方运送掩体、车辆、建筑设备和其他装备，快速建立空军基地；三是支持大使馆，为美驻外使馆提供快速部署军队的支援方案。2022年9月，美国运输司令部与火箭实验室公司达成协议，对该公司"电子"火箭和"中子"火箭的点对点运输能力开展测试，对其"光子"航天器是否可作为在轨货运平台进行研究。由此可见，在该项目中，美军希望依靠商业公司的火箭实现"火箭货运"。

3. 提前谋划布局，实现系统能力突破性变革

"火箭货运"的实现，需要突破三大技术难点。首先是垂直起降重复使用火箭技术，主要涉及发动机多次启动及推力深度调节、返回和再入制导控制技术、再入热防护技术、高可靠着陆缓冲机构等关键技术。其次是新型货物集装箱及装载/卸载技术，要求采用标准化、模块化的货物集装箱方案，开发无人自主装卸技术，以提升操作效率，保证货物自主卸载。最后是快速响应发射的地面操作技术，既体现在火箭飞行时间控制在1小时内，又表现在地面操作的速度和灵活性，需要对发射、飞行和着陆等各种环境参数进行测量，以评估系统性能。

商业可复用运载火箭项目的快速推进，使得"火箭货运"具有

[①] SpaceX获美空军1亿美元合同，要验证点对点运输技术. 航小宇，2022年1月20日.

了一定基础。然而，"超重-星舰"、"猛禽"发动机、"人族-R"全复用火箭等技术还在研发中，商业公司融资和经营方面的风险也很可能会导致项目夭折。SpaceX 公司设计有支持快速装载的货舱，可与美国运输司令部联运集装箱兼容，但具体实施方案尚未明确。尽管"火箭货运"项目面临巨大挑战，但美军依然提前谋划布局，将该项目列入"先锋"计划，力图通过对高风险设计的演示验证，确定差距和需求，明确未来发展方向，以实现系统能力的突破性变革。

（三）集"链"成"盾"引发世界关注

2022 年 12 月，SpaceX 公司公布了其专门针对政府、国防与情报部门服务的全新业务——"星盾"。"星盾"虽在名义上与"星链"完成切割，但依旧是"星链"的一部分。[①] 公开信息显示，"星盾"将在"星链 2.0"平台基础上搭载军用级别的专用载荷。与"星链 1.0"卫星和"星链 1.5"卫星相比，"星链 2.0"卫星拥有更大尺寸且质量超过了 1 吨，可搭载更大尺寸与重量的载荷，性能将是数量级的提升。由于"星链 2.0"需要由尚未使用的"星舰"发射，因此"星盾"目前很可能是使用"星链 1.5"进行测试和实验。SpaceX 公司没有介绍"星盾"的具体作用，但提出"星盾"的优势：安全、模块化设计、互动性、快速开发与部署、韧性和拓展能力，以及与美国国防部、美国国家航空航天局等机构成熟的合作关系。

[①] 张梓阳. 美国太空探索技术公司正式发布"星盾"卫星项目. 航天防务，2022 年 12 月 4 日.

1. 模块化设计加强系统功能拓展能力

模块化设计是"星盾"的重要优势。不同的"星盾"卫星在"星链2.0"平台上将具有高度一致的外形,可搭载不同载荷并实现不同功能。基于这一优势,"星盾"可针对需求搭载不同的侦察模块,如传统的拍照模块、红外遥测模块、电磁信号侦测模块、天基相控阵雷达模块、海洋监测模块、导弹预警模块甚至天基武器系统等等。"星盾"只需简单的替换相应模块,就能成为功能完全不同的卫星,极大地拓展了系统功能。

"星盾"将提供地球观测、安全通信和有效载荷托管服务:一是通信业务。通信业务是"星链"原有能力,其抗干扰和保密性能经过俄乌战争战场检验。"星盾"的通信服务与"星链"预计没有本质区别,可能在安全性、延迟和传输带宽上会有所提高。二是有效载荷托管业务。"星盾"将会采用可兼容第三方载荷接口,用于搭载不同类型、不同用途、不同厂家的载荷,为政府和军队提供低成本且安全有效的"搭车"发射服务。三是地球观测业务。尽管前两个业务可能只是简单升级,此项业务却高度重要。"星链"是低轨道卫星系统,单颗卫星观测范围很小,但巨大的卫星数量使其拥有极强的快反能力和极大的覆盖范围。即使采用低分辨率的观测器材,也能起到高级军用侦察卫星相似甚至更强的效果,同时具备与侦察机类似的灵活性及卫星级别的生存性。

2. 先进的通信能力增强系统互动性和信息处理水平

"星盾"系统建立在"星链"基础之上,"星链1.5"与"星链2.0"皆配有激光卫星通信网络,"星链1.5"能与相同高度卫星进行通信,而"星链2.0"具备跨轨道通信能力,进而"星盾"也具备跨轨道通信能力,可与不同高度卫星或地面站进行高速信息传递。

将"星盾"的高速激光通信网络与多用途模块化设计结合，则能以极高效率在多个层面以多种手段同时进行观测和侦查，高效率收集数据，甚至可能搭载专用分析模块，具备在轨进行信息分析和整理的能力。结合"星盾"先进的通信系统，如果想对某一星座进行功能拓展，只需要发射数枚相应卫星，并将其接入卫星网络，即可拓展星座的功能或更高带宽。即使其中有卫星被摧毁或损坏，也能迅速发射补充卫星，使星座拥有更高的生存性，不会和传统的高性能侦察卫星一样被彻底摧毁。

3. 丰富的技术经验保证系统快速开发和部署

基于模块化设计的优势，"星盾"只需简单替换相应模块，就能成为功能完全不同的卫星。随着"星链"星座的建立与运营，SpaceX公司会积累相当全面的卫星产业发展经验，成为少有的掌握从火箭到卫星全部技术的私营航天企业。SpaceX公司强大的设计生产能力，足以在短时间内针对任务类型迅速开发出相应的卫星模块，实现快速开发和部署。无论是快速部署还是星座的整体韧性，都需要极强的发射能力作为基础，而这正是SpaceX公司的优势所在。SpaceX公司开发并掌握可复用火箭技术，这极大地降低了火箭发射成本，掌握了极强大的廉价太空运力。这种低成本太空运输手段，远远领先于世界上其他国家，也为集"链"成"盾"奠定了坚实的基础。目前，"星盾"还仅是构想，距离成为现实还有一段距离。

第七章　太空国际规则博弈

太空国际规则是调整国家之间太空利益的行为准则，也是评价国家太空行为合法性和道义性的国际标准。当前，太空国际规则博弈进入了活跃期。随着太空力量的发展，主要强国围绕太空治理主导权的规则博弈日趋激烈。2022年，联合国大会第一委员会通过了美国提出的"禁止直升式反卫星导弹试验"倡议提案，美国企图通过盟友支持加快形成国际准则倒逼其他国家遵守。负责任太空行为准则等太空治理规则也在加速形成。

一、美国：全面争夺太空规则主导权

作为支撑美国国家安全和发展的重要领域，太空早已被美国视为关键战略竞争领域，特朗普、拜登政府相继持续加强太空领域投入，建立并保持稳定的、负责任的美国太空体系。美国试图基于现行规则，主导有益于美国太空霸权的规则制定，以塑造对自身有利的态势环境。

（一）舆论认知宣传造势

美国极其注重国际规则的塑造，熟练通过多方渠道在国内国际统一思想，塑造有利态势。

一方面，利用领域专业人士及相关媒体渲染威胁。2021年11月15日，俄罗斯成功进行反卫星试验，利用一枚直升式反卫星导弹击中"宇宙–1408"卫星，在低地球轨道制造了一个碎片场。美国国家航空航天局形容俄罗斯这一举动为"不负责任的试验"，声称试验造成的卫星碎片可能会同时对国际空间站造成威胁；美媒随即大肆渲染碎片威胁，声称美国有理由制定太空准则，限制俄罗斯以及其他大国的太空活动[①]。

另一方面，通过权威智库报告强调必要性、急迫性。2022年3月，美国智库战略与国际问题研究中心发布《2022年美国军事力量》报告，指出太空军尚未解决的主要问题之一就是"负责任"行为的国际协议。8月，美国大西洋理事会发布《太空交通管理：行动起来》报告，敦促美国政府和盟国推动建立国际太空交通管理框架，该报告认为仅仅跟踪太空碎片和卫星已不能解决越来越拥挤的太空环境，需要建立全球通行的规则来进行管理，美国应带头协调制定全球太空交通管理政策框架。

（二）国内规范向国际社会推广

现行外空国际规则体系虽然理论上对相关规则协定签署国具有法律约束力，但其大多形成于20世纪六七十年代，滞后于现实情况，内容规定较为笼统、存在很多空白和漏洞，且缺少相匹配的违反规定的惩罚措施，缺乏强有力的执行机制和权力机构。近年来，美国通过制定国内法规、国际协定条约等企图抢先填补空缺，并将国内法规逐渐向国际社会推广，占据规则制定优势和主导权。

---

① 刘骞. 俄罗斯证实成功测试反卫星系统：它在太空中准确击毁卫星. 观察者网，2021年11月17日.

在2022年4月的第37届太空研讨会小组会议上,美国及其盟国的军事太空领导人讨论了军事太空行动规范等问题。与会人员认为需要通过联合国共同努力,建立具有约束力的协议。之后,美国积极制定太空军事行动的国内法规范。2022年8月30日,美国国防部副部长凯瑟琳·希克斯宣布新版《太空政策》,要求美军遵守太空负责任行为5条原则:在太空、从太空和经由太空时,用专业的方式适当地考虑他国利益;限制长寿命太空碎片的产生;避免造成有害干扰;保持安全距离与安全轨道;保持沟通与告知,增强太空域的安全性和稳定性。① 接着,美国意欲将其太空军事行动的国内法原则推广成为国际规则。10月24日,美国太空司令部副司令约翰·肖在2022年度ASCEND会议上表示,美国国防部承诺在适当考虑其他国家的情况下,在太空采取负责任的行动,促进太空领域的安全和可持续性,同时在全球范围内建立支持商业、民用和军事行动的太空负责任行为规范。

(三)推动"禁止直升式反卫星导弹试验"形成国际规则

1. 美国承诺不再进行"直升式反卫星导弹试验"

2022年4月18日,美国副总统卡马拉·哈里斯在访问范登堡太空军基地时宣布,美国承诺将不再进行破坏性的直升式反卫星导弹试验,并寻求将此作为"负责任太空行为的新国际准则"。哈里斯还呼吁其他国家做出类似的承诺,共同将其确立为一种行动规范,并表示此举将惠及所有国家②。哈里斯称,该承诺涉及"对太空安全和

---

① 范炳健,佟博桉. 美国国防部2022年版《太空政策》解析. 中国航天,2022 (9).
② 贺锦丽. 美国政府承诺结束反卫星导弹试验,呼吁达成全球协议. 全美电视,2022年4月20日.

可持续性的最紧迫的威胁之一",因为试验产生的太空碎片将长期存在,威胁所有国家的卫星等太空物体,并增加太空中宇航员的风险,危及太空的可持续性探索和利用。哈里斯还表示,美国将同商业行业及盟友合作制定新措施,保证太空活动的安全性、稳定性、保障性及长期可持续性。

2. 美国鼓励多国承诺不进行"直升式反卫星导弹试验"

2022年8月24日,美国负责军备控制、核查和履约的代理副助理国务卿埃里克·德索特尔斯,在乔治·华盛顿大学太空政策研究所和航空航天公司组织的专题座谈会中表示,将鼓励更多国家加入"直升式反卫星导弹试验禁令"。德索特尔斯认为,"直升式反卫星导弹试验禁令"达到了预期效果,美国政府将继续寻找使禁令"多边化"的方法,包括不具约束力或具有法律约束力的机制。他认为,美国的反卫星试验禁令政策需要符合太空军备控制协议的要求,即公平、可核查且符合美国国家安全利益。他说,近期的重点是将"直升式反卫星导弹试验禁令"作为行为准则来实施,最终目标是形成具有法律约束力的军备控制协议。

3. 联大通过"禁止直升式反卫星导弹试验"决议

2022年11月1日,联合国大会第一委员会(裁军和国际安全委员会)通过了6项关于外空的决议草案。美国、英国、巴西等11国共提的"破坏性直升式反卫星导弹试验"提案以154票支持、8票反对和10票弃权通过。[①] 12月7日,第77届联合国大会全会审议了"防止外层空间军备竞赛"议题(A/77/383号文件),以155票赞

---

① 杨民. 推动联大通过"禁止直升式反卫星试验",美缘何承诺停止这项试验. 解放军报,2022年12月20日.

成、9票反对和9票弃权通过"破坏性直升式反卫星导弹试验"决议草案,呼吁各国不进行这种试验并做出此种承诺,同时将讨论制定实施步骤,制定具有法律约束力的文书。

4. 多国承诺不进行"直升式反卫星导弹试验"

美国提出反卫星武器禁令后,多国宣布加入。2022年5月9日,在联合国会议上,加拿大常驻联合国日内瓦代表团发表声明表示,加拿大将与美国一道禁止进行破坏性直升式反卫星导弹试验。声明称,加拿大40年来一直主张停止反卫星试验,加拿大鼓励所有国家加入美国倡导的反卫星试验禁令。加拿大是第一个正式支持反卫星试验禁令的国家,有助于为该禁令的推广造势,不过加拿大从未开发或试验过反卫星武器,所以此举在很大程度上是象征性的。

2022年7月1日,新西兰外交部长纳奈亚·马胡塔在奥塔哥大学发表演讲,称新西兰将加入美国不进行直升式反卫星试验的禁令,并表示不负责任的试验会产生碎片,增加与卫星碰撞的风险。马胡塔说,新西兰没有这种能力,也不打算开发这种能力。报道称新西兰此举旨在为全球禁止此类试验造势,新西兰也成为继加拿大后又一个正式加入该禁令的国家。9月12日和13日,在日内瓦举行的联合国"负责任外空行为准则"开放式工作组第二期会议上,日本和德国分别做出承诺,不进行直升式反卫星导弹试验,以支持美国推动的促进和平安全利用外层空间的倡议。10月3日,英国外交部和航天局发布联合声明,承诺将不进行破坏性直升式反卫星导弹试验,作为英国促进负责任太空行为的行动措施。次日,韩国常驻联合国代表黄俊国在联合国发表讲话,承诺韩国不进行直升式反卫星导弹试验,并呼吁其他国家也加入进来。截至2023年4月6日,除美国外,已有加拿大、新西兰、日本、德国、英国和韩国等12个国家加入"禁止直升式反卫星导弹试验"禁令。随着美国加大力度促进禁令，预计会有更多国家加入。"禁止直升式反卫星导弹试验"决议虽然不具备国际法的强制约束力，仅仅作为一种指导、参考，但其一旦得到了国际社会绝大多数国家的认可和遵行，将成为国际习惯法规则，成为太空国际规则的重要组成部分。同时，美国联合多国意欲达成"禁止直升式反卫星导弹试验"国际规则，也是为了推动美国支持的"负责任太空行为准则"在国际社会尽快达成。

（四）推动《阿尔忒弥斯协议》形成国际规则

2020年5月15日，为推动"阿尔忒弥斯计划"以及后续太空探测的发展，美国国家航空航天局官网发布了"阿尔忒弥斯协议"的具体内容，包括：和平目的、透明度、互操作性、紧急援助、空间物体登记、科学数据发布、保护遗产、外空资源、消除活动冲突、轨道碎片和航天器清除[1]。从内容来看，除在"消除活动冲突"中准许美国及其合作伙伴在月球基地周边设立所谓的"安全区"外，该协定并没有与《外空条约》等国际条约相违背的地方。"阿尔忒弥斯协议"发布于2020年4月6日《鼓励对获取和利用外空资源的国际支持》总统行政令之后，目的是为鼓励公共和私人获取利用外空资源获得更多国际支持。美国国家航空航天局称该协议是为营造"安全、和平和繁荣的未来"而应遵守的原则，实际上是为维护与美国"志同道合"的盟友利益。

美国通过与其他国家签订一系列双边协议来落实"阿尔忒弥斯协议"，使之未来成为有效的国际规则。2022年1月28日，以色列与美国签署《阿尔忒弥斯协议》，希望加强与美国在研究、科学和创

---

[1] 廖小刚. NASA宣布"阿尔忒弥斯协议"以建立月球探索国际联盟. 载人航天动态，2020年5月29日.

新领域的航天合作。以色列成为第15个加入该协议的国家。3月1日，罗马尼亚与美国签署《阿尔忒弥斯协议》。3月2日，巴林与美国签署《阿尔忒弥斯协议》。3月29日，新加坡与美国签署《阿尔忒弥斯协议》，新加坡希望通过该协议来促进本国航天产业发展，推进太空规范国际对话以及全球航天事业发展。5月10日，哥伦比亚与美国签署《阿尔忒弥斯协议》，哥伦比亚是继巴西和墨西哥之后第3个签署该协议的拉丁美洲国家。通过参与该协议，哥伦比亚希望能够促进该国技术发展、增强国家探索外层空间的能力。6月7日，法国与美国签署《阿尔忒弥斯协议》。法国是《阿尔忒弥斯协议》最重要的签署国，是欧洲航天局预算最大支出国和欧洲航天综合实力最强国，与法国签署该协议是美国航天政治外交的重要里程碑，意味着欧洲航天国家加入了美国探月行动准则制定与计划实施的行列。7月14日，沙特阿拉伯与美国签署了《阿尔忒弥斯协议》。12月13日，尼日利亚、卢旺达两国与美国签署了《阿尔忒弥斯协议》，成为该协议的第22和第23个签署国，也是第一批加入的两个非洲国家。截至2023年9月14日，共有29个国家加入了《阿尔忒弥斯协议》。

纵观《阿尔忒弥斯协议》的这些签署国，真正有实力与美国进行深空探索合作的应该只有法国、意大利、英国、日本等几个国家，其他大部分国家目前没有航天能力与美国合作。美国与这些缺乏航天能力的国家签署《阿尔忒弥斯协议》，主要基于以下几点考虑：一是广泛争取国际合作，为美国航天发展、美国太空规则推行创造良好的国际环境；二是对冲中国探月活动的影响，将这些缺乏航天能力的国家纳入美国的探月计划，从而阻止其加入中国的探月活动；三是分担美国"阿尔忒弥斯计划"的巨额费用。

（五）美国与盟国积极制定太空行为规范

美国"航天新闻网"2022年4月6日报道，在第37届太空研讨会小组会议上，美国及其盟国的军事太空领导人讨论了军事太空行动规范等问题。与会人员认为需要通过联合国共同努力，建立具有约束力的协议。时任美国太空军作战部长的约翰·雷蒙德说，各国必须在太空中表现出负责任的行为，他同时呼吁用集体的声音阻止不适当或不专业的行为。澳大利亚皇家空军司令梅尔·胡普菲尔德称，如果在太空行为和规范方面达成一致，就可以界定违反规范的行为。但还需要考虑如何将地面经验应用到太空域，如何处理不遵守规范的行为，如何避免在太空对抗中产生碎片。意大利太空作战司令部司令卢卡·卡帕索准将认为，需要具有约束力的新规范，对太空中错误活动进行声讨，多方合作努力，才可能实现采用新规范的目标。法国太空司令部司令米歇尔·弗里德林少将称，虽然盟国军事领导人渴望采取负责任的行为规范，但并不想要任何具有法律约束力的条约，如中国和俄罗斯等国提出的《防止在外空放置武器、对外空物体使用或威胁使用武力条约》（PPWT），因为其既不可核查也不完整。

（六）推动太空交通管理规则制定

美国太空商务办公室正在开发太空交通管理架构。2022年7月13日，美国国家太空委员会执行秘书奇拉格·帕里赫在未来太空领袖基金会主办的会议上表示，太空商务办公室希望开发一种太空交通管理架构，但之前缺乏研究资金，工作进展缓慢。帕里赫称，2023财年拜登政府为太空商务办公室拨款8780万美元，办公室将投入资金，启动太空交通管理架构和基础设施建设。太空商务办公室负责人理查德·达尔贝洛正在与国防部、太空军及太空司令部密切合作，将太空交通管理任务从国防部转移至商务部。第3号太空政策指令目前由太空商务办公室负责实施，该指令要求商务部接管目前由国防部处理的民用太空交通管理职责。这包括向卫星运营商提供预警服务，提示其卫星与其他太空物体之间距离过于接近。

美国"航天新闻网"2022年8月2日报道，美国大西洋理事会发布《太空交通管理：行动起来》报告，敦促美国政府和盟国推动建立国际太空交通管理框架，使外层空间的商业活动和政府活动免受太空环境拥挤的威胁。报告称，现在迫切需要一个"国际协调机构来领导太空交通管理"。该报告认为仅仅跟踪太空碎片和卫星已不能解决越来越拥挤的太空环境，需要建立全球通行的规则来进行管理，美国应带头协调制定全球太空交通管理政策框架。

美国太空军希望尽快将太空交通管理职责交给民事机构。2022年8月9日，美国太空司令部司令詹姆斯·迪金森在太空和导弹防御研讨会上表示，太空交通管理应尽快移交给民事机构。美国太空司令部2019年成立时，负责太空交通监控的部门跟踪约2.5万块轨道碎片，现已达到4.7万块左右。目前部署在加州范登堡太空军基地的第18太空防御中队承担着太空交通管理等相关职责，包括分析预测太空态势，确定碎片是否会使国际空间站或其他航天器面临危险，以确保近地轨道环境的安全稳定。另外，该中队还负责关注敌对活动和竞争对手带来的挑战。迪金森称，现在有约100名太空军成员执行太空跟踪任务，人员较为紧张。他希望太空司令部把更多的时间用于跟踪可能的敌对活动，尽快将太空交通管理职责移交给商务部负责实施第3号太空政策指令的商业航天办公室，包括跟踪卫星与其他物体之间的近距离交会，并向卫星运营商发出预警。迪金森表示，太空军已与商务部展开合作，国会也已为商业航天办公室拨款，他希望过渡工作能够顺利推进。商务部表示，过渡将于2024年开始。

美国在推进太空交通管理规则的同时，加快太空交通管理"执法"能力建设。"防务新闻网"2022年9月9日报道，美国国防部与商务部宣布签署谅解备忘录，国防部开始将管理太空交通的职责移交给商务部。备忘录将双方在太空态势感知、太空交通管理以及民商实体协调方面的关系正式化，约定了共同落实特朗普政府第3号航天政策指令的措施。美国国防部负责航天政策的助理部长、空军及太空司令部的负责人、商务部主管国家海洋与大气管理局的副部长均在谅解备忘录上签了字。该谅解备忘录为部门之间的合作建立了初步框架，之后将组建新办公室管理此项工作。"航天新闻网"2022年9月13日报道，美国弹弓太空公司当日宣布，将向全球卫星运营商提供免费的太空交通管理软件服务。该公司表示，将利用其推出的信标系统作为太空在轨交通控制协助平台，向卫星运营商提供紧急碰撞预警服务，共享太空轨道交通信息，便于相关方互相协调在轨交会问题。该平台利用自研算法提取公共数据和用户个体数据，创建太空在轨索引。公司负责人称，信标系统计算出的风险评估结果将比太空军第18太空防御中队碰撞预警信息更精确。美国"航天新闻网"2022年12月6日报道，美国国防部和太空商务办公室当日联合选定美国创企宇宙航天等6家公司创建太空交通数据平台原型，以跟踪太空物体和中地球轨道及地球静止轨道。6家公司将分别获得一份原型合同，以展示商业技术在太空交通管理中的应用程度。该项目以中地球轨道和地球静止轨道为重点，研究如何以及可在何种程度上利用商业太空态势感知服务来增强或取代政府为商业和民用太空交通协调提供的服务。据悉，美国航天数据协会也参与了该项目。

二、其他国家：广泛参与太空规则博弈

太空领域技术及应用发展迅速，态势形势变化未知，相关国际法制定推进缓慢，太空各类行为活动缺乏限制。俄罗斯、欧盟、英国、日本、韩国等国通过加强与其他国家的国际合作，积极争取国际规则制定的主动权，以谋求太空优势。

（一）欧盟提出太空交通管理方法

欧盟不断加强对太空规则制定的关注，寻求与其他国际规则制定者合作，规避太空领域发展障碍，保证有利于自身太空利益。

2022年2月15日，欧盟在《民用、国防和太空工业协同行动计划》中提出关于欧盟太空交通管理方法的联合倡议，目标是促进太空安全、可靠和可持续利用，同时保持欧盟的战略自主权和行业竞争力。倡议强调四个要素：评估欧盟太空交通管理局民用和军用要求，及其对欧盟的影响；加强欧盟识别、跟踪航天器和空间碎片的技术能力；制定适当的规范和立法框架；建立关于STM的国际伙伴关系，并在多边层面参与。6月3日，欧洲议会议员尼克拉斯·尼纳斯访美，表示欧美应在太空交通管理和太空资源利用等问题上加强合作，除目前的《阿尔忒弥斯协议》和《外层空间条约》外，还需要有更全面的形成共识的政策。该议员还倡议制定欧盟空间法，为各成员国制定处理太空问题的统一标准，并支持欧洲航天工业发展，这也将为国际空间立法提供范例。

（二）英国积极推动太空规则制定

英国脱欧后，在安全事务特别是太空安全领域更加倚重美国，与美国的理念高度一致，并试图借力美国发展自身太空力量；主动强化美国主导的太空"联盟"，力图与盟友合作引领太空规则制定，构建有利的太空环境；在国际合作中展示领导力，强化太空主导地位。

英国推动制定太空负责任行为准则。2021年11月1日，联合国大会第一委员会以163票赞成、8票反对和9票弃权，批准成立了"太空负责任行为准则"开放式工作组。该工作组由英国倡议成立，并得到包括美国在内的多个西方国家支持，未来或制定具有法律约束力、可核查的国际条约。"太空负责任行为准则"开放式工作组将以协商一致的原则开展工作，后续制定的条约可能会限制或禁止能产生碎片的反卫星武器。2021年12月，联合国大会表决通过最终成立了"太空负责任行为准则"开放式工作组。中国和俄罗斯对该工作组的成立投反对票。

2022年2月22日，英国与美国、澳大利亚、加拿大、法国、德国、新西兰等七国共同发布了《联合太空作战愿景2031》倡议，寻求并准备依据适用的国际法保护和防御敌对太空活动①。4月，在第37届太空研讨会小组会议上，英国表示将与联合国和平利用外层空间委员会合作，制定对军事太空活动负责任的行为规范，北约盟军司令部负责能力发展的副参谋长戴维·朱拉扎德中将表示全力支持跟进。6月，英国科学研究和创新部部长乔治·弗里曼在第四届太

---

① 美英法德澳加新等七国联合发布《联合太空作战愿景2031》. 我们的太空，2022年2月24日.

空可持续发展峰会上宣布"空间可持续性计划"的一系列措施，呼吁为太空可持续性制定基于《阿尔忒弥斯协议》的"太空宪章"。10月3日，英国承诺将不进行"直升式反卫星导弹试验"，作为英国促进负责任太空行为的措施。

（三）欧洲多国积极参与太空规则制定

欧洲其他国家也积极扩大自身在太空规则领域的话语权。2022年5月4日，法国总理马克龙与印度总理莫迪在巴黎峰会上达成了一系列广泛的经济和安全协议，双方在联合声明中同意就太空问题建立双边战略对话，并表示将合作共同应对面临的太空挑战；共同讨论了外层空间的安全和经济挑战、适用于太空的规范和原则，揭开了双方新的合作领域。9月13日，德国在日内瓦举行的联合国"太空负责任行为准则"开放式工作组二期会议上做出承诺，不进行直升式反卫星导弹试验，以支持美国推动的促进和平安全利用外层空间的倡议。在第37届太空研讨会小组会议上，各国军事首脑发表太空规则相关意见。意大利太空作战司令部司令卢卡·卡帕索准将认为，需要具有约束力的新规范对太空中错误活动进行声讨，多方合作努力才可能实现采用新规范的目标。法国太空司令部司令米歇尔·弗里德林少将表示，虽然盟国军事领导人渴望采取负责任的行为规范，但并不愿意达成任何具有法律约束力的条约，如中国和俄罗斯提出的《防止在外空放置武器、对外空物体使用或威胁使用武力条约》草案。

（四）俄罗斯解释制定规则维护自身利益

自古以来，强国制订规则，弱国被迫遵从，这也决定了权力在国际体系中的分配方式和额度。当前太空国际规则步入新发展期，各方都在谋划如何参与或主导制订新的国际规则，从而引导太空安全环境朝于己有利的方向演变。

与欧洲不同，俄罗斯在国际社会长期被"孤立"，难以主导规则制定，在各个国际平台难以占据优势。俄罗斯更聚焦于解释运用现有国际规则，表明己方态度，以切实行动维护自身利益。随着美国持续利用更多商业卫星开展情报与通信工作，2022年9月12日，俄外交部成员、驻联合国官员康斯坦丁·沃龙佐夫在联合国"负责任太空行为准则"开放式工作组会议上发表声明表示，此类卫星可能成为战时打击的"合法目标"。俄方认为，美国及其盟国在俄乌战争中使用商业和民用卫星间接参与军事冲突，违反了《外空条约》中空间技术无害使用原则。10月26日，康斯坦丁·沃龙佐夫在联合国大会第一委员会会议上再次表示，如果美国商业卫星用于乌克兰冲突，就可能成为合法的打击目标。沃龙佐夫称，乌克兰事态发展过程中出现了极其危险的趋势，美国及其盟国在冲突中使用空间民用基础设施与商业设施，这使得民用基础设施可能成为报复性打击的合法目标。他说，西方的不合理行动已经危及到民用太空活动的稳定性，甚至影响到众多地区的社会经济发展进程。

俄罗斯同样加强了投入力度，积极寻求参与国际规则制定。为顺应国际社会强化外空安全机制的呼声，俄罗斯早前曾联合中国于2008年向日内瓦裁谈会提交了以"禁止在外空放置武器""禁止对外空物体使用或威胁使用武力"为核心的《外空条约》草案，并于2014年、2016年分别提交了修订版本。2022年11月1日，联合国大会第一委员会通过了俄罗斯参与提出的"防止外空军备竞赛的进一步切实措施""不首先在外层空间放置武器""防止外空军备竞赛""外空活动中的透明和建立信任措施"等四项决议草案。2022年12月7日，第77届联合国大会全会审议通过了《外空条约》草案，并敦促在更新的中俄条约草案基础上早日开始实质性工作。

（五）日本与美国合作影响太空规则制定

日本作为具有较强航天能力的国家，正通过在太空领域的诸多举措全面增强太空能力，提升其国际太空竞争力和影响力。但由于综合国力、政治地位等的各类因素，日本选择与美国强化联盟关系，应对"共同威胁"。在太空规则方面，日本亦选择与美国合作影响太空规则制定。2022年5月23日，日本首相岸田文雄与美国总统拜登在东京举行的峰会上，共同表示将进一步推进两国在"阿尔忒弥斯计划"上的合作以及《阿尔忒弥斯协议》的制定与执行，拜登承诺将首位日本宇航员送上月球。7月22日，日本政府发布的2022年版《防卫白皮书》认为，日本目前应与美国在太空领域加强合作，尤其在应对太空碎片与制定太空规则方面。9月12日，日本宣布支持美国推动的促进和平安全利用外层空间的倡议，承诺不进行反卫星导弹试验。

（六）加拿大刑法有效范围扩大到月球

根据"凤凰网"2022年5月1日消息，加拿大最近修改了刑法，允许起诉加拿大宇航员在月球旅行或月球表面的犯罪行为。威胁加拿大宇航员生命或安全的外国宇航员也可能受到加拿大法律的惩罚。加拿大的刑法此前已将宇航员在国际空间站上犯罪列入了应受法律惩罚的范围，最近的修正案则扩大到月球。据悉，加拿大航天局将参与美国国家航空航天局"阿尔忒弥斯"登月计划，该计划最早在2025年将宇航员送上月球。"阿尔忒弥斯2"任务中将包括一名加拿大宇航员。

三、商业航天：行为规范成为博弈新焦点

"航天新闻网"2022年8月23日报道，美国国家航空航天公司当日在其官网发布《商业行为规范：太空安全挑战、商业行为者与行为规范》报告。报告认为，因在战争中首次使用了商业卫星，俄乌冲突被称为第一次商业太空战争，商业卫星公司需明白在国际冲突期间如何应对突袭。报告称，商业卫星被攻击的原因可能是：（1）被错误识别为军事系统；（2）被怀疑具有侵略性或威胁性行为。报告建议，为应对被攻击的风险，商业卫星公司应考虑直接或间接参与制定国际太空行为规范，以减轻风险与威胁。

俄罗斯表示商业卫星可能成为战时打击合法目标。"太空网"2022年9月16日报道，随着美国持续利用更多商业卫星开展情报与通信工作，俄罗斯外交部成员、驻联合国官员康斯坦丁·沃龙佐夫9月12日在联合国"太空负责任行为准则"开放式工作组会议上发表声明表示，此类卫星可能成为战时打击的"合法目标"。俄方认为，商业卫星用于军事是非常危险的趋势，违反了《外层空间条约》中外层空间技术的无害使用原则，必须受到国际社会的强烈谴责。美国及其盟国在俄乌战争中使用商业和民用卫星，间接参与军事冲突，准民用基础设施可能成为报复的合法目标。

美国国防部称应考虑赔偿被摧毁的商业卫星。"防务快报网"2022年9月15日报道，美国国防部副部长凯瑟琳·希克斯在情报和国家安全峰会上表示，过去几年，国家侦察局和国家地理空间情报局大大增加了商业遥感卫星的使用，商业公司为情报部门和美军提供了大量的战术情报、监视和侦察等信息。因支持美国国家安全目标，商业卫星可能成为未来冲突目标而被摧毁，国防部正考虑与商

业公司签订包括赔偿问题在内的合同。

四、联合国外空委：积极推进太空治理

2022年3月28日—4月8日，联合国外空委法律小组委员会第61届会议在维也纳召开，会议采取线上线下结合的方式，84个成员国和27个观察员组织的代表参加。会议主要议题包括外空条约现状和适用、外空划界、太空碎片减缓和治理措施法律机制、空间交通管理法律问题、小卫星活动国际法、太空资源探索开发利用活动潜在法律模式等。会议期间，新成立的太空资源工作组确定其正式名称为"太空资源活动相关问题工作组"，计划2022年在已达成一致的授权和职权文件基础上，就详细工作计划和工作方法达成一致，工作计划初稿中提出由联合国主办一次太空资源相关的国际大会。

"新航天网"2022年11月7日消息称，联合国大会第一委员会（裁军和国际安全委员会）11月1日通过了6项关于外空的决议草案：（1）中国、俄罗斯、埃及等17国共提的"防止外空军备竞赛的进一步切实措施"以124票支持、48票反对、9票弃权获得通过；（2）美国、英国、巴西等11国共提的"破坏性直升式反卫星导弹试验"提案以154票支持、8票反对和10票弃权通过；（3）中国、俄罗斯、埃及等19国共提的"不首先在外层空间放置武器"决议草案以123票支持、50票反对和4票弃权通过；（4）英国提出的"通过负责任行为准则、规则和原则减少太空威胁"决议草案以165票支持、7票反对和5票弃权获得通过；（5）中国、俄罗斯、埃及等20国共提的"防止外空军备竞赛"决议草案以无需投票的形式获得通过；（6）中国、俄罗斯、尼日利亚等18国共提的"外空活动中的透明和建立信任措施"以无需投票的形式获得通过。

据联合国官网 2022 年 12 月 7 日报道，第 77 届联合国大会全会审议了"防止外层空间军备竞赛"议题（A/77/383 号文件），该议题包含 4 项决议草案和 1 项决定草案，其中由于第 4 项决议草案"防止外层空间军备竞赛的进一步实际措施"涉及方案预算问题，暂停表决。其他 3 项决议草案情况如下：（1）未经表决通过了"防止外层空间军备竞赛"决议草案，呼吁各国为实现和平利用外层空间的目标和防止外层空间军备竞赛做出贡献，并敦促各国随时向裁军谈判会议通报双边和多边谈判进展情况。（2）以 155 票赞成、9 票反对和 9 票弃权通过"破坏性直升式反卫星导弹试验"决议草案，呼吁各国不进行这种试验，并将讨论制定实施步骤，制定具有法律约束力的文书。（3）以 122 票赞成、50 票反对、4 票弃权通过"不首先在外层空间部署武器"决议草案，重申应审查和采取实际措施防止外层空间军备竞赛的协定，欢迎中俄提出的"防止在外空部署武器和对外空物体使用或威胁使用武力"的条约草案，强调多国发表不会首先在外层空间部署武器政治声明的重要性。敦促在更新的中俄条约草案基础上早日开始实质性工作。1 项决定草案情况为：以 162 票赞成、9 票反对和 5 票弃权通过"通过负责任的行为规范、规则和原则减少空间威胁"。

第八章　2022—2023年度太空安全形势分析

太空是维护国家安全和国际竞争与合作的重要领域。回顾2022年，前瞻2023年，世界主要航天国家积极谋划太空安全与发展，加快提升太空战略竞争力，全球太空博弈愈加激烈，国际太空安全风险挑战日益严峻。

一、2022年太空安全态势

（一）太空战略政策不断深化

2022年以来，美国等相继发布《国防太空政策》《国家安全战略》等战略性文件，引领太空战略布局深化细化。比如，美国国防部发布《国防太空政策》提出，太空为美国国家军事力量的优先领域。美国《国家安全战略》提出，美国将保持在太空的世界领先地位，主导更新太空治理秩序，建立太空交通管理系统，引领未来太空行为规范和军控；将与盟国和伙伴合作，制定政策法规，使美国商业航天保持绝对竞争优势；将加快增强美国太空体系弹性。2022年8月3日，日本首相岸田文雄提出的"5年内从根本上强化防卫力"目标具体政策公布，其中将强化太空领域的作战能力列为8大支柱之一。

美国与盟友不断扩大太空领域合作的力度、深度和广度，不断扩大太空"朋友圈"。比如，北约发布《总体太空政策》提出，当盟友受到太空攻击时，将触发北约的集体防御策略。美国联合澳大利亚、加拿大、法国、德国、新西兰和英国共同发布《联合太空行动愿景2031》提出，当敌对太空活动发生时，根据适用的国际法寻求并准备好进行自我保护与防御。英国发布《国防太空战略》提出，将通过自身的太空能力、相关行动和全球联盟，保卫英国及其盟友的太空资产和服务。日本新版《防卫白皮书》提出，要在太空、网络等领域加强日美同盟的威慑力和应对能力。此外，印度强化与美国在太空领域的国防合作，与英国在情报交换、科技研发、航空航天、网络安全等领域的合作，与法国在应对太空的安全和经济挑战等方面的合作。2022年5月，美国总统拜登在与日本和韩国两个东亚盟友的连续峰会上，同意扩大与日本和韩国的太空合作。

（二）太空军事博弈风险加大

美国等国加紧太空军事力量建设。比如，美国太空军重组太空系统司令部，为各太空"三角队"部队配备专属网络中队，建立国家太空情报中心，接收美国海军卫星操作中心、美国陆军卫星地面站等转隶力量，以及加快建设数字军种和太空军事元宇宙。美国国防部太空发展局转隶太空军，标志着由国防部直管的太空领导管理职能交给太空军。日本成立"宇宙作战群""网络防卫队"以及"宇宙作战指挥所运用队"，计划将太空和网络作战部队合并为宇宙网络防卫集团。澳大利亚宣布新成立的太空司令部正式运行，韩国宣布成立太空军事分部，加拿大皇家空军表示将效仿盟友组建太空部队，西班牙将空军更名为空天军等。

美国等国愈加重视太空领域演习演训。比如，美国举行"全球哨兵2022"联合演习，进行了关于太空态势感知的训练、信息收集和意见交流等项目；举行"太空旗22-3"演习，模拟太空军在现实世界的冲突中开展军事行动；举行"黑一颗卫星"挑战赛，寻求应对太空网络安全挑战的能力；举行首次"黑色天空"太空电子战演习，租用商业卫星作为靶星，融合了"实弹射击"和"推演"训练，主要演习实战条件下的卫星干扰，参演人员包括太空军和空军国民警卫队中从事太空工作的人员；于2022年底举行"红色天空"轨道战演习。法国举行第二届太空军事演习，以虚构的地缘政治冲突为背景，设计的太空环境包含1万多个目标，威胁场景涵盖16个天基事件。德国和意大利的太空态势感知中心参与了此次演习，欧盟、北约和欧盟成员国的高级代表受邀在演习期间观察并参与讨论。

俄乌冲突爆发至今，美国及其盟友民商卫星广泛参与其中，对战场态势的塑造明显。比如，美国及其盟友民商遥感卫星持续跟踪俄军行动，并不断通过媒体发布遥感图像。2022年4月，美国麦克萨科技公司首席执行官雅布隆斯基表示，将增加卫星星座服务满足美国政府对冲突事件卫星图像的收集需求。该公司目前在轨卫星4颗：WorldView-1（分辨率50厘米）、GeoEye-1和WorldView-2（分辨率40厘米）、WorldView-3（分辨率30厘米）。美国SpaceX公司持续向乌克兰提供大量"星链"终端，为乌军情报链、指控链、杀伤链闭合提供信息通联保障。

随着航天技术发展、太空军事演习与俄乌冲突太空力量运用，导航战、太空网络战、太空电子战以及轨道战等博弈对抗形式显现。比如，俄乌冲突爆发以来，太空领域导航、网络、电子对抗频频发生。美国鹰眼360公司利用卫星探测射频信号，识别可能损害美国通信或GPS卫星信号的电子干扰源，反向定位俄军装备部署的精确位置。俄罗斯航天集团称其安全系统自动击退了针对俄罗斯飞行控制中心和卫星群的网络攻击，俄方将把任何针对其卫星的黑客攻击视为发动战争。近期，乌方表示，乌军在前线所使用的"星链"服务发生了中断现象，有报道指出，中断是由于俄方使用了能有效对抗卫星通信的"提拉达-2S"新型地基通信卫星干扰系统。在轨道战方面，据俄罗斯"自由媒体网"《2022年1月21日，美国在太空对俄罗斯不宣而战》的文章，美国太空军承认GSSAP是"轨道战争"计划的一部分。美国米切尔研究所发布《太空机动战：核推进的战略任务》报告提出，成熟的核热推进技术可使卫星更具机动性，也可让美国与中俄在太空机动战中保持优势。

美国加快地月空间等深空前沿力量布局，地月空间军事化正在开启。2022年1月19日，美国太空军太空作战部长约翰·雷蒙德在战略与国际问题研究中心网络研讨会上表示，在未来的5—10年里，太空军必须提高包括地月空间在内的态势感知能力，美国需要在5年内实现对地月空间的监视。3月9日，雷蒙德在麦卡利斯防务咨询公司举办的会议上表示，广阔的地月空间需要太空军的存在，地月空间为美国太空军的关键域。在美国2022财年预算法中，美国国防部申请6100万美元用于开发进行地月空间态势感知的试验卫星。在此引领下，美国加快进军深空，部署前沿力量。比如，2022年4月，美国太空军成立第19太空防御队，专注于地月空间态势感知，改善太空安全和防御，以确保美国及其盟友在所有轨道空间行动自由。美国空军研究实验室继续推进"地月空间高速公路巡逻系统"建设，监视和跟踪位于地球静止轨道和月球之间的目标。美国量子太空公司将在地月空间建设由无人飞船提供服务的航天器平台，搭载通信、导航、遥感、天域感知和太空环境传感器等各类有效载荷，为美国国家安全部门等提供服务。

（三）太空装备技术研建并举

美国加快建设太空感知层传输层，支撑高超声速目标防御。比如，美国太空发展局加快在低地球轨道部署大量低成本小型卫星，在避免遭对手反卫星武器摧毁的同时，为美军探测对手高超声速滑翔飞行器能力创造冗余；已授予 L3 哈里斯和诺·格公司合同，开发能够跟踪高超声速导弹的新型导弹跟踪卫星星座。美国导弹防御局利用 SpaceX 公司"猎鹰-9"号火箭发射 2 颗立方体卫星，在演示支持天基高可靠性互联网协议加密技术的同时，用于高超声速和弹道导弹目标跟踪天基传感器技术研发。据 2022 年 4 月 18 日"航天新闻网"报道，美国洛克希德-马丁公司军事太空任务战略高级主管埃里克·布朗表示，将在太空中建立多轨道数据传输网络，构建无需地面站支持即可实现对弹道导弹和高超声速导弹从早期预警到拦截的导弹防御链。2022 年 7 月，美国米切尔航空航天研究所称，为应对高超声速武器等远程打击威胁，应建立跨轨道层的天基传感器架构。

美国加快构建"下一代国防太空架构"，推进卫星通信体系升级换代。美国太空发展局授出"传输层 1 期"126 颗卫星生产合同、"跟踪层 1 期"卫星合同以及地面系统合同，正在采购"国防太空架构实验试验台"。"国防太空架构实验试验台"独立于"传输层 1 期"，包括 10 颗能够携带实验有效载荷的卫星。美国国防高级研究计划局"曼德拉 2 号"卫星已演示近地轨道星间激光通信链路，未来计划开展星地间激光通信链路演示试验，将为美国"下一代国防太空架构"传输层提供支撑。在抗干扰卫星通信方面，美国波音公司展示了"受保护战术企业服务"软件单元与合作伙伴用户终端的成功集成，通过"宽带全球卫星通信"或商业通信卫星向用户提供受保护战术通信服务。美国泰科姆公司与英国国际移动卫星公司宣布，双方将共同为美军战术行动提供更加高效可靠的卫星通信。美国 SpaceX 公司的卫星互联网"星链"计划持续高发并不断扩大应用。截至 2023 年 10 月 30 日，"星链"卫星发射总数达到了 5376

颗，其中约 4423 颗仍在轨运行。日本防卫省计划引进"星链"服务，用于强化海上自卫队远程通信能力。

美俄等高度重视卫星导航体系升级换代。美国空军研究实验室表示，正开展下一代导航卫星——导航技术卫星-3（NTS-3）试验。该卫星具有可抵抗强干扰、传输信号完整、可地面操控、与盟友导航系统相融等优点。美国太空军太空系统司令部表示，作为国家安全太空发射第二阶段发射服务采购计划的一部分，已授出 2022—2023 财年的 8 项发射任务合同，其中包括 GPS Ⅲ-7 导航卫星发射任务。美国陆军未来司令部下辖的保障定位、导航和授时/太空跨职能小组负责人迈克尔·蒙特莱昂表示，正聚焦于理解和备战导航战，继续评估未来作战环境、新兴威胁与技术，与陆军其他单位合作起草适合陆军特殊需求的导航战总战略。此外，欧洲空中客车公司已完成"伽利略"第二代导航卫星系统概念初步设计评审，空客基地正在为目前 6 颗"伽利略"第二代导航卫星的工业化生产线做准备。俄罗斯空天军发射 1 颗格洛纳斯-K 导航卫星，该卫星是俄方最新格洛纳斯导航卫星系列中的第 4 颗，寿命更长，信号更准确。英国计划建设自主天基导航能力，以增强和改善 GPS 服务。

美、俄、欧、日等国持续推进在轨服务、高能激光、太空核动力、小行星防御等技术研发。比如，在轨服务方面，美国国防部国防创新小组宣布与太空系统司令部、空军研究实验室等机构合作，开展"快速燃料加注与燃料库"和"太空系统模块化"项目研究，前者验证不同轨道内卫星在轨燃料加注技术，后者关注太空机械臂及其他模块化技术。日本宇宙尺度公司重启"宇宙尺度寿命终止服务"验证项目，使服务星自主通过磁力装置捕获充当轨道碎片的目标星。高能激光方面，据"防务邮报网"7 月 13 日报道，俄罗斯正在其西南偏远的泽连丘克斯卡亚附近的一个太空设施中建造"卡琳娜"反卫星激光系统，旨在利用激光脉冲永久致盲飞经俄上空的敌方卫星。太空核动力方面，美国原子太空公司正在开发太空核动力拖船，美国国防部创新小组正在组织雪崩能源公司开发小型核动力航天器，英国航天局委托罗罗公司开展核动力推进器研发，俄罗斯航天局也在加快"宙斯"核动力太空拖船研发。2022年9月，美国国家航空航天局"双小行星重定向测试"航天器撞击近地双小行星系统中的目标小行星"迪莫弗斯"，验证了利用动能撞击技术偏转小行星运行轨道的可行性。

（四）太空战略博弈竞合共存

太空合作出现分化裂痕。比如，由美国、欧盟、俄罗斯、日本和加拿大等共同发起建设的国际空间站，由于美国航天飞机退役、维持成本高昂、中国空间站建成并投入使用、俄乌冲突等诸多因素，各方不仅在国际空间站何时退役、是否需要延续寿命上难以达成一致，并且在经费分配、试验内容选择、宇航员分派等方面多次发生分歧。2022年7月26日，俄罗斯国家航天公司总裁鲍里索夫在向普京递交的工作汇报中提出，俄罗斯将于2024年退出国际空间站项目。再如，2022年3月17日，欧洲航天局宣布，将暂停与俄罗斯联邦航天局就2022年发射"火星生物学"火星车任务的合作。

在太空领域竞争加剧的同时，合作意愿与契机仍不时出现。比如，国际空间站和中国空间站均继续开展合作。美俄两国宇航员共乘俄罗斯飞船进入国际空间站，标志着美俄重启国际空间站合作。中国载人航天工程办公室表示，中国与俄罗斯、德国、法国、比利时、意大利等17个国家在中国空间站的使用方面已达成航天项目合作意向。作为外空五大公约的缔约国，中国、美国等在空间碎片治理、太空垃圾信息共享、太空交通管理等领域仍不断尝试开展协作。

太空规则重塑竞合秩序。尽管一些现有的合作框架面临无法平衡相关各国利益诉求的新挑战，但太空领域出现竞争与合作交融并进的新常态。比如，虽然美国持续在全球推行其《阿尔忒弥斯协议》，已陆续有29个国家签署，但是作为欧洲主要航天国家之一的法国在协议公布两年多后的2022年6月7日才来到了谈判桌前。2022年4月，美、英、澳、法、意等国在第37届太空研讨会上探讨军事太空行动规范，以及美国《国家安全战略》提出主导更新太空治理秩序等，势必刺激国际太空领域规则秩序重塑。

二、2023年太空安全趋势

（一）太空战略政策加快实施

太空战略政策是太空力量建设与运用的指导性文件，2023年美国等国将继续加强太空战略谋划布局与加快实施。可以研判，美国太空战略政策指向将更加清晰。比如，2022年美国发布的《国家安全战略》《国防太空政策》《太空试验体系化愿景》等都有明确的指向性，2023年新出台文件将会继续延续这一指向。主要航天国家太空战略政策将继续突出军事应用。比如，英国《国防太空战略》提出要关注反卫星武器威胁，美、英、法、德等7国《联合太空作战愿景2031》提出军队在确保太空进出与利用自由的国际努力方面扮演重要角色等，预计这些政策会在2023年落地。其他国家太空战略政策将"搭车"进军太空。2023年，更多不具备航天能力的国家，也将通过太空战略政策的倾向性指导，依托航天大国航天发射、载荷研制、服务支撑等合作方式进军太空，获得航天红利。

(二)太空对抗风险持续增大

伴随太空日益拥挤、竞争日趋激烈之趋势，2023 年太空领域对抗风险仍将持续存在甚至增大。比如，美国 SpaceX 公司"星链"计划批量化大规模部署，对航天发射、太空观测和航天器安全将造成长期影响，隐患一触即发。再如，美盟等国尽管承诺遵守"直升式反卫星武器禁令"，但美国太空军等利用数字孪生等技术，仍将开展太空军事试验，将加剧太空军事化趋势，刺激一些国家加快研发可用于太空硬摧毁和软杀伤的对抗手段。又如，俄乌冲突引发的美西方与俄军事对抗将会持续发酵，不排除在太空领域引发实质性军事对抗行动的风险。"星链"卫星模糊用于军事，不排除成为打击目标的可能。随着军事需求上升和经济、科技发展提供的可能性增强，各航天大国的太空军事力量规模将不断扩大，未来会有更多国家进军太空。

(三)太空前沿技术创新加速

技术创新始终是经略太空的重要支撑，2023 年太空前沿技术将在大规模星座、低成本快速发射、深空探索等方面亮点纷呈。比如，美国发展以"星链"为代表的巨型星座，已经可成功管理运行千量级的卫星星群，且卫星具有自主避撞、寿命末期主动离轨等功能。SpaceX 公司"星舰"单次可发射 440 多颗"星链"卫星，未来可以每千克不足 100 美元的成本完成 100 吨量级日发射任务。再如，美国积极推进地月以及远空间控制技术研发。2022 年 4 月，美国国家科学院发布《行星科学十年调查（2023—2032）》报告，提出未来十年美国行星科学和行星防御发展的前沿与愿景，将继续支持行星防御计划。又如，一些地面装备技术可能嫁接应用于太空军事行动，以色列的"铁穹""大卫投石索"等防御系统中的激光武器，或将进入应用层面或实际列装。此外，天地一体感知层建设将继续加速。美国太空军2023财年启动"弹性导弹预警与跟踪—中地球轨道"计划，以在地球同步轨道、大椭圆极地轨道、低地球轨道、中地球轨道部署多层卫星网，以实现全面预警跟踪弹道和高超声速导弹。美国导弹防御局于2023年向美国太空军交付"远程识别雷达"，以在连续运行的情况下同时搜索和跟踪多个极远距离外的小型目标，帮助引导地基拦截器摧毁敌方再入飞行器。

（四）混合太空架构加快形成

为提升太空体系弹性与体系运用能力，2023年美国等将加快建设混合太空架构。2023财年美国太空军的预算申请总额高达245亿美元，重点是建设更具弹性的混合太空架构，整合从近地轨道空间到深空的商业卫星、盟国卫星和政府卫星，最终形成卫星通信网络的"同心圆"：核心是高度加密的军事星座、外围是盟友提供的安全性稍差的卫星通信以及最外侧非机密的商业星座。2022年3月3日、4月5日，时任美国太空军太空作战部长的约翰·雷蒙德在美国空军协会年度会议、第37届太空研讨会上分别表示，未来十年首要任务是增强太空能力弹性；将向更具弹性的太空架构转型，实现在多个轨道上拥有多样化的能力组合。9月13日，雷蒙德的接替者萨尔茨曼在参加出任太空军作战部长听证会上表示，太空军将继续混合太空架构及弹性地面站的建造设计。《北约总体太空政策》以及英国《国家太空战略》《国防太空战略》等也提出加快提升太空体系弹性，比如，英国已启动弹性太空能力建设，未来十年将重点投资"卫星通信和太空域感知、情报/监视/侦察、太空指挥控制、太空控制、天基定位/导航/授时、太空发射"等七大优先领域。

（五）太空规则博弈斗争趋热

2023年各国将继续在多轨推行太空规则。比如，在联合国框架内以及毛伊岛光学年会等联合国框架外，美欧将继续推行"负责任外空行为准则"和"太空可持续性"，对"负责任外空行为准则"，中俄与美欧将从规则的"全面性、歧视性和法律性"等方面展开更为激烈的博弈；中俄将继续在联合国框架内推行"防止在外空放置武器、对外空物体使用或威胁使用武力条约"（PPWT）和"不首先在外空放置武器"（NFP）。又如，美国将继续推行与伙伴国签署《阿尔忒弥斯协议》等双边协议；在承诺遵守"不进行直升式反卫武器禁令"后，美国又开始将该承诺在联合国大会第一委员会提出。可预见，随着美欧推行规则的加入国增多，国际太空规则博弈将呈愈加激烈之势。

（六）商业航天愈受军事青睐

俄乌冲突展现了商业航天价值，随着商业航天快速发展，2023年会有越来越多的军事任务融入商业航天。以"星链"为代表的商业航天在俄乌冲突中凸显军用潜力，随着俄乌冲突的持续发酵，商业航天的军事应用还将继续。美国兰德公司网站发布《商业航天潜力与市场展望》报告提出，美国太空军和国防部未来利用商业航天能力的机遇正在增大；主要航天国家将继续通过政策扶持、经费支持、服务采购等多种方式支持商业航天发展与应用。比如，美国众议院通过的《2023财年国防授权法案》提案，呼吁军方应更多地购买和使用商业航天技术和商业卫星数据；美国太空司令部《商业集成战略》的主要意图，即是以太空域感知、指挥和控制为目标，加快集成商业卫星通信能力。

（七）太空国际合作继续拓展

尽管太空安全形势日趋严峻，但和平利用太空仍是主流，2023年太空国际合作仍是大势。在国际空间站项目上，中国将开展更加广泛的国际合作。比如，目前，欧洲宇航员已经开始学习汉语，为早日登上中国空间站做准备。随着中国"问天""梦天"实验舱进入太空，俄罗斯、欧洲航天局和印度等国的多个项目将陆续在中国空间站展开试验。航天新兴国家将与主要航天国家开展多种合作。比如，在"2030国家太空战略"的指引下，阿联酋与中国签订战略合作协议，将由中国为阿方研制的"拉希德二号"月球车提供搭载、测控和数据接收等服务，双方将共享"拉希德二号"月球车探测成果。

三、太空发展与安全倡议

太空是全人类的共同财富，探索浩瀚宇宙是全人类的共同梦想。确保太空和平利用，符合各国共同利益，也是各国共同责任。国际社会应倡导太空命运共同体理念，坚持共商共建共享，主动塑造太空领域良性竞争与和平合作新态势，共同维护太空安全。

（一）统筹太空发展与安全

太空安全与太空发展没有严格的界限，太空发展不能持续的时候就变成严重的太空安全问题。太空发展是太空安全的基础和目的，太空安全是太空发展的条件和保障。近年来，太空领域发展失衡，一些国家太空军事化趋势明显，这影响和制约了太空和平发展利用。在此，我们倡议：制定太空战略政策时，关照他国和国际社会太空战略利益诉求；开展太空进出和探索利用时，突出和平利用的准则，避免危及他国太空资产和太空活动安全；部署太空力量时，立足太空资产保护需求，确保太空系统稳定有序运行。

（二）加强太空危机管控与综合治理

太空资产是一个国家的战略资产，要管好用好，更要保护好。近年来，国际社会太空活动日益增多，太空安全愈加重要，由于各国太空能力参差不齐，对太空管理提出了更高要求。在此，我们倡议：加强太空危机管控研究，探索构建国际太空危机管控机制；加强太空交通管理系统建设，探索国际太空交通管理规则与协作模式；统筹航天发射活动，合理安排发射密度，创新测控技术和手段，提高太空系统管理使用效益；重视空间碎片防护和治理，发展空间碎片预警探测与清理手段，维护良好太空环境。

（三）推进在太空领域构建人类命运共同体

历史上，围绕传统自然空间的争夺充满了硝烟。太空属于全人类，确保和平利用太空，不仅符合各国共同利益，也是各国共同责任。为避免历史上那些争夺的重演，在此，我们倡议：国际社会秉持合作共赢理念，共同在太空领域推动构建人类命运共同体；共同履行维护太空安全历史责任，开展太空安全国际合作；前瞻化解太空安全隐患，真正实现自由进出太空、高效利用太空以及有效治理太空，让太空更好地增进人类福祉。

展　望

当前，大国战略竞争已由传统公域向太空延伸和拓展，太空战略环境与安全形势日益复杂。太空正变得越来越拥挤，太空商业活动数量和多样性显著增加，空间频轨资源日益稀缺，太空军事化和武器化进程不断深化。然而，国际社会缺乏有效的太空安全管理规则。随着时代的变迁、科技的发展、人类探索太空的能力不断增强，太空活动参与主体、活动范围与类型等不断扩展，既有的太空治理规则框架已经呈现出一些问题，在应对太空安全管理问题上凸显不足。在种种问题和矛盾面前，人类该如何面对？该如何解决？这是我们不能回避、无法忽视、需要共同面对和解决的难题。人类就是在不断解决问题的过程中向前迈进。

未来，世界各主要国家会继续高度重视太空安全、提升太空能力，在发展中解决"发展"问题。总体来说，世界各主要航天国家会在太空战略政策、太空军事力量、太空装备建设与技术研发、太空演习演训、商业航天、太空规则等方面综合施策，全方位推进，加快发展步伐。在太空战略政策方面，将继续发挥战略政策的指导作用，发布太空战略政策文件，引领太空实力提升。在太空军事力量方面，将继续调整完善组织结构，推动太空力量建设、发展与运用。在太空装备建设和技术研发方面，将继续变革太空装备发展理念，掀起新的太空技术革命，加速太空装备更新迭代，确保太空装备技术优势。在演习演训方面，将继续通过演习演训，完善提升太空建设与运用能力。在作战力量运用方面，将继续完善教育训练体系，加强人才培养，通过实战提升太空力量建设与应用水平。在商业航天方面，越来越多的商业实体将进入航天领域，成为助推太空时代发展的重要力量。在太空规则博弈方面，有关国家围绕太空治理主导权的规则博弈将日趋激烈，太空规则博弈也将在大国战略竞争中占据日益重要位置。总之，未来伴随太空竞争、斗争、对抗趋势愈加激烈，太空安全问题或将日益突出，新的战略举措、新的作战理论、新的力量构成和新的航天装备等也将层出不穷。这种太空力量对比、竞争格局的快速变迁和深刻调整，将深度影响世界航天发展布局甚至将对未来世界格局产生重要影响。

面对太空领域发展大势，面对诸多太空安全问题，秉持"人类命运共同体"理念，坚持和不断提高战略思维、历史思维、辩证思维、系统思维、创新思维、法治思维、底线思维能力，紧密跟踪太空领域尤其是军事领域发展动态，为研判风险挑战、应对安全威胁提供信息与情报支持，对维护太空安全、促进人类和平利用太空具有重要价值。

后 记

——怀揣梦想，打造一流太空安全高端智库

2022年，太空作为大国博弈新高地和军事斗争新战场的地位更加凸显，新一轮太空军事竞争格局加速演进。第一，美国将太空优势作为赢得大国战略竞争和高端战争的核心关键，瞄准"和平时期竞争/威慑/灰色地带斗争/大国太空战争"全过程，加快发展构建"太空总体战"全维能力。在这一背景下，有关国家大力跟进。第二，俄乌冲突深刻影响全球军事格局，商业航天力量首次深度介入作战行动，太空信息支援与对抗成为现代战争常规样式。第三，美国主导的太空军事同盟和利益团体不断拓展，美国禁止直升式反卫星试验倡议提案在联大通过，多边太空行为准则加速形成。

习近平主席指出："探索浩瀚宇宙，发展航天事业，建设航天强国，是我们不懈追求的航天梦。"尽管全球太空安全态势在不断变化，但不变的是我们的梦想。我们时刻怀揣着航天梦、强军梦、强国梦，不忘初心、主动作为，联合北京空间科技信息研究所等优势单位，完成了大量的动态跟踪、研判分析等工作。我们衷心地希望能为读者持续提供从多视角观察透析有关国家太空军情的工具书，也衷心地希望我们的初心、坚持和努力能为打造一流的太空安全高端智库，能为国家航天事业的发展，能为人类和平利用太空贡献微薄力量。身处伟大的时代，身处伟大的祖国，我们是幸运的。星辰浩瀚、任重道远，常怀远虑、居安思危，不辱使命，不负韶华！

在本书撰写过程中，上级机关、有关部门领导和专家给予了大力支持和关心帮助。特别是业内外同仁的有关成果似"粒粒珍珠"，为本书由点及面"串珠成链"提供了丰富翔实的数据与资料参考。值本书即将正式出版之际，我们谨向各位领导、专家、同仁，所有给予关心、指导和帮助的朋友们，一并表示衷心感谢！应说明的是，为方便读者更直观地了解和掌握相关信息，在撰写相关章节的过程中，我们尽可能原汁原味地保留原文献中的相关立场与观点。这不代表我们同意或支持其立场与观点，读者在阅读过程中可自行甄别。另外，军情透视是一项长期性系统性预测性的重要工作，由于我们才疏学浅，不足之处也恳请广大读者批评指正。

编写组

2023 年 7 月

参考文献

[1] 袁征, 宫小飞. 拜登政府《国家安全战略》探析. 中国评论, 2022年12月.

[2] 刘震鑫, 魏锦文等. 美国太空优先事项框架. 军事航天前沿译丛, 2022年1月.

[3] 贾琳, 贾平. 美国首次发布《太空服务、组装与制造国家战略》. 知领, 2022年11月17日.

[4] James. W. 白宫发布《国家轨道碎片实施计划》. *Aerospace Defense*, 2022年8月2日.

[5] 忆竹. 美国发布《国家地月科学与技术战略》. 战略前沿技术, 2022年11月21日.

[6] 申淼. 美国防部发布2022年《国防战略》《核态势评估》《导弹防御评估》. 国防科技要闻, 2022年10月28日.

[7] 赵霄. 美国防部更新太空政策正式采用"负责任行为原则". 国防科技要闻, 2022年9月8日.

[8] 张梓阳. 美媒报道美《空间态势感知协议备忘录》具体内容. 航天防务, 2022年9月29日.

[9] 美国家科学院发布《行星科学十年调查（2023－2032)》. 全球防务之眼, 2022年5月17日.

[10] 赵霄. 美国土安全部发布太空政策. 国防科技要闻, 2022年7月13日.

[11] 微小航. 构建太空弹性三种方法. 微视航天, 2022年5月

11日.

[12] 国际网络观察员. 美国太空司令部发布《商业卫星整合战略》. 国防科技要闻, 2022年4月8日.

[13] 赵竹明, 刘璐, 王浩. 美国太空军重构太空测试体系的战略规划——美国太空军《太空测试体系化愿景》要点. 国际太空, 2022 (5).

[14] 美国太空军一季度态势综述：新举措、新预算、新联队. 微视航天, 2022年4月14日.

[15] 美太空军发布《美太空军数字军种愿景》. 国防科技要闻, 2021年5月14日.

[16] 美国太空部队为测试和训练设想了数字化的未来. 中国航空新闻网, 2022年6月20日.

[17] 美军新版《太空作战》条令解读. 燕武智胜, 2022年2月23日.

[18]《太空军人事条令》. 全球防务之眼, 2023年4月15日.

[19] 王浩. 美太空军《太空行动》条令. 道达智库, 2022年8月2日.

[20] 美国太空外交战略. 道达智库, 2023年7月.

[21] 王国语. 美国《阿尔忒弥斯协议》内容及影响分析. 北理工空天政策与法律研究院, 2022年12月5日.

[22] 聂永喜. 美英法德等七国发布《联合太空作战愿景2031》. 国防科技要闻, 2022年2月23日.

[23] 赵霄. 美国务院发布首份《太空外交战略框架》. 国防科技要闻, 2023年6月5日.

[24] 张明月. 北约发布太空政策侧重太空支持与太空域感知. 国防科技要闻, 2022年1月25日.

[25] 赵霄, 孙琴. 北约战略概念2022. 中国指挥与控制学会,

2022年7月1日.

[26] 代勋勋,李抒音. 解读俄新版《国家安全战略》. 解放军报, 2021年7月15日.

[27] 于远航. 稳住基本盘,俄罗斯航天开始在这些方面下功夫. 中国航天报, 2020年8月31日.

[28]《俄航天国家集团公司法》等多部法律法规修订. 俄联邦法研究中心, 2019年8月10日.

[29] 周生东,王永生. 俄罗斯联邦2016—2025年航天计划基本内容. 国际太空, 2017（5）.

[30] 孙壮志. 俄罗斯黄皮书：俄罗斯发展报告（2021）. 社会科学文献出版社, 2021.

[31] 赵爽,崔晓梅. 俄罗斯制定2030年前及未来航天发展战略. 北京空间科技信息研究所, 2013年4月6日.

[32] 马婧. 俄联邦航天局请求为《2016—2025年俄罗斯发射场发展联邦规划》拨款. 中国载人航天网, 2015年7月27日.

[33] 王霄. 俄罗斯《地球遥感数据条例》草案发布. 卫星应用, 2014年3月.

[34] 孙红俊. 欧盟发布欧洲航天战略. 中国航天, 2017（1）.

[35] 丰松江. 欧洲推出"新太空计划". 解放军报, 2022年3月3日.

[36] 辛雨. 欧洲要发射自己的宇航员. 中国科学报, 2021年11月22日.

[37] 欧盟通过《2023—2027年欧盟安全连接计划》,将建设具有韧性、互联性和安全性的卫星基础设施系统. 全球技术地图, 2022年11月17日.

[38] 欧盟计划提出一种"欧洲方式"来管理太空交通. 邮电设计技术, 2022年2月22日.

[39] 闫哲. 欧盟发布《安全与防务战略指南》. 蓝海星智库, 2022年3月25.

[40] 李文, 周冰星. ESG政策法规研究——法国篇. 社会价值投资联盟, 2020年12月24日.

[41] 何奇松. 法国太空军事战略评析. 欧洲研究, 2021年1月26日.

[42] 聂永喜. 英国发布首份《国家太空战略》报告. 国防科技要闻, 2021年9月28日.

[43] 陈冠宇. 英国加大国防领域太空发展投入. 中国国防报, 2022年2月9日.

[44] 傅波. 英军发布首部《太空作战条令》.《中国国防报》, 2022年9月14日.

[45] 倪晓姗. 从"积极有为"到"更加务实"的德国国防政策. 澎湃网, 2020年12月5日.

[46] 丰松江. 德国太空军事领域再迈大步. 解放军报, 2021年10月14日.

[47] 林源. 意大利"借东风"加速太空建设. 中国国防报, 2022年3月23日.

[48] 瑷敏. 西班牙正式组建空天军. 中国国防报, 2022年7月11日.

[49] 最新《防卫白皮书》提出构建"美日一体"联合全域作战新体制. 全球技术地图, 2022年9月19日.

[50] 印度发布《印度太空政策2023》, 允许商业化私企全面参与太空领域活动. 全球技术地图, 2023年5月25日.

[51] 孙琴, 赵霄. 澳大利亚发布《国防太空战略》. 国防科技要闻, 2022年4月8日.

[52] 刘澄. 韩国加速太空力量建设. 中国国防报, 2022年6月

27日.

[53] 明宇, 刘璐, 王浩. 美国太空军太空系统司令部能力分析. 北京道达天际科技有限公司智库服务中心, 2022年7月20日.

[54] 美太空军太空训练与战备司令部正式成立, 美太空军三大战地司令全部组建完毕. 阿黛拉服务集团, 2021年8月25日.

[55] 赵霄. 美太空发展局（SDA）正式并入美太空军. 国防科技要闻, 2022年10月11日.

[56] 美陆军太空与导弹防御司令部整合太空作战力量. 中国国防科技信息中心, 2019年12月30日.

[57] 李晓文. 美国太空指挥控制架构分析. 防务快讯, 2022年7月2日.

[58] 太阳谷. 浅析美国太空作战力量建设（一）. 高端装备产业研究中心, 2021年7月26日.

[59] 杨幼兰. 美首在海外设太空军印太司令部. 中时新闻网, 2022年11月24日.

[60] 美国太空部队正式加入情报界. 空天大视野, 2021年1月17日.

[61] 太阳谷. 俄罗斯的空天防御新盾牌——俄罗斯空天军. 高端装备产业研究中心, 2020年6月8日.

[62] 陈冠宇. 法空军改名为空天军瞄准太空. 中国国防报, 2020年9月23日.

[63] 英国太空司令部正式成立, 世界第五支太空部队组建. 我们的太空, 2021年4月6日.

[64] 丰松江, 王谦, 常壮. 印度航天力量发展与战略重点探析. 国防科技, 2021年12月.

[65] 韩国军方组建军事太空协调机构. 全球防务之眼, 2022年1月11日.

[66] 德尔塔系列运载火箭. 百度百科, 2023年5月2日.

[67] "宇宙神-5"运载火箭. 百度百科, 2023年5月2日.

[68] "猎鹰-9"号. 百度百科, 2023年5月2日.

[69] "运载器一号"进行第四次发射. 航小宇, 2022年1月14日.

[70] 俄罗斯: 未来每年可发射50至75枚运载火箭. 星驰神州, 2022年1月2日.

[71] 俄再次试射"安加拉-A5"重型运载火箭. 新华网, 2020年12月14日.

[72] 韩国首枚国产火箭发射成功, 运载力逊于我国70年代的长征二号. 腾讯网, 2022年6月21日.

[73] 2022年印度首次航天发射任务成功. 我们的太空, 2022年2月15日.

[74] 印度首枚私企制造的火箭发射成功. 新华网, 2022年11月18日.

[75] 伊朗试射新型火箭, 表明潜在导弹技术取得进展. 华尔街日报, 2021年2月2日.

[76] 胡旖旎, 钟江山, 魏晨曦. 美国"下一代太空体系架构"分析. 北京跟踪与通信技术研究所, 2021年2月1日.

[77] 美军国防太空架构"传输层0期"概述. 电科小氚, 2020年7月7日.

[78] "锡克拉"卫星. 百度百科, 2023年5月2日.

[79] "天网"卫星. 百度百科, 2023年5月2日.

[80] "联邦国防军通信卫星". 百度百科, 2023年5月2日.

[81] 国防支援计划. 百度百科, 2023年5月2日.

[82] 太阳谷. 美国天基红外系统 (SBIRS) 发展浅析. 高端装备产业研究中心, 2022年9月5日.

[83] 天基太空监视系统. 百度百科, 2023 年 5 月 2 日.

[84] 薛海相. 说说美国的"地球同步轨道空间态势感知计划"（GSSAP）. 商业航天观察, 2023 年 4 月 5 日.

[85] 这一天, 美国不宣而战. 参考消息, 2022 年 1 月 26 日.

[86] 于青. "太空篱笆"及其相控阵雷达两项关键技术. 雷达学报, 2021 年 8 月 25 日.

[87] "锁眼"卫星. 百度百科, 2023 年 5 月 2 日.

[88] 何丽. 美军航天侦察现状及未来发展方向. 军事文摘, 2022 年 5 月 30 日.

[89] 绝密任务 NROL-87 升空. 星空神话, 2023 年 7 月 7 日.

[90] 太阳神卫星. 百度百科, 2023 年 5 月 2 日.

[91] 合成孔径雷达-放大镜卫星. 百度百科, 2023 年 5 月 2 日.

[92] EOS-04. 百度百科, 2023 年 5 月 2 日.

[93] 全球定位系统. 百度百科, 2023 年 5 月 2 日.

[94] 印度区域导航卫星系统将迎来五颗新卫星. 每日经济, 2022 年 12 月 2 日.

[95] 张梓阳. 美太空军作战部长参加参议院听证会, 谈论太空军三大优先事项. 航天防务, 2023 年 3 月 18 日.

[96] 徐秉君. 瞄准中俄, 美国太空军加紧为太空战争做准备. 华语智库, 2023 年 7 月 2 日.

[97] 忆竹. 美太空军作战部长发布三项太空军工作线. 战略前沿技术, 2023 年 1 月 22 日.

[98] 安德列洛夫. 美国太空军升级"通信对抗系统"（CCS）Block 10.2 系统. 军鹰动态, 2021 年 12 月 15 日.

[99] 启智智业. 凯利·哈米特担任美天军太空快速能力办公室主任. 世界军事航天力量发展信息汇编, 2022 年 6 月上期.

[100] 暖暖. 美国空军将建造虚拟定向能靶场. 光电防务, 2022年6月21日.

[101] 美国空军反太空作战项目"赏金猎人"管窥. 电波之矛, 2021年5月30日.

[102] 陈述, 彬哥. X-37B验证飞行器轨道机动能力简析. 航天战略新引擎, 2020年5月14日.

[103] 在轨延寿飞行器1号MEV-1俯视下的商业帝国. 太空与网络, 2021年2月19日.

[104] GlobalspaceEvent. NASA双小行星重定向测试任务的成功, 标志着人类行星防御体系进入了新纪元. 全球航天事件, 2022年9月7日.

[105] S-550: 俄空天防御再添利器. 青年参考, 2022年1月8日.

[106] "俄乌冲突或扩至太空". 参考消息, 2022年2月26日.

[107] 秋天的熊. 澳大利亚太空司令部寻求电子战和其他技术来阻止对卫星的攻击. 东联防务天天报, 2023年3月3日.

[108] 丰松江. 经略临近空间. 时事出版社, 2019.

[109] 王楠. 美成功试射此款武器, 取得高超声速领域"零"的突破. 光明军事, 2021年10月15日.

[110] 岳连捷等. 高马赫数超燃冲压发动机技术研究进展. 力学学报, 2022（2）.

[111] 新概念航空发动机推进技术概述. 豆丁网, 2012年8月13日.

[112] 磁流体冲压发动机助力高超音速, 能否成为游戏规则改变者. 网易号, 2022年7月15日.

[113] 刘晓波, 罗月培, 孙杭义. 美俄高超声速武器动力技术发展趋势研究. 战术导弹技术, 2022年1月.

[114] 美军融合 GPI 与 HBTSS 系统提升反高超声速能力分析．兰德信息，2022 年 10 月 17 日．

[115] 曲卫．美新一代太空架构跟踪层导弹预警卫星计划 2024 年底开始大规模部署．天驰航宇，2022 年 12 月 9 日．

[116] 贾雨萌．DARPA 提出"滑翔破坏者"拦截器概念，以应对中俄高超声速武器．国防科技要闻，2018 年 9 月 13 日．

[117] 余晓琼．DARPA 推进"黑杰克"项目演示验证．国防科技要闻，2020 年 2 月 14 日．

[118] 廖小刚．DARPA"黑杰克"计划将进行天地激光通信．国防科技要闻，2022 年 9 月 2 日．

[119] 陶蔓茜．美国 DARPA 成功演示近地轨道卫星间激光通信技术，实现建立网状网络的目标．互联网天地杂志，2022 年 8 月 2 日．

[120] 2021 年美国国防高级研究计划局（DARPA）项目成就回顾．中国指挥与控制学会，2022 年 7 月 23 日．

[121] 刘石．美"太空旗帜"演习——强化太空实战能力．军鹰动态，2022 年 9 月 23 日．

[122] 黄梦成．美举行"太空旗 22-3"联合训练演习谋求太空作战主导地位．航天防务，2022 年 9 月 7 日．

[123] 三目人．星球大战：美军"全球哨兵 2022"太空演习．前沿深度解码，2022 年 12 月 6 日．

[124] 望海．从美军"黑色天空"演习看联合电磁战指控．防务快讯，2023 年 1 月 12 日．

[125] 花朝．美太空系统司令部举行首次联合作战桌面演习．微视航天，2022 年 9 月 17 日．

[126] 马俊．多国航母云集"环太平洋 2022"联合演习．环球时报，2022 年 6 月 30 日．

[127] 解析美陆军"融合项目"最新进展. 渊亭防务, 2023年4月10日.

[128] 赵霄. 美空军开展"红旗22-3"军演. 国防科技要闻, 2022年8月5日.

[129] 蓝顺正. 举办首次太空军演,法国意图何在. 解放军报, 2021年03月17日.

[130] 徐秉君. 美空军部长肯德尔:中国仍然是美国最大的战略性国家安全挑战. 华语智库, 2022年3月9日.

[131] 廖小刚. 美太空军成立专注于深空态势感知的太空防御中队. 国防科技要闻, 2022年4月22日.

[132] 晓华勇. 要在得人:从人力资源举措看美太空军建设. 华语智库, 2021年8月23日.

[133] 赵霄. 美太空军公布人才发展战略. 我们的太空, 2021年9月23日.

[134] 吴治国. 还原美英法空袭叙利亚全程:兵分多路同时到达,新老装备同上阵. 环球军事, 2018年4月19日.

[135] 魏兴. 俄乌战争启示:西方商业遥感卫星能力已足以匹敌军用侦察卫星. 太空与网络, 2022年4月8日.

[136] 马斯克宣布"星链"系统在乌克兰启动,其宽带服务已可使用. 央视网, 2022年2月27日.

[137] 问舟. SpaceX公司迄今最活跃一年:61次发射,成功率100%. IT之家, 2023年1月2日.

[138] 灼灼. 鹰眼360公司即将发射"集群6"卫星. 微视航天, 2022年11月11日.

[139] 蓝色起源公布"轨道礁"私人空间站计划. 国家空间科学中心, 2021年10月27日.

[140] 太阳谷. 国外先进轨道转移飞行器典型项目. 高端装备

产业研究中心，2022 年 10 月 31 日．

［141］发射者公司也要搞太空拖船．太空与网络，2021 年 6 月 17 日．

［142］石昊．俄核动力太空拖船模型亮相．中国国防报，2021 年 11 月 30 日．

［143］王璟贤，史宏林．从在轨服务看太空攻防发展趋势．军事高科技在线，2023 年 3 月 3 日．

［144］王浩．美太空军积极寻求通过商业航天服务增强太空军事能力．道达智库，2023 年 3 月 1 日．

［145］美国太空部队、太空司令部推动加速轨道上的"持续"机动性．月亮博士，2023 年 4 月 20 日．

［146］2019 年航天专题之美国：航天产业商业化程度最高．前瞻产业研究院，2019 年 5 月 1 日．

［147］美国国家侦察局宣布与三家私企签署价值数十亿美元的商业卫星影像购买合同．俄罗斯卫星通讯社，2022 年 5 月 26 日．

［148］2022 年"轨道开启"（Orbit Prime）计划．字节点击，2021 年 11 月 13 日．

［149］美国陆军表示 2025 年 JADC^2 将成为现实．网电空间战，2021 年 6 月 10 日．

［150］商业巨型星座发展及其军事影响研究．北京空间科技信息研究所，2022 年 12 月．

［151］"星链"．灰机卫星百科，2023 年 5 月 20 日．

［152］"一网"（OneWeb）卫星星座最新发展情况．云脑智库，2021 年 11 月 12 日．

［153］"光速"星座．字节点击，2021 年 8 月 10 日．

［154］刘帅军，胡月梅，刘立祥．低轨卫星星座 Kuiper 系统介绍与分析．太空与网络，2019 年 11 月 25 日．

[155] "鸽群". 灰机卫星百科, 2023 年 5 月 20 日.

[156] Spire 将 ThrustMe 推进器添加到"狐猴"立方体卫星. SPACE NEWS, 2022 年 9 月 1 日.

[157] 美国太空军寻求高通量（HTS）卫星容量与宽带服务. 装备参考, 2022 年 1 月 6 日.

[158] 孙广博, 丰松江. 美图谋太空霸权野心昭然若揭. 解放军报, 2022 年 12 月 22 日.

[159] 桑德拉·埃尔文. L3Harris、SpaceX 公司赢得了太空开发署建造导弹预警卫星合同. SPACE NEWS, 2020 年 10 月 10 日.

[160] 徐璐明. 美军与 SpaceX 联手打造"一小时全球快递"用火箭将装备送到地球任一角落. 环球网, 2020 年 10 月 14 日.

[161] SpaceX 公司获美空军 1 亿美元合同, 要验证点对点运输技术. 航小宇, 2022 年 1 月 20 日.

[162] 张梓阳. 美国太空探索技术公司正式发布"星盾"卫星项目. 航天防务, 2022 年 12 月 4 日.

[163] 刘骞. 俄罗斯证实成功测试反卫星系统: 它在太空中准确击毁卫星. 观察者网, 2021 年 11 月 17 日.

[164] 陈山, 张海潮. 美恶炒中国卫星变身"太空拖船"专家: 贼喊捉贼. 环球时报, 2022 年 1 月 28 日.

[165] 范炳健, 佟博桉. 美国国防部 2022 年版《太空政策》解析. 中国航天, 2022（9）.

[166] 贺锦丽. 美国政府承诺结束反卫星导弹试验, 呼吁达成全球协议. 全美电视, 2022 年 4 月 20 日.

[167] 杨民. 推动联大通过"禁止直升式反卫星试验", 美缘何承诺停止这项试验. 解放军报, 2022 年 12 月 20 日.

[168] 廖小刚. NASA 宣布"阿尔忒弥斯协议"以建立月球探索国际联盟. 载人航天动态, 2020 年 5 月 29 日.

[169] 美英法德澳加新等七国联合发布《联合太空作战愿景2031》. 我们的太空, 2022年2月24日.

[170] 杜燕波. 美国新版《太空防御战略》评述. 军事文摘, 2020 (9).

[171] 苟子奕, 韩春阳, 美国《国防航天战略》要点分析. 国际太空, 2020 (9).

[172] 张云峰, 张悦. 特朗普政府对美国太空战略的重塑及影响评估. 国际研究参考, 2020 (6).

[173] 李倩. 当前国际太空战略竞争的新态势及启示. 国际太空, 2020 (5).

[174] 何奇松. 特朗普政府的太空战略. 国际问题研究, 2019 (2).

[175] 艾赛江, 谢堂涛, 梅光焜, 宋易敏. 美国太空作战指挥体系浅析. 国际太空, 2020 (5).

[176] 郝文娟. 21世纪美国军事转型解析. 科技成果纵横, 2008 (1).

[177] 赵德喜, 谢朝辉. 论军事太空力量的建设与发展. 中国军事科学, 2008 (3).

[178] 周洪波, 王宏伟. 外军空天作战现状及发展趋势. 国防科技, 2007 (9).

[179] 陈捷, 董希斌. 空间作战理论的发展及启示. 国防大学学报, 2007 (5).

[180] 魏庆. 美军改革: 成立太空指挥中枢及空间作战部队. 军事文摘, 2016 (21).

[181] 左清华. 芦雪. 美国太空军组建概况及影响分析. 国际航空, 2020 (1).

[182] 孙璞. 美国国防太空架构未来5年发展分析及启示. 网

信军民融合，2020（2）．

[183] 左清华．稳步建设中的美国太空军．国际航空，2022（3）．

[184] 宋易敏，艾赛江，李义，郭倩倩．美国太空力量现状及趋势．国际太空，2020（5）．

[185] 蔡风震．世界军事航天力量发展现状与趋势．外军信息战，2006（1）．

[186] 郝雅楠，陈杰，张京男．美军天基空间态势感知系统的新发展．国防科技工业，2019年3月．

[187] 王云萍．美国天基红外导弹预警技术分析．光电技术应用，2019（3）．

[188] 邢月亭，祝彬，陈杰．美国备战太空发展动向及其影响．中国军事科学，2019（3）．

[189] 丰松江．美国备战太空的新动向．世界知识，2019（4）．

[190] 王雪瑶．国外空间目标探测与识别系统发展现状研究．航天器工程，2018（3）．

[191] 王子瑜，陈海鹏，朱永泉，王海涛，宋敬群．运载火箭快速测试发射关键技术．中北大学学报，2017（3）．

[192] 马种．美军航天力量发展走势分析．国防科技，2017（2）．

[193] 陆晓飞，孟红波，梅发国．从美军"施里弗"系列演习看太空作战趋势．中国电子科学研究院学报，2020（2）．

[194] 王涛．美军"施里弗"太空战系列演习．军事文摘，2020（9）．

[195] 吴新峰，杨玉生，李潇，邓志均．美国太空"旗帜"系列演习综述．飞航导弹，2020（2）．

[196] 陈建萍，李静，陈刘成．从"施里弗"到"太空军旗"．

海外文摘学术，2019（12）．

[197] 彭辉琼，吕久明，路建功．美国太空作战演习主要成果探析．航天电子对抗，2019（2）．

[198] 李智，侯迎春，胡敏等．太空信息支援军事行动战例（案例）．国防工业出版社，2018．

[199] 侯妍，范丽，杨雪榕等．太空信息支援．国防工业出版社，2018．

[200] 孙盛智，裴春宝，侯妍．国外卫星应用体系发展现状分析及启示．飞航导弹，2018（12）．

[201] 张道昶，樊忠泽．固体火箭应急发射任务规划及发射流程研究．现代防御技术，2018（6）．

[202] 刘震鑫，郭丽红，李臻，刘海印．2018年美国太空军事力量建设发展综述．国际太空，2018（5）．

[203] 刘海印，张洪娜．2017年国外太空对抗装备技术发展综述．中国航天，2018（3）．

[204] 张雪松．太空战的重要技术——美国自主在轨服务航天器及其军事应用潜力．兵器，2020（6）．

[205] 王璐菲．美军制定太空战新蓝图——《太空企业级构想》．防务视点，2016（10）．

[206] 黄志澄．从中美大博弈看SpaceX公司的成长之路．军工文化，2016（1）．

[207] 宋易敏等．美国太空力量现状及发展趋势．国际太空，2020（5）．

[208] 王翔．美俄新一轮太空防务建设及启示．国防，2019（4）．

[209] 杨松锟．航天器运载工具的发展历程分析及展望．哈尔滨工业大学学报，2015（5）．

［210］唐耀. 空中发射快速入轨技术——美国用重型战斗机发射卫星的计划. 国际太空，2015（7）.

［211］林聪榕. 美军新型作战力量人才培养的特点与启示. 国防科技，2015（3）.

［212］文朝霞. 商业航天发射市场发展综述. 中国航天，2015（5）.

［213］黄志澄. 美国商业航天发展的经验教训. 国际太空，2019（1）.

［214］左清华. 美国商业航天中的政企关系. 太空探索，2020（2）.

［215］梁洁. 外层空间军事利用国际法问题探析. 西安政治学院学报，2016（2）.

［216］丰松江，董正宏. 太空，未来战场!?——美国太空军事化新态势新走向. 时事出版社，2021.

［217］丰松江，高松，王田田，孙龙. 美国太空军情透视. 时事出版社，2022.

［218］丰松江，王勇平，朱敏，孙龙. 太空战略评估. 时事出版社，2022.

［219］涂国勇，路建功，吕久明. 美国太空力量体系建设及作战运用研究. 中国宇航出版社，2021.